SALON DES FEMMES

Conversations sur les femmes, les hommes, le sexe, l'amour, les relations et comment devenir un/une pragmatiste de la féminité et beaucoup, beaucoup d'autres choses

Gary M. Douglas

À partir d'une série de téléclasses
avec Gary Douglas et d'une réunion avec
dix-huit femmes fortes et exceptionnelles

Salon des Femmes
Copyright © 2014 Gary M. Douglas
ISBN: 978-1-63493-069-7

Tous droits réservés. Aucune partie de cette publication ne peut être reproduite, transmise, transcrite, stockée dans un système d'archivage sous quelque forme ou quelque moyen que ce soit - électronique, mécanique, photocopie ou enregistrement - sans l'autorisation préalable écrite de l'éditeur.

L'auteur et l'éditeur de ce livre ne prétendent et ne garantissent pas offrir de résultats physiques, mentaux, émotionnels, spirituels ou financiers. Tous les produits, services et informations sont fournis par l'auteur uniquement à des fins d'enseignement général et de divertissement. Les informations présentées dans ce livre ne visent pas à se substituer à un avis médical ou professionnel. Dans le cas où vous utiliseriez les informations contenues dans ce livre, l'auteur et l'éditeur déclinent toutes responsabilités relatives à vos actions.

Publié par
Access Consciousness Publishing, LLC
www.accessconsciousnesspublishing.com

Imprimé aux Etats-Unis

AVERTISSEMENT

S'il vous plaît, ne prenez rien de tout ceci au sérieux et n'y attachez pas d'importance. Ce que je désire de tout mon cœur, c'est créer plus d'aisance et d'espace avec les gentes féminine et masculine.

Il ne s'agit pas de créer la séparation ou le jugement.

Et si vous viviez dans un monde où tous se traitent avec gentillesse ?

Et si vous étiez la personne qui pouvait contribuer à créer cela ?

Table des matières

AVERTISSEMENT 3
Table des matières 5
Avant-propos 7
Le féminisme pragmatique 9
Choisir de changer la réalité 45
Prendre conscience de qui tu es vraiment 77
Créer une réalité qui marche pour toi 107
Choix pragmatique 141
Tu es une créatrice du futur 169
Ouvrir aux autres le champ des possibles 191
Créer la paix au lieu de la guerre 223
Créer un futur durable 253
Relations amoureuses conscientes 277
Rester dans le pouvoir du choix et de la conscience 313
Devenir une conscience radicale libre 349
Reconnaître le cadeau que vous êtes pour le monde 373
Accéder à la grandeur que tu es 405
La formule de déblayage d'Access Consciousness 441
Glossaire 445
Index des titres de chapitres et deparagraphes 455
Qu'est-ce Access Consciousness ? 464

Avant-propos

Au cours des 17e et 18e siècles en France, les salons étaient des lieux où des femmes intelligentes et avant-gardistes se rencontraient, discutaient et échangeaient des idées, tout comme des hommes intelligents et avant-gardistes le faisaient.

Dans l'esprit de ces salons, j'ai créé une série de quatorze télé-classes avec des groupes de femmes incroyables au cours desquelles nous avons parlé des femmes, des hommes, de sexe, des relations, des rôles des hommes et des femmes, de création du futur et de beaucoup, beaucoup d'autres choses encore. Ce livre repose sur ces conversations.

Tout au long des discussions qui suivent, vous trouverez peut-être des mots et concepts que vous n'avez encore jamais rencontrés. Nous avons essayé de les définir dans un glossaire à la fin de ce livre.

Vous allez aussi trouver la formule de déblayage qu'on utilise à Access Consciousness®. C'est un raccourci qui s'adresse aux énergies qui créent les limitations et les contractions dans votre vie. Quand vous la lisez pour la première fois, il se peut que la tête vous tourne un peu. C'est bien là notre intention. Elle est faite pour vous faire sortir de votre tête, pour mieux accéder à l'énergie de la situation.

Au fond, avec la formule de déblayage, nous nous adressons à l'énergie des limitations et des barrières qui nous empêchent d'avancer et de nous faire grandir afin d'explorer tous les espaces où nous aimerions aller.

La formule de déblayage d'Access Consciousness est « Right and Wrong, Good and Bad, POD and POC, All Nine, Shorts,

Boys and Beyonds® ». Vous trouverez une courte explication de ce que ces mots signifient à la fin de ce livre.

Vous pouvez choisir d'utiliser la formule de déblayage ou pas ; je n'ai aucun point de vue à ce sujet, mais je souhaite vraiment vous inviter à l'essayer et à voir ce qui se passe.

1
Le féminisme pragmatique

J'ai une chose en tête et c'est de vous amener à la conscience totale. Si ce n'est pas ce que vous voulez vraiment, alors prenez garde ou sinon je vais vous embarquer dans une aventure folle.

Gary :
Bonjour, Mesdames. Pendant des années, le Dr. Dain Heer et moi avons organisé des ateliers portant sur le sexe et les relations avec des groupes de femmes et d'hommes. Le jeudi soir, tous les hommes se retrouvaient pour se débarrasser de leurs jugements sur les femmes. Le vendredi soir, toutes les femmes venaient se débarrasser de leurs jugements sur les hommes et puis elles se retrouvaient pour une soirée pyjama et fabriquaient un nouveau paquet de jugements. Elles se remettaient à juger les hommes et les hommes étaient effrayés à mort, car ils savaient que ces femmes en colère pouvaient leur couper les testicules.

Un mode de vie opératoire

Pourquoi les femmes étaient si en colère après les hommes ? Parce qu'elles ont créé un mode opératoire de vie et de façon de vivre en tant que femme.

Quand on fonctionne selon un mode opératoire de façon de vivre, la même chose se reproduit encore et encore et on se demande pourquoi les choses se passent toujours de la même façon. Si vous êtes sans arrêt en conflit avec les hommes ou si vous vous ennuyez ou si vous pensez sans arrêt que quelque chose doit être différent de ce qui est, vous fonctionnez sur un mode opératoire qui fait en sorte que les choses se produisent toujours de la même façon.

Si vous voulez vraiment changer votre relation avec le sexe opposé ou avec votre partenaire sexuel, vous devez changer votre façon de voir les choses.

Participante du Salon :

Je suis toujours dans une lutte contre le féminin ou le masculin.

Gary :

Il ne devrait pas y avoir de lutte entre le féminin ou le masculin. C'est ce que j'essaie de créer ici. Quand j'ai tenu le Club du Gentleman pour la première fois, les hommes n'avaient pas l'impression qu'ils devaient se battre pour avoir le droit d'être des hommes et ils n'avaient pas l'impression qu'ils devaient se battre contre les femmes pour être eux-mêmes. Ils pouvaient être eux-mêmes simplement et les femmes pouvaient les choisir ou pas, selon leur désir.

Participante du Salon :

J'ai l'impression d'être en compétition avec les hommes.

Gary :

C'est un mode opératoire. Un mode opératoire est une position à partir de laquelle tu essaies de fonctionner. C'est un choix que tu fais. Tu n'es pas disposée à avoir quelque chose de différent. Tu as conclu : « C'est comme cela, c'est comme cela que je vais toujours faire et c'est ce qui va arriver. »

Au lieu de cela, tu peux te poser les questions suivantes :

- Qu'est-ce que j'aimerais vraiment choisir ?
- Qu'est-ce que je peux être ou faire autrement qui changerait tout cela ?

Combien de jugements devez-vous ériger pour avoir un mode opératoire ? Beaucoup, un peu, des mégatonnes ou encore plus que Dieu lui-même ne peut savoir ? Encore plus que Dieu lui-même ne peut le savoir !

> Tout ceci, un dieulliard de fois, allez-vous le détruire et le décréer en totalité ? Right and Wrong, Good and Bad, POD and POC, All Nine, Shorts, Boys and Beyonds.

Quelle stupidité utilisez-vous pour créer le mode opératoire de vie et façon de vivre choisissez-vous ? Tout ceci, un dieulliard de fois, allez-vous le détruire et le décréer en totalité ? Right and Wrong, Good and Bad, POD and POC, All Nine, Shorts, Boys and Beyonds.

Et quelle stupidité utilisez-vous pour créer l'impression d'un état constant de conflit entre le masculin et le féminin choisissez-vous ? Tout ceci, un dieulliard de fois, allez-vous le détruire et le décréer en totalité ? Right and Wrong, Good and Bad, POD and POC, All Nine, Shorts, Boys and Beyonds.

Participante du Salon :
À la fin de ces processus, tu dis : « Choisissez-vous ? » J'aurais dit, moi : « Que vous choisissez ». Je vois que tu ne dis pas cela. Peux-tu dire pourquoi ?

Gary :
« Que vous choisissez » justifie la raison de votre choix. C'est un point de vue fixe. C'est comme si on disait « je choisis cela parce que _____ ». Vous aimeriez mieux croire que vous choisissez pour un motif particulier, plutôt que de voir que c'est simplement un choix. J'essaie de vous amener à voir qu'il n'y a pas de motif à choisir ce que vous choisissez – c'est juste que vous choisissez. C'est pour cela que je dis : « Choisissez-vous ? »

Participante du Salon :
Je t'adore Gary ! Cela élimine tellement d'énergie basse et tellement de conneries !

Participante du Salon :
J'ai une question. Est-ce que les hommes sont vraiment méchants et malveillants ?

Gary :
Non, en vérité les hommes ne sont pas méchants et malveillants.

Participante du Salon :
Alors pourquoi semble-t-il qu'ils le sont ?

Gary :
Parce qu'ils ont cru à ce mensonge qu'être méchant et malveillant est masculin. A combien de mensonges as-tu cru sur les hommes qui gâchent ta vie ? Beaucoup, un peu ou des mégatonnes ?

> A combien de mensonges sur les hommes avez-vous cru qui verrouillent votre vie et votre façon de vivre ? Tout ceci, un dieulliard de fois, allez-vous le détruire et le décréer en totalité ? Right and Wrong, Good and Bad, POD and POC, All Nine, Shorts, Boys and Beyonds.

Participante du Salon :
Mon père m'a aidée à aller dans une université de bonne réputation et même à obtenir un bon stage. Pourtant, il tournait toujours les femmes en ridicule. Il se moquait des femmes qui pleuraient. Et quand ma sœur était sur son lit de mort, il a choisi de ne pas aller la voir. Il a développé une idée vraiment tordue de ce que sont les hommes.

Gary :
Oui, il en est ainsi de presque tout le monde, y compris les hommes.

> Quelle stupidité utilisez-vous pour créer le conflit entre hommes et femmes choisissez-vous ? Tout ceci, un dieulliard de fois, allez-vous le détruire et le décréer en totalité ? Right and Wrong, Good and Bad, POD and POC, All Nine, Shorts, Boys and Beyonds.

Participante du Salon :
Si, d'un côté, l'un entretient le conflit et l'autre est dans l'attitude du point de vue intéressant sur le sujet, cela peut-il potentiellement désamorcer le conflit ?

Gary :
Cela le désamorce jusqu'à un certain point, mais cela ne permet pas à la relation de durer à long terme. J'ai fait ça avec mon ex-femme. Je me mettais dans la position du point de vue

intéressant. Je n'entrais pas dans le conflit, de sorte qu'il n'y avait pas de conflit, mais cela n'a rien changé dans son monde à elle. Le problème, c'est que la plupart des femmes, plutôt que de voir un homme tel qu'il est, adoptent le point de vue que si elles le changent, il va se transformer en un homme bon.

> Combien de fois avez-vous pris un homme et vu en lui l'image idéale ? Tout ceci, un dieulliard de fois, allez-vous le détruire et le décréer en totalité ? Right and Wrong, Good and Bad, POD and POC, All Nine, Shorts, Boys and Beyonds.

Choisir un homme pour le « réparer »

Participante du Salon :
J'ai une question à ce sujet. Qu'est-ce qui crée la dynamique du choix d'un homme qu'on veut réparer ou changer ?

Gary :
Quand vous étiez enfants, on vous a appris à chercher un bon mauvais garçon. Tous les romans à l'eau de rose parlent d'un homme considéré comme un mauvais garçon et parce qu'il tombe amoureux de vous, vous apprivoisez la bête en lui et il devient votre amant.

> Partout où vous essayez d'apprivoiser la bête sauvage, allez-vous détruire et décréer tout cela en totalité ? Right and Wrong, Good and Bad, POD and POC, All Nine, Shorts, Boys and Beyonds.

Participante du Salon :
S'agit-il aussi de le sauver ? Je peux l'aider, je peux le réparer, je peux le rendre meilleur. Est-ce un truc de mère, un instinct maternel de vouloir sauver ?

Gary :
Ce n'est pas un truc de mère. C'est un truc de femelle. On vous a appris que votre boulot, c'est d'être un soutien et de vous asseoir derrière le trône – non pas au-delà du trône. C'est d'être aux commandes sans être aux commandes. Vous êtes censées

faire semblant d'être juste une douce innocente qui ne connaît rien à rien. Ces rôles assignés aux femmes ne sont pas véridiques. Ils n'ont rien à voir avec ce qu'est une vraie femme.

> Tout ceci, un dieulliard de fois, allez-vous le détruire et le décréer en totalité ? Right and Wrong, Good and Bad, POD and POC, All Nine, Shorts, Boys and Beyonds.

Un jour, mon prince viendra

Est-ce qu'il vous arrive de considérer tout cela et de vous dire : « C'est dingue ! Pourquoi choisirais-je cela ? » Certaines d'entre vous le font. Vous vous dites : « Peu importe, je ne me donnerai même pas la peine d'avoir une relation amoureuse. » D'autres parmi vous se disent : « Bon, un jour, l'homme qu'il faut viendra ; un jour, mon prince me sortira de mon rôle de Cendrillon. »

> Tout ceci, un dieulliard de fois, allez-vous le détruire et le décréer en totalité ? Right and Wrong, Good and Bad, POD and POC, All Nine, Shorts, Boys and Beyonds.

Participante du Salon :
Et si vous avez les deux à la fois ?

Gary :
La plupart d'entre vous ont effectivement les deux à la fois. On vous apprend que c'est ce qui va se produire. Finalement, l'homme de votre vie viendra et tout s'arrangera. Non, rien de tout cela n'est vrai ! Est-ce qu'en tant qu'être infini, vous ne pouvez vivre le grand amour qu'une seule fois ?

Participante du Salon :
Non !

Gary :
Ça n'a aucun sens. Parce qu'en tant qu'être infini, la chose que vous désirez, c'est l'unité, non pas la chose unique.

> Tout ceci, un dieulliard de fois, allez-vous le détruire et le décréer en totalité ? Right and Wrong, Good and Bad, POD and POC, All Nine, Shorts, Boys and Beyonds.

Quand vous étiez enfants, on vous a appris qu'un seul grand amour existe pour vous. On vous a appris qu'un jour, vous trouverez votre prince. Un jour, l'homme de votre vie viendra et qu'il vous aimera tel que vous devriez être aimée. Et, un jour, tout sera parfait. Ce jour n'arrive jamais parce que ce jour n'est jamais aujourd'hui. « Un jour » n'a jamais existé, ne peut pas exister et n'existera jamais.

Combien de ces « un jour » essayez-vous encore de faire devenir une réalité ?

Tout ceci, un dieulliard de fois, allez-vous le détruire et le décréer en totalité ? Right and Wrong, Good and Bad, POD and POC, All Nine, Shorts, Boys and Beyonds.

Est-ce que l'une d'entre vous commence à remarquer à quel point le sujet est chargé ?

Participante du Salon :
Ouais !

Gary :
Ce truc-là entretient la folie de cette réalité. Tout ce conflit entre le masculin et le féminin, la notion de relation et de mariage, l'idée que le sexe doit être toujours beau et merveilleux et bla, bla, bla. En réalité, est-ce que tout ça existe ?

> Quelle stupidité utilisez-vous pour créer la non-existence de vie sexuelle, de vie romantique, de vie maritale et relationnelle qui n'a jamais existé dans aucune réalité choisissez-vous ? Tout ceci, un dieulliard de fois, allez-vous le détruire et le décréer en totalité ? Right and Wrong, Good and Bad, POD and POC, All Nine, Shorts, Boys and Beyonds.

C'est comme si vous ne posiez jamais de question. Vous vous dites immédiatement : « Il est tellement beau, merveilleux et gentil », mais vous ne vous demandez jamais : « Est-ce que ça va marcher pour moi ? » Vous tirez la conclusion à partir de ce que vous êtes censées avoir, au lieu de choisir ce qui va vraiment fonctionner. C'est ce à quoi je veux vous amener.

Je veux que vous soyez une pragmatiste de la féminité, non pas des combattantes irlandaises, des combattantes scandinaves, des combattantes vikings, des combattantes latino-américaines et femmes de toutes les autres nationalités que vous pensez devoir être.

> Tout ceci, un dieulliard de fois, allez-vous le détruire et le décréer en totalité ? Right and Wrong, Good and Bad, POD and POC, All Nine, Shorts, Boys and Beyonds.

Participante du Salon :
Je ressens aussi un conflit permanent, une lutte permanente entre la femme et l'homme. Ça me maintient en conflit permanent avec moi-même.

Gary :
Oui parce que vous avez été un homme et une femme. Tout devrait t'être accessible.

Il n'y a rien que vous n'ayez jamais été ou fait dans une vie ou une autre. Tout ce que vous avez été ou fait devrait vous être accessible, mais en essayant de vous définir en tant que femme ou homme, vous supprimez la moitié de ce qui est à votre disposition. Si vous vous définissez en tant qu'homme, vous devez vous séparer de votre dimension féminine. Si vous vous définissez en tant que femme, vous devez vous séparer de votre dimension masculine. Vous adhérez à des points de vue sur les hommes et les points de vue sur les femmes afin de pouvoir définir qui vous êtes, mais ces définitions n'ont rien à voir avec vous, en tant qu'être.

Participante du Salon :
Oui, c'est comme si je me battais avec les hommes et je m'en veux de le faire.

Gary :
> Quelle stupidité utilisez-vous pour créer le conflit entre l'homme et la femme choisissez-vous ? Tout ceci, un dieulliard de fois, allez-vous le détruire et le décréer en

totalité ? Right and Wrong, Good and Bad, POD and POC, All Nine, Shorts, Boys and Beyonds.

Si vous étiez un homme dans votre dernière vie et que vous pensiez qu'être une femme était mieux et plus facile et que vous êtes arrivées dans cette vie en tant que femme, vous vous dites : « Attends un peu là, ce n'est pas plus facile d'être une femme. C'est mieux d'être un homme » et vous allez entrer en conflit avec vos décisions et vos choix, et combien de choix cela vous laisse-t-il ?

Participante du Salon :
Aucun.

Gary :
Et combien de jugements ça vous crée ? Des mégatonnes.

Tout ceci, un dieulliard de fois, allez-vous le détruire et le décréer en totalité ? Right and Wrong, Good and Bad, POD and POC, All Nine, Shorts, Boys and Beyonds.

Hommage aux relations vs hommage au vagin

Un des trucs auquel j'aimerais que vous parveniez grâce à ce Salon des Femmes, c'est d'être en mesure d'avoir votre côté féminin, sans avoir besoin d'en faire un problème avec les hommes. Rien ne devrait être un problème avec les hommes. Tout devrait être un choix.

Quelle stupidité utilisez-vous pour créer l'hommage éternel à la relation choisissez-vous ? Tout ceci, un dieulliard de fois, allez-vous le détruire et le décréer en totalité ? Right and Wrong, Good and Bad, POD and POC, All Nine, Shorts, Boys and Beyonds.

Et voici la version masculine :

Quelle stupidité utilisez-vous pour créer l'hommage éternel au vagin choisissez-vous ? Tout ceci, un dieulliard de fois, allez-vous le détruire et le décréer en totalité ? Right and Wrong, Good and Bad, POD and POC, All Nine, Shorts, Boys and Beyonds.

Ces deux aspects se jouent chez tout le monde et cela crée beaucoup d'opposition. Vous voulez qu'il vénère votre vagin et vous, vous voulez vénérer vos relations. Les femmes apprennent que tout se ramène à la relation – votre relation avec vos enfants, votre relation avec votre époux. Les femmes et les hommes vénèrent des dieux différents et se demandent pourquoi ils ne peuvent pas s'y retrouver !

> Quelle stupidité utilisez-vous pour créer l'hommage éternel à la relation choisissez-vous ? Tout ceci, un dieulliard de fois, allez-vous le détruire et le décréer en totalité ? Right and Wrong, Good and Bad, POD and POC, All Nine, Shorts, Boys and Beyonds.

> Quelle stupidité utilisez-vous pour créer l'hommage éternel au vagin choisissez-vous ? Tout ceci, un dieulliard de fois, allez-vous le détruire et le décréer en totalité ? Right and Wrong, Good and Bad, POD and POC, All Nine, Shorts, Boys and Beyonds.

Participante du Salon :
Existe-t-il aussi un hommage éternel à ne pas avoir de relation ? Ou est-ce le revers de la même médaille ?

Gary :
Oui, c'est bien le revers de la même médaille.

Si vous pratiquez un hommage quel qu'il soit, vous n'êtes pas présentes au choix, à la possibilité et à la question. Nous devons nous débarrasser de l'hommage à la relation, que ce soit pour ou contre, et nous devons nous débarrasser de l'hommage au vagin, qu'il soit pour ou contre. Les deux créent un problème où vous vous retrouvez avec un point de vue oppositionnel.

Participante du Salon :
Ah, c'est vrai.

Gary :
> Quelle stupidité utilisez-vous pour créer l'hommage éternel à la relation choisissez-vous ? C'est valable pour les deux côtés. Tout ceci, un dieulliard de fois, allez-vous le détruire

et le décréer en totalité ? Right and Wrong, Good and Bad, POD and POC, All Nine, Shorts, Boys and Beyonds.

Quelle stupidité utilisez-vous pour créer l'hommage éternel au vagin choisissez-vous ? Tout ceci, un dieulliard de fois, allez-vous le détruire et le décréer en totalité ? Right and Wrong, Good and Bad, POD and POC, All Nine, Shorts, Boys and Beyonds.

Participante du Salon :
Gary, la deuxième question « quelle stupidité utilisez-vous pour créer l'hommage éternel au vagin choisissez-vous ? » est chargée pour moi. Peux-tu expliquer cela ?

Gary :
A un moment donné dans une certaine vie, tu as probablement décidé que tu aimerais plutôt avoir un vagin.

Participante du Salon :
Moi, j'étais un homme dans cette vie-là ?

De toute façon, de quoi sont faits le masculin et le féminin ?

Gary :
Oui, l'idée même d'être pour ou contre un point de vue est, pour moi, à se tordre de rire.

Il n'y a rien que vous n'ayez été ou fait dans une vie ou une autre.

Qu'est-ce qui constitue le masculin et le féminin de toute façon ?

Participante du Salon :
C'était la question que j'allais poser !

Gary :
Eh bien, j'ai un processus pour ça aussi.

Quelle stupidité utilisez-vous pour vous créer en tant que concubine de la réalité MEET, de la réalité physique et de la démence psychologique choisissez-vous ? Tout ceci, un dieulliard de fois, allez-vous le détruire et le décréer en totalité ? Right and Wrong, Good and Bad, POD and POC, All Nine, Shorts, Boys and Beyonds.

Quand tu te fais concubine, c'est comme si tu devenais la maîtresse de la réalité MEET (la réalité de la matière, de l'énergie, de l'espace et du temps), de la réalité physiologique et de la démence psychologique, parce que, dans ce monde, ne devient-on pas un esclave et un domestique de cela ? C'est comme la création du sexe pour la plupart des gens. Par exemple, combien de fois avez-vous vécu une relation, dans cette réalité de matière, d'énergie, d'espace et de temps, qui a été un bonheur pour vous ?

Participante du Salon :
Ha, ha, ha.

Gary :
Presque jamais ! Et combien de ces relations se ramènent à votre réalité physiologique ? Combien des personnes avec qui vous avez couché aimaient vraiment le sexe ? Combien d'entre elles pensent que vous êtes belles, merveilleuses et fabuleuses – parce que vous l'êtes ?

Participante du Salon :
Pas beaucoup.

Gary :
Et il y a aussi la démence psychologique, qui est celle à partir de laquelle la plupart des gens fonctionnent dans leurs relations, quelles qu'elles soient. La plupart des gens utilisent les jugements pour créer l'excitation sexuelle. Le jugement n'est pas un moyen de créer un univers d'expansion. Cela ne peut créer qu'un univers de contraction. Ça vous parle ?

Participante du Salon :
Tout mon corps est en conflit maintenant. L'énergie est toute chamboulée.

Gary :
C'est pour ça que nous faisons tout cela. On doit d'abord remettre vos corps en état pour que vous soyez plus à l'aise avec eux et avec tout ce que vous choisissez dans votre vie. Cette téléconférence est faite pour vous emmener là où vous serez plus à l'aise d'être une femme, plus à l'aise de choisir d'agir comme un homme, plus à l'aise de créer comme un homme le fait et plus à l'aise de créer comme une femme le fait. Pour l'instant, la plupart d'entre vous luttent pour ou contre un côté ou l'autre, ce qui ne vous donne pas la possibilité du choix total. Avez-vous compris ?

Rien dans cette réalité ne traite du choix et de la création de votre identité et de votre réalité sexuelle. Il s'agit avant tout de croire tout ce qu'on vous raconte et ce qu'on vous vend, tout ce qui dans ce monde vous dit : « C'est ainsi que les choses sont censées être. »

Tout ceci, un dieulliard de fois, allez-vous le détruire et le décréer en totalité ? Right and Wrong, Good and Bad, POD and POC, All Nine, Shorts, Boys and Beyonds.

Participante du Salon :
Gary, tu as évoqué la liberté de créer comme un homme, comme une femme. Voudrais-tu en parler ?

Manipulation et savoir

Gary :
Le truc avec les hommes, c'est qu'ils ont tendance à être directs. Ils sont plus directs que la plupart des femmes. Tac, tac, tac. Ils mentent bien aussi. Si vous êtes une femme, vous apprenez que les hommes mentent et vous essayez de les affronter, de les contrôler, de les manipuler pour les amener à dire la vérité. En fait, vous ne devriez pas les forcer à dire la vérité. Vous voulez connaître la vérité uniquement parce que ça vous donne le contrôle de la situation.

Etre une femme et pratiquer la science des femmes, c'est aussi avoir un sixième sens. Vous avez une conscience des choses que les hommes n'ont pas, mais ceci n'est pas encouragé dans cette réalité. Votre capacité innée à savoir n'est pas encouragée. Vous êtes censées abandonner votre savoir en faveur de la manipulation, comme si la manipulation allait être une source suprême de contrôle à la place de la conscience. Non. Avec la conscience, vous pouvez tout contrôler.

Participante du Salon :
Peux-tu parler un peu plus de manipulation et de savoir ? Si j'ai bien compris, tu dis que j'utilise la manipulation au lieu de reconnaître le mensonge et d'utiliser cela à mon avantage ?

Gary :
Oui, c'est notre enseignement dans cette réalité. Nous apprenons à nous couper de notre perception en toute occasion. Avez-vous appris à croire tout ce que votre père vous disait ? Oui. Vous avez appris que vous pouviez avoir confiance en votre père. Donc, tous les hommes deviennent quelqu'un en qui vous pouvez avoir confiance, n'est-ce pas ?

Participante du Salon :
Ou le contraire, en fait !

Gary :
Ça marche dans les deux sens. Ni l'un ni l'autre ne peut vous donner la liberté de conscience. Nous cherchons ici à ce que vous parveniez à la présence consciente, non pas à un état de confiance et de foi aveugle.

> Combien d'entre vous ont essayé de créer la confiance aveugle en les hommes ? Tout ceci, un dieulliard de fois, allez-vous le détruire et le décréer en totalité ? Right and Wrong, Good and Bad, POD and POC, All Nine, Shorts, Boys and Beyonds.

Et combien d'entre vous ont essayé de créer la confiance aveugle en les femmes ? « Cette femme est ma sœur : elle s'occupera de moi. » Quand vous vous coupez de votre capacité de percevoir, les femmes seront aussi méchantes et vicieuses que les hommes si l'occasion leur en est donnée. Comment donnez-vous à quelqu'un cette occasion ? En vous coupant de votre présence consciente.

> Tout ceci, un dieulliard de fois, allez-vous le détruire et le décréer en totalité ? Right and Wrong, Good and Bad, POD and POC, All Nine, Shorts, Boys and Beyonds.

Participante du Salon :
La religion nous apprend, nous, les femmes à renoncer à notre savoir en faveur des l'homme. L'homme est le propriétaire, le leader, l'autorité.

Gary :
La religion fait partie de la réalité MEET et tous les hommes sont connectés à Dieu. Si vous avez un pénis, vous êtes en ligne directe avec Dieu. Si vous avez un vagin, vous avez un trou dans lequel tous les hommes plantent les graines de la réalité.

> Tout ce que cela fait remonter, un dieulliard de fois, allez-vous le détruire et le décréer en totalité ? Right and Wrong, Good and Bad, POD and POC, All Nine, Shorts, Boys and Beyonds.

En tant que femme dans cette réalité physiologique, vous avez certaines capacités et en tant qu'homme, vous avez certaines capacités. En fait, nous avons tous des capacités mais aucun de nous ne les utilise. Ce qui importe, c'est d'arriver là où toutes les capacités sont disponibles, pas seulement une partie d'entre elles.

Participante du Salon :
Ce qui remonte en moi c'est « la parole de l'homme fait loi ».

Gary :
À travers toute l'humanité se perpétue l'idée que Dieu est un homme et que la parole de Dieu est loi.

Quelle stupidité utilisez-vous pour créer le mode opératoire de vie et de façon de vivre en tant que femme choisissez-vous ? Tout ceci, un dieulliard de fois, allez-vous le détruire et le décréer en totalité ? Right and Wrong, Good and Bad, POD and POC, All Nine, Shorts, Boys and Beyonds.

Devenir une pragmatiste de la féminité

Participante du Salon :

Il y a quelque temps, tu as dit : « Je veux que vous soyez des pragmatistes de la féminité. » Peux-tu en dire davantage sur comment ce serait de fonctionner en pragmatistes de la féminité ?

Gary :

En devenant une pragmatiste de la féminité, vous serez prêtes à utiliser vos artifices et charmes féminins pour obtenir ce que vous voulez sans prendre quoi que ce soit à quelqu'un d'autre pour y parvenir. C'est devenu une évidence pour moi il y a quelques années que lorsque les femmes deviennent une source de pouvoir dans un poste en entreprise, elles ont tendance à travailler plus dur et plus assidûment et deviennent plus méchantes pour prouver qu'elles sont meilleures que les hommes. Elles essayent toujours de prouver qu'elles sont meilleures que les hommes. Elles n'utilisent pas ce qu'elles ont à leur disposition pour dépasser les hommes.

C'est comme si vous essayiez de prouver que vous êtes meilleures qu'un homme en n'étant jamais supérieures à l'homme que vous avez choisi de dépasser. Tout ce que cela fait remonter ou redescendre, allez-vous le détruire et le décréer en totalité ? Right and Wrong, Good and Bad, POD and POC, All Nine, Shorts, Boys and Beyonds.

Participante du Salon :

Être pragmatique signifie être prête à regarder ce qui est. Quelle est la chose principale qui nous empêche de voir ce qui est ? Qu'est-ce qui voile notre capacité de voir ?

Gary :
Principalement, c'est être dans le fantasme, être excitée, être tout sauf dans la conscience.

Le ressentir est le voile. Vous avez troqué la conscience pour le ressentir. Partout où vous avez choisi les sentiments plutôt que la conscience, allez-vous le détruire et le décréer en totalité ? Right and Wrong, Good and Bad, POD and POC, All Nine, Shorts, Boys and Beyonds.

Être une femme pragmatique, c'est voir comment utiliser ce qui est disponible, à votre avantage. Par exemple, votre décolleté. Pouvez-vous utiliser cela à votre avantage avec un homme qui n'est pas trop malin ?

Participante du Salon :
Ouais !

Gary :
Pouvez-vous l'utiliser avec un homme qui est très malin ?

Participante du Salon :
Ouais !

Gary :
Pouvez-vous l'utiliser avec un homme qui est conscient ?

Participante du Salon :
Oui.

Gary :
Non, vous ne pouvez pas. Car il sait que vous l'utilisez. Cela crée une réalité différente.

Quelle stupidité utilisez-vous pour créer le sentiment de conflit entre le féminin et le masculin choisissez-vous ? Tout ceci, un dieulliard de fois, allez-vous le détruire et le décréer en totalité ? Right and Wrong, Good and Bad, POD and POC, All Nine, Shorts, Boys and Beyonds.

Je ne sais pas si vous avez remarqué, mais tous ces processus sont très chargés. Vos points de vue sur ces choses sont une des meilleures façons de maintenir ce monde en conflit. Ils représentent une des façons d'entretenir cette guerre. Maintenant, mes amies, que vous avez changé votre point de vue sur ces choses, la guerre va cesser.

Vous êtes peut-être un peu plus fortes que vous ne le pensez !

Stupidité vs conscience

Quand je parle de stupidité, je parle de toutes ces fois où vous vous rendez suffisamment inconscientes, pour être stupides face à quelque chose. Vous devez vous rendre inconscientes afin de pouvoir choisir la stupidité au lieu de la conscience totale. Si vous êtes dans la conscience totale, vous pouvez marcher dans la rue et vous dire : « Ce gars-là serait un bon coup. Ce gars-là serait ennuyeux. Ce gars-là serait super pour une relation, mais on s'ennuierait au lit avec lui. » Vous avez la conscience de tous vos choix et vous pouvez choisir en fonction.

En tant que femme, vous avez plus de choix que les hommes. Je sais que vous ne me croyez pas, mais c'est vrai. Parce que vous êtes une femme, vous avez été mises sur un piédestal. Ou vous avez reçu le choix de glisser du piédestal. Ou vous avez reçu le choix de contrôler l'homme entièrement. Ce sont les trois choix qui s'offrent à vous et constituent le contexte du début de toute création avec un homme. La majorité d'entre vous ne perçoivent pas cela.

Participante du Salon :
La plupart d'entre nous se sentent obligées de choisir ceux qui ne nous choisiront pas.

Gary :
Exactement. C'est comme ça que fonctionnent la plupart des gens. Les hommes le font bien aussi, mais ils ont appris, au fil du temps, que c'est la femme qui les choisit. Les femmes sont toujours à chercher les hommes qui les choisiront, mais, en fait, ce sont elles qui ont le choix, parce que si elles disent : « Viens ici. », l'homme répond : « Oui ! » Mais si c'est l'homme

qui dit : « Viens ici » à la femme, la femme répond : « Va te faire f.....! »

Tout ceci, un dieulliard de fois, allez-vous le détruire et le décréer en totalité ? Right and Wrong, Good and Bad, POD and POC, All Nine, Shorts, Boys and Beyonds.

« Je baisse ma garde »

Participante du Salon :
Dans mon premier mariage, je pratiquais le « je te changerai ». Ça n'a pas marché et je suis passée directement à une autre relation. Il ne voulait pas de moi et moi, je le voulais, alors là non plus ça n'a pas marché. Pour ma troisième relation, je me suis dit : « Quoiqu'il arrive, je garde l'esprit ouvert et je laisse venir. » Finalement, j'ai trouvé une relation qui me satisfait et dans laquelle je me sens bien. C'est parce que j'ai baissé ma garde et que je n'émets pas de jugement sur ce que la relation sera ou pas.

Gary :
La chose la plus importante que tu as dit, c'est : « J'ai baissé ma garde ». La plupart des femmes ne se rendent pas compte que, presque tout le temps, elles se mettent en garde contre les hommes.

Participante du Salon :
J'ai appris avec Access Consciousness des outils pour lâcher prise et j'ai découvert que quand, effectivement, je lâche prise, tout arrive à moi facilement. J'ai une sensation de liberté plus intense et je me sens mieux avec qui je suis.

Gary :
Tout le but de cette téléconférence, c'est de vous amener à la réalisation que vous avez toujours le choix. Vous n'aurez plus besoin de vous mettre en garde, parce que quand vous vous mettez en garde contre quelqu'un, vous devez aussi lever un bouclier contre la conscience.

Partout où vous vous êtes mises en garde contre quelqu'un et partout où vous vous êtes coupées de votre conscience, ce qui vous rend suffisamment bêtes pour faire les mauvais choix, allez-vous le détruire et le décréer en totalité ? Right and Wrong, Good and Bad, POD and POC, All Nine, Shorts, Boys and Beyonds.

Participante du Salon :
Je me sens furieuse contre toi.

Gary :
Est-ce à cause de quelque chose que j'ai dit ?

Participante du Salon :
Toi, l'homme, tu me dis à moi, la femme, que j'ai davantage de choix.

Gary :
Je ne suis pas un homme. Je suis un être infini.

Participante du Salon :
Ha, ha, ha ! Merci !

Gary :
Comment oses-tu me traiter d'homme ? Je suis un être infini.

Participante du Salon :
Gary, c'est génial. Je vois que je m'étais mise en garde contre toi , car je m'étais prise dans le piège homme-femme avec toi.

Gary :
Eh oui, c'est comme ça qu'on fonctionne avec tous les gens qu'on rencontre. Nous sommes toujours sur nos gardes, nous nous protégeons toujours, nous érigeons des remparts, des barrières au lieu de nous rendre compte que nous avons toujours accès à la conscience totale.

Combien de murs choisissez-vous pour maintenir à distance votre conscience totale et tout ce que vous désirez ? Tout ceci, un dieulliard de fois, allez-vous le détruire et le décréer en totalité ? Right and Wrong, Good and Bad, POD and POC, All Nine, Shorts, Boys and Beyonds.

A votre place, je me mettrais en garde contre moi, parce que je suis vraiment quelqu'un de mauvais. Je n'ai qu'une chose en tête, c'est de vous amener à la conscience totale. Si vous ne voulez vraiment pas y parvenir, vous feriez mieux de vous mettre en garde, sinon ça va déménager pour vous !

Quelle stupidité utilisez-vous pour créer l'impression de conflit entre l'homme et la femme choisissez-vous ? Tout ceci, un dieulliard de fois, allez-vous le détruire et le décréer en totalité ? Right and Wrong, Good and Bad, POD and POC, All Nine, Shorts, Boys and Beyonds.

Contes de fée

Participante du Salon :
Dans ma réalité, il faut vénérer l'homme et c'est lui qui te choisit. Comme dans tous les contes de fée, c'est lui qui tombe amoureux de la femme. C'est toujours lui le plus intelligent, le plus brillant et je ne mérite pas un tel homme, alors comment pourrait-il me choisir ?

Gary :
Waouh, c'est quoi ce chocolat que vous mettez sur ce tas de fumier ? Ce doit être un sacré bon chocolat pour que ça vous fasse avaler ces ordures !

Participante du Salon :
Oui, c'est bien pourquoi je veux déblayer ça maintenant.

Gary :
Voici un processus :

> Quelle stupidité est-ce que j'utilise pour créer la vie et le mode de vie de conte de fée qui ne marche jamais est-ce que je choisis ? Tout ceci, un dieulliard de fois, vas-tule détruire et le décréer en totalité ? Right and Wrong, Good and Bad, POD and POC, All Nine, Shorts, Boys and Beyonds.

C'est comme si la libération des femmes avait départi les hommes de leur rôle. Et les contes de fée, eux, ont dépossédé les femmes de leur rôle. Un conte de fée, c'est : « A la fin, tout va s'arranger et je vais vivre heureuse jusqu'à la fin des jours. » Combien de personnes connaissez-vous qui vivent heureuses jusqu'à la fin des jours ? Ce n'est pas ça la vie ! Vous ne pouvez pas fonctionner dans le « vivre heureux jusqu'à la fin des jours ». Vous devez créer et générer la relation qui fonctionne pour vous et c'est ça que la plupart d'entre nous n'ont jamais appris.

C'est là où nous voulons arriver – la position à partir de laquelle vous pouvez créer et générer ce qui marche pour vous. Je vous en dirai plus au fur et à mesure qu'on avance. Mais d'abord, je dois vous dégager, vous êtes encore enfermées en cage. Vous dites que les femmes sont un boulet et sont enfermées en cage, et c'est pratiquement à partir de ce point de vue sur les hommes et les femmes que vous fonctionnez dans cette réalité.

Tout ceci, un dieulliard de fois, allez-vous le détruire et le décréer en totalité ? Right and Wrong, Good and Bad, POD and POC, All Nine, Shorts, Boys and Beyonds.

Participante du Salon :
Alors si le point de vue « un jour, mon prince viendra » est profondément enraciné dans les femmes, quel point de vue est enseigné ou imposé aux hommes quand il s'agit de choisir une relation ou une partenaire ?

Gary :
D'abord, l'homme n'apprend pas à choisir une relation. Il apprend à choisir pour le sexe – parce que son travail est de fournir la graine de la prochaine génération.

Participante du Salon :
Qu'en est-il de « trouver une femme bien et s'installer » ? C'est quoi ça ?

Gary :
Vous êtes des années 1950 ?

Participante du Salon :
Oui !

Gary :

O.K., c'est bien. Parce que dans les années 50, c'était le point de vue dominant.

Participante du Salon :

Alors tu penses que ça n'est plus le cas ?

Gary :

Je sais que ça n'est plus le cas. J'ai grandi dans les années 50. J'ai vu les gens faire les quatre cents coups, se marier et avoir des enfants. Puis divorcer. Enfants, femmes et maris, tous se sentaient malheureux ; personne n'était heureux. Qu'en était-il de ce « ils vécurent heureux jusqu'à la fin de leurs jours » ? Ce « ils vécurent heureux » n'est possible que si vous êtes disposées à devenir pragmatiques dans vos choix.

J'ai remarqué que les gens de mon âge choisissent d'avoir une belle relation, mais sans vraiment regarder si la personne avec qui ils sont veut effectivement la même chose qu'eux. Le féminisme pragmatique, c'est reconnaître ce que vous voulez vraiment avoir et être prêtes à l'instaurer, même si cela ne colle pas avec la réalité de qui que ce soit d'autre.

> Tout ce que cela fait remonter pour tout le monde, un dieulliard de fois, allez-vous le détruire et le décréer en totalité ? Right and Wrong, Good and Bad, POD and POC, All Nine, Shorts, Boys and Beyonds.

Cette réalité MEET est créée à partir de l'idée qu'il y a quelque chose de correct à son sujet. Vous êtes censées lui être assujetties et vivre pour elle.

> Quelle stupidité utilisez-vous pour vous créer en tant que concubines de la réalité MEET, la réalité physique et la folie psychologique choisissez-vous ? Tout ceci, un dieulliard de fois, allez-vous le détruire et le décréer en totalité ? Right and Wrong, Good and Bad, POD and POC, All Nine, Shorts, Boys and Beyonds.

> Quelle stupidité utilisez-vous pour créer l'impression d'un conflit entre l'homme et la femme choisissez-vous ? Tout

ceci, un dieulliard de fois, allez-vous le détruire et le décréer en totalité ? Right and Wrong, Good and Bad, POD and POC, All Nine, Shorts, Boys and Beyonds.

La guerre entre hommes et femmes

L'une des raisons pour lesquelles ce conflit entre le masculin et le féminin ou entre les sexes a été créé, c'est de donner naissance à des gens impuissants. C'est une des façons de maintenir tout le monde dans l'impuissance. Si vous étiez prêtes à être tout ce que vous êtes en tant qu'homme ou en tant que femme, personne ne serait impuissant. Être impuissant n'est dans l'intérêt de personne. Et pourtant, combien parmi vous ont déjà remarqué que devant certains hommes ou certaines femmes, vous vous sentez impuissantes ?

Quelle stupidité utilisez-vous pour créer l'impuissance des hommes et des femmes choisissez-vous ? Tout ceci, un dieulliard de fois, allez-vous le détruire et le décréer en totalité ? Right and Wrong, Good and Bad, POD and POC, All Nine, Shorts, Boys and Beyonds.

Participante du Salon :
Est-ce que c'est ce conflit qui crée la guerre sur cette planète ?

Gary :
Oui et sans aucun doute, cela crée la guerre entre les hommes et les femmes. Les femmes disent aux hommes des choses qui les font se sentir impuissants et les hommes disent aux femmes des choses qui les font se sentir impuissantes.

Au début de mon premier mariage, j'avais un bébé de six mois et une femme à la maison et un type est venu me rendre visite que je n'avais pas vu depuis des années. Il m'a dit qu'il était recherché par la police pour avoir engagé la mafia mexicaine pour tuer son frère, afin qu'il puisse hériter de tout l'argent de sa famille. Puis, il m'a invité à dîner à l'extérieur.

J'ai su immédiatement que je devais me débarrasser de lui. Je lui ai dit : « Je ne veux vraiment pas sortir pour dîner, mais tu peux prendre ma voiture. » Je savais que si je lui donnais ma voiture qui valait 2000 dollars, il partirait avec et, de mon point de vue, c'était bien mieux que d'avoir quelqu'un qui était prêt à tuer sous mon toit, avec moi, ma femme et mon enfant.

Ma femme a piqué une crise. Elle m'a dit : « Tu es un lâche. Tu es un nul et inutile. Je te déteste. » Elle ne pouvait pas comprendre mon point de vue sur la manière de faire sortir un tueur de sa maison sans se faire tuer. Je suis plus pragmatique que conflictuel.

Tout ceci, un dieulliard de fois, allez-vous le détruire et le décréer en totalité ? Right and Wrong, Good and Bad, POD and POC, All Nine, Shorts, Boys and Beyonds.

Créer et générer votre vie

Participante du Salon :
Et si nous devions arrêter de nous considérer comme des femmes ou des hommes et que nous commencions à voir les hommes et les femmes comme des êtres infinis, même s'ils ne se comportent pas comme tels, en quoi cela changerait-il la dynamique ?

Gary :
Vous pouvez toujours vous considérer comme des femmes ou des hommes. Ça n'a rien de mal ; il ne s'agit pas d'éliminer la référence. Il s'agit de reconnaître que cette autre personne est un être infini et de voir si cet être infini fonctionne d'une manière qui peut enrichir sa vie – et la vôtre. La plupart d'entre vous choisissent des personnes que vous pouvez contrôler ou des personnes que vous pensez pouvoir vous contrôler, ou que vous pensez pouvoir vous faire vous sentir mieux, ou vous mettre en valeur pour une raison ou une autre.

Vous choisissez un mode opératoire de vie comme si cela allait créer et générer ce que vous désirez. Mais ce n'est pas le cas. Un mode opératoire de vie ne peut instituer que ce qui existe déjà. Tous les modes opératoires sont des moyens de mettre en place des pilotes automatiques qui donnent l'impression d'être efficaces. Quand vous êtes dans un état opératoire, vous ne fonctionnez pas sur un niveau conscient. Vous êtes en mode pilote automatique.

Participante du Salon :
Comment nous débarrassons-nous de ces états opératoires ? Quelles questions pouvons-nous poser ? Que devons-nous être?

Gary :
Vous devez être pragmatiques.

Participante du Salon :
C'est quoi être pragmatique ? Je n'ai jamais été pragmatique de ma vie.

Gary :
Si, tu l'as été. C'est être pratique. Tu veux toujours être pragmatique quand tu veux être sûre de gagner de l'argent.

Participante du Salon :
Oui, c'est le seul domaine où je ne m'ennuie pas. J'aime l'argent, j'aime mon corps et j'aime la nature. Tout le reste m'ennuie.

Gary :
Tu ne crées pas, ni ne génères ta vie. Tu vis et institues le mode opératoire de vie et de la façon de vivre que tu choisis. Tu gères déjà tout à partir de ton point de vue. Bien sûr que tu t'ennuies : tu ne vas pas au-delà, vers une réalité différente.

Participante du Salon :
O.K. Comment, quand, où, quoi s'il te plaît ?

Gary :
Il ne s'agit pas de quoi, où, quand, comment. Plutôt : « Pour quelle raison ne choisirai-je pas cela ? »

Participante du Salon :
J'ai posé cette question !

Gary :
As-tu demandé : « Qu'est-ce que je peux choisir au-delà de l'ennui ? »

Participante du Salon :
Waouh, celle-là, je ne l'avais pas posée !

Gary :
Tu t'ennuies, alors choisis au-delà de l'ennui. Si tu es dans une mauvaise relation, demande : « Qui puis-je choisir pour que je ne m'ennuie plus dans cette relation ? » Si vous vous ennuyez dans votre vie, demandez : « Que puis-je choisir au-delà de l'ennui ? »

Participante du Salon :
Ça m'éclaire beaucoup, Gary !

Gary :
Bien ! C'est pour ça que je te l'ai donnée.

Participante du Salon :
Je t'adore Gary, merci !

Gary :
Quelle stupidité utilisez-vous pour créer le mode opératoire de vie et de façon de vivre choisissez-vous ? Tout ceci, un dieulliard de fois, allez-vous le détruire et le décréer en totalité ? Right and Wrong, Good and Bad, POD and POC, All Nine, Shorts, Boys and Beyonds.

Quand quelque chose se produit encore et encore, vous devez vous dire : « À partir de quel mode opératoire est-ce que j'essaie de vivre ? »

Quand vous pratiquez le « cela ne marche pas, je ne suis pas heureuse, je souhaite vraiment quelque chose de différent, mais je n'ai pas l'impression de pouvoir choisir autre chose », vous devez vous rendre compte que c'est un mode opératoire de vie. Ce n'est pas que vous ne pouvez pas choisir quelque chose d'autre : c'est que vous ne souhaitez pas le faire.

Quelle stupidité utilisez-vous pour créer le mode opératoire de vie et de façon de vivre choisissez-vous ? Tout ceci, un dieulliard de fois, allez-vous le détruire et le décréer en totalité ? Right and Wrong, Good and Bad, POD and POC, All Nine, Shorts, Boys and Beyonds.

Le mode opératoire, c'est d'atteindre la mort aussi vite que possible, en ayant quelques relations amoureuses en chemin. Tout ceci, un dieulliard de fois, allez-vous le détruire et le décréer en totalité ? Right and Wrong, Good and Bad, POD and POC, All Nine, Shorts, Boys and Beyonds.

Votre corps est à l'intérieur de vous

Participante du Salon:
Tu parles de créer et générer nos vies et de choisir quelque chose de différent, cependant nous sommes tout de même dans un corps de femme.

Gary :
Pourquoi as-tu dit cela comme si c'était une limitation que tu ne peux pas dépasser ?

Tu dis : « Je suis dans un corps de femme. » Es-tu dans un corps de femme – ou est-ce que le corps de femme est à l'intérieur de toi ? Vous n'êtes pas dans un corps. Votre corps est en vous. C'est ce que vous avez créé dans cette vie pour vous donner quelque chose à faire. Maintenant, ce pourquoi vous avez choisi cela et comment vous avez créé cela pour obtenir ce résultat – ça, c'est quelque chose que je ne peux pas savoir – vous seules le savez.

Participante du Salon :
Quelle est la différence entre le fait que je sois à l'intérieur de ce corps ou que ce corps soit à l'intérieur de moi ?

Gary :
Vous êtes un être infini. Vous n'avez pas de contours, mais votre corps lui a bien des contours.

Participante du Salon :
Alors, mon corps est à l'intérieur de moi ?

Gary :
Pourrais-tu être un être plus grand qui ne connaîtrait pas l'ennui avec un corps ou sans corps ou quoi que ce soit d'autre ?

Participante du Salon :
Oui ! Merci !

Gary :
Quelle stupidité utilises-tu pour créer le mode opératoire de vie et de façon de vivre choisis-tu ? Tout ceci, un dieulliard de fois, allez-vous le détruire et le décréer en totalité ? Right and Wrong, Good and Bad, POD and POC, All Nine, Shorts, Boys and Beyonds.

J'aimerais que vous utilisiez ceci jusqu'à notre prochain appel. Vous devez être au clair avec le mode opératoire à partir duquel vous fonctionnez. La plupart d'entre vous ne cherchez pas à créer quelque chose de plus grand. Vous opérez à partir d'un mode sur lequel vous pensez devoir fonctionner, plutôt que d'avoir un choix ou une possibilité. Vous essayez de créer à partir d'un certain point, le corps de femme, comme si c'était le seul choix, au lieu de demander : « Quelle création serait à ma disposition si j'acceptais d'embrasser le féminin et de ne pas rejeter le masculin ? Et de ne pas rejeter le fait que je suis un être infini ? »

Tout ceci, un dieulliard de fois, allez-vous le détruire et le décréer en totalité ? Right and Wrong, Good and Bad, POD and POC, All Nine, Shorts, Boys and Beyonds.

Combien d'entre vous cherchent leur âme sœur, leur alter ego, leur flamme jumelle, leur moitié ou leur réplique énergétique dans un corps d'homme ?

Participante du Salon :
Quelqu'un qui me complète !

Gary :
Voilà ! C'est énorme !

Tout ceci, un dieulliard de fois, allez-vous le détruire et le décréer en totalité ? Right and Wrong, Good and Bad, POD and POC, All Nine, Shorts, Boys and Beyonds.

Est-ce qu'un être infini aurait besoin d'être complété ? Ou bien est-ce qu'un être infini souhaiterait coucher ou avoir une relation avec la personne qu'il choisit ?

Participante du Salon :
Absolument, n'importe où, n'importe quand.

Gary :
Vous continuez à essayer de créer ces modes opératoires à partir desquels vous pouvez fonctionner.

Combien de modes opératoires de limitations choisissez-vous ? Tout ceux-ci, un dieulliard de fois, allez-vous les détruire et les décréer en totalité ? Right and Wrong, Good and Bad, POD and POC, All Nine, Shorts, Boys and Beyonds.

Participante du Salon :
Quels sont les éléments qui permettent d'éprouver un réel plaisir à être dans un corps de femme ?

Gary :
Débarrassez-vous de tous les jugements que vous portez sur le fait d'être une femme ou un homme.

Participante du Salon :
Par le passé, tu as parlé des décisions, jugements, calculs et conclusions imposés à nos corps. Peux-tu dire de quelle façon ces éléments entrent en jeu ici ?

Gary :
Quand vous vous coupez de votre conscience, vous vous rendez suffisamment stupides pour ne plus percevoir ce que les gens projettent sur votre corp set toutes ces choses se verrouillent dans votre corps et le blessent. Vous devez être prêtes à percevoir ce qui se passe. Vous devez avoir la conscience de : « Ce type me regarde avec désir. Est-ce que mon corps

aime ça ? Oh ! mon corps aime qu'on le désire. Intéressant ! » Votre corps lui, au moins, peut se réjouir d'être désiré. C'est cela être pragmatique sur le fait d'être une femme.

Vous reconnaissez la différence entre le moment où quelqu'un vous regarde avec désir et votre corps s'en réjouit et l'instant où vous pensez qu'il faut que vous en fassiez quelque chose. La plupart des gens regardent quelqu'un et détournent leur regard parce qu'ils pensent que s'ils regardent quelqu'un trop longtemps, cela veut dire qu'ils doivent faire quelque chose. Non, cela veut juste dire que vous regardez.

J'ai trouvé une parade à cela. Quand je regarde une femme trop longtemps et qu'elle en devient gênée, je lui dis : « Waouh, super les chaussures, super le sac. Où les avez-vous achetés ? » Avec les mecs, vous pouvez dire : « Vous vous entraînez beaucoup ? Beau travail ! » ou « Waouh, vous devez boire beaucoup de bière ! » Vous devez être prêtes à reconnaître ce qui se joue.

Participante du Salon :
Qu'est-ce qui se passe quand des hommes et des femmes qui ne se connaissent pas se croisent dans la rue et détournent le regard ? Essaient-ils d'éviter l'inconfort ?

Gary :
C'est cela, le conflit.

> Quelle stupidité est-ce que j'utilise pour créer le sentiment de conflit entre le masculin et le féminin est-ce que je choisis ? Tout ceci, un dieulliard de fois, allez-vous le détruire et le décréer en totalité ? Right and Wrong, Good and Bad, POD and POC, All Nine, Shorts, Boys and Beyonds.

Notez bien que je ne parle pas de cela en tant qu'homme ou femme. Ce sont les éléments qui définissent ce qui se passe lorsque nous nous incarnons dans un corps d'homme ou de femme. Vous devez être en mesure de reconnaître « je porte ce corps, mais je ne me réduis pas à cela ».

« *Waouh, je n'y avais jamais pensé* »

Participante du Salon :

Je travaille en ce moment dans un environnement professionnel dominé par les hommes et ce job est nouveau pour moi. Deux de mes chefs en particulier ont pour tâche de relever toutes les fois où je ne suis pas à la hauteur dans mon travail. J'ai l'impression de créer la relation que j'avais avec mon père quand j'étais ado, laquelle, en passant, a changé de façon incroyable quand j'ai commencé ce truc dingue appelé Access Consciousness. Mais là, je suis perplexe. Que puis-je être ou faire différemment qui ferait que ces messieurs se laisseraient mener par le bout du nez ?

Gary :

Tu dois comprendre qu'il y a là un enseignement pour toi. Si tu veux que quelqu'un t'estime beaucoup, pose toujours une question dont tu connais la réponse. Puis, dis : « Waouh, je n'avais jamais pensé à ça. C'est génial. Je suis tellement reconnaissante. »

Ils vont commencer à te laisser du répit et à te fournir des informations au lieu de te corriger. Leur point de vue, c'est qu'ils doivent former une jeune à fournir un meilleur travail. Ça n'a rien à voir avec le fait que tu sois une femme. C'est ça, le problème. O.K. ? Tu ne leur as pas posé une question qui prouve que tu sais déjà ce dont tu parles.

Tout choix crée

Participante du Salon :

J'ai grandi avec tout un tas de règles à propos de ce qu'une femme doit faire dans une relation : tu dois toujours être prête pour ton homme. Tu dois être jolie, bien cuisiner, garder la maison propre, ranger les vêtements, t'assurer que ton homme se sent bien. Tu dois trouver les mots justes, avoir l'attitude qu'il faut et les phrases qui lui remontent le moral pour le garder.

Gary :

Apparemment, toi aussi tu as grandi dans les années 50 !

Participante du Salon :
Tout cela fait de nous, les femmes, des personnes sur qui on peut compter, parce qu'à un moment de notre histoire, nous avons appris que nous ne pouvons pas faire d'argent, qu'un homme, c'est la seule chose qui compte et qu'il faut beaucoup d'efforts pour faire vivre la relation. C'est là que je me coupe de moi-même et divorce de moi-même. Donc, j'ai décidé de ne plus jamais m'engager dans une relation.

Gary :
Voyons voir. C'est une décision, un jugement, un calcul ou une conclusion, ça ? Oui, c'est ce que vous faites. Ce n'est pas ça le pragmatisme de la réalité féminine.

> Tout ceci, un dieulliard de fois, allez-vous le détruire et le décréer en totalité ? Right and Wrong, Good and Bad, POD and POC, All Nine, Shorts, Boys and Beyonds.

Participante du Salon :
C'est bien là pour quoi je participe à ce cours. Je ne veux toujours pas avoir de relation. Je veux être moi et m'éclater. Je ne veux m'occuper de personne, même pas de mes enfants. Mais je veux déblayer cela. Je suis sûre que ça va ouvrir une autoroute que je garde fermée pour l'instant, parce que je continue à faire des choses pour les autres plutôt que de me donner la priorité. Je ne sais toujours pas comment penser à moi d'abord et faire les choses pour moi en premier.

Gary :
D'abord, il ne s'agit pas de penser à toi en premier ou faire pour toi en premier. Peux-tu être la première dans l'unité ? La réponse est non. Il s'agit d'être consciente de ce que chaque choix crée. Quand tu choisis, demande : « Est-ce que ce sera bien pour moi et pour tout le monde ? »

Il ne s'agit pas de choisir pour toi d'abord. Si tu essaies d'être la première dans l'unité, tu es dans la compétition. Mais avec qui es-tu en compétition ? Combien parmi vous sont en compétition avec les hommes au lieu d'être en union cohésive avec les hommes ?

Tout ceci, un dieulliard de fois, allez-vous le détruire et le décréer en totalité ? Right and Wrong, Good and Bad, POD and POC, All Nine, Shorts, Boys and Beyonds.

Participante du Salon :
Comment me débarrasser du point de vue que je suis grosse et moche ? J'ai essayé avec le POD et POC, mais ça coince. Et quelle est ma réaction à refuser d'entendre : « Je t'aime » ?

Gary :
Pour parvenir à entendre « je t'aime », il faudrait que tu reçoives. Et tu préfères ne pas recevoir. Tu préfères te cramponner à cela.

Quelle stupidité utilises-tu pour créer la réalité physiologique que tu choisis ? Tout ceci, un dieulliard de fois, es-tu prête à le détruire et le décréer en totalité ? Right and Wrong, Good and Bad, POD and POC, All Nine, Shorts, Boys and Beyonds.

Voici un bon processus pour tous ceux et celles qui se posent une question sur leur corps – parce que vous avez choisi une certaine réalité physiologique. Vous l'avez créée, alors vous pensez que vous devez la garder. Non, rien ne vous oblige à garder ça. Non, vous avez le choix.

Quelle actualisation physique de la réalité physiologique au-delà de cette réalité physique suis-je maintenant capable de générer, créer et instituer ? Tout ce qui ne permet pas à cela d'arriver, un dieulliard de fois, allez-vous le détruire et le décréer en totalité ? Right and Wrong, Good and Bad, POD and POC, All Nine, Shorts, Boys and Beyonds.

Comment ça va pour vous maintenant ?

Participante du Salon :
Génial. C'est vraiment génial.

Gary :

Super ! Je suis très reconnaissant que vous soyez toutes là, Mesdames. Je voudrais vous permettre d'accéder là où vous pouvez vous installer dans cette gentillesse vis-à-vis de vous-même, que vous pouvez être – car vous avez la bêtise de croire que vous devez être gentilles avec les autres et pas avec vous-même. Vous devez être gentilles avec les autres et avec vous-même en même temps. Pas pour une raison précise, juste parce que cela simplifie votre vie et c'est cela le féminisme pragmatique.

Je veux que vous deveniez des pragmatistes féminines, et non des féministes ou des misandres. Si vous détestez les hommes, vous pratiquez la misandrie. Rien de cela n'est vraiment nécessaire.

Je veux faire en sorte que les hommes et les femmes arrêtent de se battre les uns contre les autres. Que les femmes n'aient plus à forcer leur homme à prouver qu'ils sont courageux et les hommes à prouver que leur femme a tort et que tous commencent à comprendre qu'ils ont le choix. Ce serait bien de finir cette guerre. Et nous pouvons peut-être y arriver en nous y mettant tous. Merci beaucoup à vous toutes.

2
Choisir de changer la réalité

Et si vous étiez capables de changer la réalité – et que vous ne le choisissiez pas ?

Gary :
Bonjour, Mesdames.

Âmes sœurs et flammes jumelles

Dain et moi avons fait une émission sur le Réseau Radio Puja aujourd'hui sur le thème des âmes sœurs et des flammes jumelles, ce qui est très drôle, parce que la communauté métaphysique considère que le concept d'âmes sœurs et de flammes jumelles est approprié dans cette réalité. La quantité de charge qui lui est associée est monstrueusement incroyable. Je vais donc utiliser maintenant avec vous les processus que nous avons utilisés aujourd'hui pendant l'émission, car je pense que cela va toutes vous aider.

> Quelle stupidité utilisez-vous pour créer la flamme jumelle, l'âme sœur, le conjoint, la créature mythique, prince ou princesse, la personne parfaite pour vous et le complément parfait pour vous choisissez-vous ? Tout ceci, un dieulliard de fois allez-vous le détruire et le décréer en totalité ? Right and Wrong, Good and Bad, POD and POC, All Nine, Shorts, Boys and Beyonds.

Apparemment, parmi vous, il y en a qui, quand elles étaient enfants, ont lu trop d'histoires de Cendrillon, Raiponce et toutes ces créatures que vous êtes censées devenir, mais que vous n'êtes jamais devenues parce que vous n'étiez pas aussi repoussantes que ces créatures le sont.

Quelle stupidité utilisez-vous pour créer la flamme jumelle, l'âme sœur, le conjoint, la créature mythique, prince ou princesse, la personne parfaite pour vous et le complément parfait pour vous choisissez-vous ? Tout ceci, un dieulliard de fois, allez-vous le détruire et le décréer en totalité ? Right and Wrong, Good and Bad, POD and POC, All Nine, Shorts, Boys and Beyonds.

Ça, c'est l'idée que le but d'une relation, c'est de trouver la personne parfaite pour vous. Un être infini aurait-il vraiment un seul complément parfait ? Ou est-ce qu'un être infini en aurait plusieurs ?

Combien d'entre vous en ont eu plusieurs, parmi lesquels vous essayez toujours de trouver celui qui est parfait ? Tout ceci, un dieulliard de fois, allez-vous le détruire et le décréer en totalité ? Right and Wrong, Good and Bad, POD and POC, All Nine, Shorts, Boys and Beyonds.

En réalité, vous cherchez l'être parfait qui n'existe pas. Cela demande-t-il que vous vous jugiez ou que vous vous choisissiez ?

Participante du Salon :
De nous juger.

Gary :
Partout où vous vous êtes jugées de n'avoir pas trouvé l'être parfait pour vous, êtes-vous prêtes à détruire et à décréer tout cela ? Right and Wrong, Good and Bad, POD and POC, All Nine, Shorts, Boys, and Beyonds.

Vivre à partir de l'Aimer plutôt que de l'Amour

Au cours de la conversation que Dain et moi avons eue aujourd'hui lors de l'émission, j'ai réalisé que le contraire de l'amour, ce n'est pas la haine. Le contraire de l'amour, c'est le jugement. L'amour n'exige pas que la haine soit son contraire ; il exige que le jugement soit son point de vue contraire.

Les forces contraires dans notre vie sont : 1) l'amour et le jugement 2) la tendresse et la haine 3) la stupidité et le recevoir. Ces trois forces opposées créent la confusion et ne vous permettent pas de choisir ce qui fonctionne pour vous.

Participante du Salon :
Quand tu dis que l'amour et le jugement sont des forces contraires, est-ce que tu veux dire que parce que l'amour fait partie de ma vie, le jugement aussi ? Peux-tu expliquer ça ?

Gary :
Aimer – et non l'amour – c'est ce à partir de quoi vous voulez vivre. Tant que tu aimes, tu ne peux être dans le jugement. Quand tu aimes vraiment, tu as de la gratitude pour ce que fait quelqu'un. Tu ne juges pas l'autre et tu ne te juges pas toi-même.

N'essaie pas de vivre à partir de l'amour. Vis à partir de l'aimer. Quand tu fonctionnes à partir d'aimer, de l'attention bienveillante et du recevoir, tu ne fonctionnes pas à partir du jugement. Afin d'arrêter d'aimer, tu dois être dans le jugement ; sinon, tu aimes simplement.

Gary :
>Quelle stupidité utilises-tu pour créer les forces contraires de l'amour et du jugement, de l'attention bienveillante et de la haine et de la stupidité et du recevoir choisis-tu ? Tout ceci, un dieulliard de fois, allez-vous le détruire et le décréer en totalité ? Right and Wrong, Good and Bad, POD and POC, All Nine, Shorts, Boys and Beyonds.

>Ce processus est un peu plus intense que je ne le pensais. Recommençons.

>Quelle stupidité utilises-tu pour créer les forces contraires de l'Amour et du jugement, de l'attention bienveillante et de la haine et de la stupidité et du recevoir choisis-tu ? Tout ceci, un dieulliard de fois, allez-vous le détruire et le décréer en totalité ? Right and Wrong, Good and Bad, POD and POC, All Nine, Shorts, Boys and Beyonds.

Participante du Salon :
Je n'ai jamais eu de relation sans jugement.

Gary :
La plupart d'entre vous n'en ont jamais eu, car une relation sans jugement n'est pas « normale » dans cette réalité. Pourquoi considérons-nous une relation comportant le jugement plus vraie qu'une relation sans jugement ? Vous savez pourquoi ? Parce qu'une relation incluant le jugement est plus intense. Nous définissons cette intensité comme étant de l'amour et nous la recherchons plutôt que la joie et la possibilité qu'offre le fait d'aimer. L'amour véritable, c'est connaître la joie et la possibilité – et non le jugement.

Participante du Salon :
J'ai un compagnon qui ne me juge pas conformément à ce que cette réalité considère que les relations devraient être, mais j'ai tendance à porter des jugements sur lui pour faire que notre relation se conforme à ce que cette réalité considère qu'une relation doit être.

Gary :
Bon choix. C'est ce que chacun d'entre nous fait pour créer la raison d'être de l'amour selon cette réalité. Il s'agit d'intensité, de jugement et non de conscience des possibilités que nous créons avec nos partenaires.

> Tout ce que vous avez toutes fait pour créer cela chez vous et vos partenaires, allez-vous le détruire et le décréer ? Right and Wrong, Good and Bad, POD and POC, All Nine, Shorts, Boys, and Beyonds.

L'Amour est une conclusion, aimer est une action. Tu dois arrêter de fonctionner à partir de l'amour et plutôt fonctionner à partir d'aimer. Quand tu es avec quelqu'un, cherche ce qui pourrait être un geste d'amour aujourd'hui, un acte d'aimer aujourd'hui. Demander « comment puis-je exprimer mon amour aujourd'hui ? » est un acte d'amour.

Reconnais qu'aimer est une particule active dans le monde et que l'amour, en tant que jugement, est, par nécessité, une particule complétée dans le monde. Si tu es dans l'action d'aimer, tu ne peux être dans l'action de juger.

Si tu aimes, tu fonctionnes à partir de l'idée que tu as tout terminé. Tu penses « ça suffit. C'est tout ce que j'ai à faire. » Je vois beaucoup les gens agir ainsi. Ils disent : « J'aime cette personne » et ensuite, ils cessent de créer la relation plus loin. Ils cessent d'être dans l'action d'aimer. Ils ont aimé ; donc, c'est fini, ils n'ont plus rien à faire.

Quand tu clôtures par « Je l'aime », alors c'est une affaire conclue, à partir de là, aucune création n'est faite. Tout ce que vous pouvez obtenir, c'est l'amour/la haine. Vous ne pouvez avoir la joie totale et les possibilités.

Et quand vous dites : « J'aime cette personne », qu'est-ce que ça veut dire en fait ? Le gros problème, c'est que l'amour a huit milliards de dieulliards de définitions.

> Toutes les définitions que vous avez de l'amour qui n'ont rien à voir avec Aimer, allez-vous les détruire et les décréer ? Right and Wrong, Good and Bad, POD and POC, All Nine, Shorts, Boys, and Beyonds.

Participante du Salon :
Souvent, quand je parle aux gens de relations, ils décrivent toute une liste de ce qui ne marche pas. Je demande : « A quoi ça sert ? Pourquoi vous accrochez-vous à cela ? »

Ils répondent : « Mais je l'aime ».

Je demande : « Mais qu'est-ce que ça veut dire ? Je ne comprends pas. » Peux-tu expliquer cela ?

Gary :
La plupart des gens décident que, quand ils aiment, tout devrait bien se passer, mais l'idée que tu aimes et que tout se passe bien est un jugement. Ce n'est pas une perception consciente.

Quelle perception consciente rates-tu pour créer le jugement que tu accentues ? Tout ceci, un dieulliard de fois, vas-tu le détruire et le décréer en totalité ? Right and Wrong, Good and Bad, POD and POC, All Nine, Shorts, Boys and Beyonds.

Tu dois commencer à créer à partir du point de vue pragmatique de « qu'est-ce que j'aimerais créer ? » Est-ce que tu considères cela quand tu es dans une relation ? Je ne le faisais jamais. Pour moi, c'était : « Oh, je veux qu'elle soit heureuse. Je veux qu'elle sache combien je l'aime. » Ce qui revient à dire : « Je ne sais pas si elle sait combien je l'aime. Il me manque sa conscience de ce qu'elle sait. » Tout ce que je faisais, c'était nourrir ce manque. Combien d'entre vous ont passé leur vie à essayer de nourrir le manque dans les relations au lieu des possibilités ?

Tout ceci, un dieulliard de fois, allez-vous le détruire et le décréer en totalité ? Right and Wrong, Good and Bad, POD and POC, All Nine, Shorts, Boys and Beyonds.

Participante du salon :
Il me semble toujours que quand les gens disent : « J'aime quelqu'un », ce qu'ils veulent vraiment dire, c'est : « J'ai besoin de quelque chose et j'espère l'obtenir de cette personne que j'ai décidé qu'il me fallait. » Mais quand tu parles d'Aimer, cela a plutôt l'énergie d'un torrent de gratitude que la qualité de « donne-moi ».

Participante du Salon :
Ce que tu viens de dire sur l'amour et le fait d'aimer, c'est génial. Merci.

Gary :
Je veux vous remercier pour toutes vos questions parce que, grâce à elles, vous ouvrez une porte vers un niveau de possibilités qui n'a jamais existé pour les femmes sur cette planète. Sachez-le. Vous ouvrez une porte sur des possibilités plus grandes pour les hommes et les femmes qui n'ont jamais existé sur la planète Terre, du fait que vous êtes prêtes à considérer tout cela et

à changer la stupidité à partir de laquelle vous fonctionnez. C'est ce que je voulais créer avec ces conférences et c'est ce qui se passe. Je suis reconnaissant envers chacune d'entre vous d'être là.

Participante du Salon :
Merci à toi !

Gary :
Quelle stupidité utilisez-vous pour créer les forces contraires de l'amour et du jugement, de l'attention bienveillante et de la haine et de la stupidité et du recevoir choisissez-vous ? Tout ceci, un dieulliard de fois, allez-vous le détruire et le décréer en totalité ? Right and Wrong, Good and Bad, POD and POC, All Nine, Shorts, Boys and Beyonds.

« Qu'est-ce que cela ? »

Participante du Salon :
J'ai observé beaucoup de relations entre les hommes et les femmes. Il faut deux personnes pour danser un tango, n'est-ce pas ? Quand il s'agit de jugements, est-ce que cela a de l'importance que ce soit les hommes ou les femmes qui jugent ? A quoi cela ressemble-t-il quand j'ai une relation avec quelqu'un et que cela suscite des jugements ? Quel est mon rôle là-dedans ?

Gary :
La plupart des gens ne comprennent pas qu'ils doivent créer à partir de ce qui est et non à partir de ce qu'ils pensent devoir être. Vous devez fonctionner à partir de « qu'est-ce que c'est ? » et non « quel jugement j'ai sur cela ? ».

Il ne s'agit pas de juger, mais d'aimer ce qui donne de l'expansion à votre vie. Il s'agit du pragmatisme des relations. C'est un monde complètement différent. Une relation pragmatique, c'est :

▶ Qu'est-ce qui va fonctionner ici ?

> Comment je fais pour que cela marche pour moi, l'autre personne et tous ceux impliqués ?

Si vous ne fonctionnez pas à partir d'une relation pragmatique, vous fonctionnez à partir de relations où le jugement est possible, sur le mode du « je l'aime » ou « je ne l'aime pas ». C'est comme effeuiller les pétales de la marguerite en disant : « Il m'aime, il ne m'aime pas ». Tu effeuilles les pétales pour arriver à la conclusion qu'il t'aime ou ne t'aime pas.

Et si tu vivais une relation qui soit aimante, dans l'attention bienveillante et l'accueil – et non pas inconsciente, sans haine ni jugement ? Mais, c'est comme ça que cette réalité fonctionne. Sans ce jugement, cette haine et cette stupidité, vous n'auriez jamais pu tomber amoureuses. Vous n'auriez pas pu vivre le traumatisme et le drame et toutes les choses que cette réalité considère comme ayant le plus de la valeur.

Vous devez créer une relation pragmatique qui fonctionne pour vous. Au lieu de ça, vous essayez de créer des relations basées sur les points de vue de quelqu'un d'autre.

> Tout ce que vous avez fait pour créer vos relations à partir du point de vue d'autres personnes au lieu du vôtre, allez-vous détruire et décréer tout cela ? Right and Wrong, Good and Bad, POD and POC, All Nine, Shorts, Boys and Beyonds.

Vous avez toutes fait cela massivement !

Participante du Salon :
Est-ce que tu es arrivé à un point, dans ta réalité, où tu ne juges plus du tout – es-tu instantanément conscient quand tu juges et le POD et POC-tu ?

Gary :
La plupart du temps, je suis instantanément conscient, quand je me mets à juger.

Il y a quelque temps, j'envisageais une relation avec une personne qui était parfaite pour moi et j'ai posé la question : « Est-ce que la relation marcherait pour elle ? » J'ai dit :

« Waouh, non ! » parce que ce qui marcherait pour moi et ce qui marcherait pour elle étaient deux choses différentes. C'est ça, envisager une relation de façon pragmatique : est-ce que ça va vraiment marcher pour l'autre personne ? Ce n'est pas : est-ce que ça va marcher pour moi ?

La plupart d'entre nous font ça. Nous envisageons une relation sous l'angle « est-ce que je peux la faire fonctionner pour l'autre personne ? » ou « est-ce que je peux la faire fonctionner pour moi ? » comme étant deux points de vue différents. Et s'il existait un troisième point de vue que tu pourrais adopter ?

> Tout ce qui ne vous permet pas de percevoir, savoir, être et recevoir les points de vue extrêmement pragmatiques qui permettraient que tout fonctionne pour tout le monde, allez-vous détruire et décréer tout cela ? Right and Wrong, Good and Bad, POD and POC, All Nine, Shorts, Boys and Beyonds.

Participante du Salon :
En atteignant ce troisième point de vue, j'imagine que les deux parties devraient trouver des questions pour voir ce qui fonctionnerait pour eux ?

Gary :
Non, seule une personne doit se poser des questions et doit être prête à considérer :

▸ Qu'est-ce que c'est ?

▸ Qu'est-ce que j'en fais ?

▸ Est-ce que je peux le changer ?

▸ Comment puis-je le changer ?

Imagine que tu décides de te mettre en couple avec quelqu'un. La personne a une famille. Est-ce que la famille est impliquée dans la relation ?

Participante du Salon :
Oui.

Gary :

La famille a-t-elle un point de vue sur les relations ? Oh oui ! Est-ce qu'ils projettent et attendent certaines choses de toi parce que tu es en couple ?

Participante du Salon :

Oh, oui.

Gary :

Alors, en réalité, as-tu réellement le choix ? Ou dois-tu modifier tes choix en fonction de comment tu dois inclure les autres dans ta relation ?

Participante du Salon :

La seconde option.

Créer le futur

Gary :

Tu dois être prêt à reconnaître comment chaque choix va créer le futur que tu aimerais créer. La plupart d'entre nous ne considèrent pas la création du futur parce que ce n'est pas une réalité pour la plupart des gens sur cette planète.

J'ai commencé à lire un livre sur le risque intitulé Contre les Dieux. Il développe l'idée que le risque est créé par certaines choses et que ce sont les probabilités qui créent le futur – plutôt que des possibilités.

La probabilité est l'idée que tu peux déterminer mathématiquement ce qui a le plus de chance de se produire, en accord avec les points de vue de tout le monde. C'est basé sur votre jugement et les jugements des autres plutôt que sur l'idée que le choix et la possibilité peuvent vraiment modifier la réalité.

Il faut que vous reconnaissiez que le choix crée littéralement des possibilités. Et si vous étiez capables de changer la réalité – et que vous ne le choisissiez pas ?

> Dans combien de situations as-tu choisi d'éviter la création fondée sur le choix d'une possibilité en faveur de la probabilité

sur laquelle tout le monde va s'aligner et se mettre en accord ? Tout ceci, un dieulliard de fois, vas-tu le détruire et le décréer en totalité ? Right and Wrong, Good and Bad, POD and POC, All Nine, Shorts, Boys and Beyonds.

Si vous choisissez à partir des possibilités, vous commencez à voir qu'il pourrait y avoir une création différente qui n'a encore jamais existé. Je vous demande, Mesdames, d'être prêtes à créer au-delà des limitations de cette réalité.

« Quelle est la possibilité ici, d'un futur différent ? » est un point de vue qu'on ne retrouve jamais dans les relations, le sexe et la copulation ou dans votre propre vie. Voici un processus complètement nouveau que je n'ai jamais utilisé sur personne. Vous êtes les premières.

Quelle stupidité utilisez-vous pour créer les probabilités d'actualisation du futur choisissez-vous ? Tout ceci, un dieulliard de fois, allez-vous le détruire et le décréer en totalité ? Right and Wrong, Good and Bad, POD and POC, All Nine, Shorts, Boys and Beyonds.

Votre point de vue crée votre réalité

Nous faisons des choix sans réaliser à quel point ces choix créent notre futur de toutes les façons possibles. Chaque choix que nous faisons crée. Cela fait longtemps que je dis en quoi le choix est création. Un choix n'est pas ce qui est juste ou faux, mais une création. C'est l'essence de création de toutes choses sur la planète Terre. Chaque choix que vous faites crée quelque chose. Votre point de vue crée votre réalité ; votre réalité ne crée pas votre point de vue. Avez-vous déjà choisi d'être en relation avec quelqu'un qui n'était pas bien pour vous ?

Participante du Salon :

Quand tu parles de tout cela, ce qui remonte en moi, c'est l'énergie de l'espace que je n'étais pas prête à choisir. Je ne choisis pas à partir de l'espace parce que je n'ai pas de raison, de justification ni d'idée ce que cela va créer.

Gary :
Oui, parce que tu essaies de chercher la probabilité.

Participante du Salon :
Oui, waouh, merci.

Gary :
Toi, en tant que femme, tu n'as pas moins de valeur qu'un homme. Tu es juste différente d'un homme. Pas dans un sens négatif, pas dans un sens positif, simplement différente. Tu as autant de choix. En fait, tu as plus de choix que les hommes – parce qu'un homme, pour prouver qu'il est un homme, doit prouver qu'il n'est pas efféminé et qu'il n'est pas homo. Je sais, ça n'a pas de sens pour toi, mais c'est vrai. Il y a une femme qui est venue dans mon bureau l'autre jour et qui a demandé : « Dain est homo, n'est-ce pas ? »

J'ai dit : « Non, en fait, il ne l'est pas. Qu'est-ce qui vous fait penser qu'il est homo ? »

Elle a dit : « Quand je me suis coupé le doigt, il m'a mis un pansement et il a été si doux, si gentil. C'est impossible qu'il soit hétéro parce qu'un hétéro l'aurait plaqué sèchement et dit : ''Ça va comme ça ?'' ».

Parce qu'un homme est attentionné, il est homo ? Non. C'est un jugement total et une décision et, malheureusement, ce n'est pas vrai. Crois-moi, il y aurait beaucoup d'hommes qui seraient heureux que Dain soit homo, mais il ne l'est pas. Vous, les femmes, si vous n'êtes pas totalement gentilles et attentionnées, vous n'êtes pas considérées comme féminines. C'est de la folie pure.

Fais chaque choix en tant que Source de possibilités

Participante du Salon :
Es-tu en train de dire qu'en tant que femme, reconnaître que j'ai plus de choix, c'est reconnaître que chaque choix est une création qui va ouvrir des choses pour moi ?

Gary :
Oui, chaque choix va ouvrir les portes aux possibilités. Chaque choix crée de multiples possibilités. Chaque possibilité et chaque choix créent un ensemble de possibilités. À chaque fois que tu choisis, tu crées un ensemble de possibilités.

Par le simple fait d'imaginer cela, tu crées le choix et dix possibilités s'ouvrent à toi. Puis, tu choisis à nouveau et dix autres possibilités s'ouvrent. La première fois, un choix crée un ensemble de possibilités et la seconde, un autre ensemble de possibilités relient deux des choix que tu as créés comme possibilités. C'est comme cela que tu commences à créer les toiles d'araignées du futur à actualiser pour faire naître l'existence d'une possibilité différente.

Quand tu commences à percevoir là où les multiplicités se sont connectées l'une à l'autre, à chaque fois que tu fais un choix, tu vois ce qui contribue à créer une ligne de possibilités différentes vers un futur différent qui peut-être n'avait jamais existé pour toi ou pour ceux que tu connais.

Participante du Salon :
Merci, c'est génial. Quand tu as dit que lorsqu'on fait un choix, dix possibilités se font jour et qu'en choisissant l'une de ces dix possibilités, elles se relient entre elles, l'énergie était forte là. Quoi que ce soit, je ne suis pas prête à savoir ce que c'est, ni ce qu'est la toile que cela tisse. Je préfère faire comme si je ne savais pas ce que je sais vraiment.

Gary :
Essayons cela :

> Quelle stupidité utilises-tu pour créer le manque de conscience du tissu de possibilités que les choix que tu fais créent choisis-tu ? Tout ceci, un dieulliard de fois, vas-tu le détruire et le décréer en totalité ? Right and Wrong, Good and Bad, POD and POC, All Nine, Shorts, Boys and Beyonds.

Chaque choix crée un ensemble de possibilités multiples. Nous essayons toujours de tirer une conclusion en pensant que cela va solidifier le choix que nous faisons et créer un point de vue « correct » pour obtenir le résultat que nous désirons.

Vous avez toutes fait l'expérience d'entrer en relation avec quelqu'un en ayant un point de vue fixe que vous avez vu s'effondrer. Pourquoi à votre avis s'est-il effondré ? Il s'est effondré parce que vous n'étiez pas prêtes à créer et générer au-delà du choix « je l'aime ».

Quand tu trouves une prétendue âme sœur ou que tu vois quelqu'un comme un partenaire, tu crées à partir d'un point de vue étrange qui n'a rien à voir avec toi et tu n'es plus capable de créer ce qui est possible.

C'est là où tu choisis la fin de la création. Ne fais aucun choix qui soit la fin de la création. Chacun de tes choix doit être une source de possibilités.

> Quelle stupidité utilises-tu pour créer la flamme jumelle, l'âme sœur, le conjoint, la créature mythique, prince et princesse, la personne parfaite pour toi et le complément parfait pour toi choisis-tu ? Tout ceci, un dieulliard de fois, vas-tu le détruire et le décréer en totalité ? Right and Wrong, Good and Bad, POD and POC, All Nine, Shorts, Boys and Beyonds.

> Quelle stupidité utilises-tu pour créer le sang, la sueur et les larmes de la relation choisis-tu ? Tout ceci, un dieulliard de fois, vas-tu le détruire et le décréer en totalité ? Right and Wrong, Good and Bad, POD and POC, All Nine, Shorts, Boys and Beyonds.

Beaucoup d'entre vous se sont rendues coupables de ne pas choisir d'avoir une relation. Et si choisir de ne pas avoir de relation était la chose la plus futée que vous puissiez choisir ?

> Quelle stupidité utilises-tu pour créer le tort de ne pas choisir une relation choisis-tu ? Tout ceci, un dieulliard de fois, vas-tu le détruire et le décréer en totalité ? Right and Wrong, Good and Bad, POD and POC, All Nine, Shorts, Boys and Beyonds.

Vous avez le point de vue que vous avez tort de ne pas avoir de relation parce que votre mère ou vos sœurs ou vos amies vous encouragent toujours à avoir une mauvaise relation. Vous ne voulez pas vraiment avoir de relation, c'est pourquoi vous continuez à choisir de mauvaises relations. Si vous vouliez vraiment une relation, vous en créeriez une bonne. Si vous ne voulez pas vraiment de relation, il n'y a pas de mal à cela. Vous n'avez pas tort de ne pas vouloir de relation !

La relation est un concept ; ce n'est pas une réalité. Vous n'avez pas besoin de quelqu'un pour vous combler. Vous êtes une âme à part entière. Vous n'avez pas besoin de relation, de famille, d'enfants, d'un groupe ou de quoi que ce soit de ce genre pour vous combler. Vous êtes une entité qui se suffit à elle-même, un être en soi. Sois loyale envers Toi-même.

> Tout ce que tu as fait pour te rendre déloyale, vas-tu le détruire et le décréer ? Right and Wrong, Good and Bad, POD and POC, All Nine, Shorts, Boys and Beyonds.

Alors, c'est quoi une relation ?

Participante du Salon :
Puis-je te demander ce que signifie une relation de couple pour toi ?

Gary :
Une relation de couple est l'acte pragmatique de vivre ensemble qui donne de l'expansion à vos deux réalités et à vos deux agendas. Une relation est un espace dans lequel vous pouvez vivre ensemble confortablement, sans jugement. C'est un espace où vous pouvez vivre ensemble dans les possibilités et dans les nécessités de « tu ne fais pas ta part de nettoyage », « tu ne fais pas ta part », « tu ne partages pas ». Partager est un concept qui crée un espace où tu juges quelqu'un et non où tu vis avec quelqu'un.

Au moment où tu entres dans le jugement, tu cesses d'exister en tant qu'être. Un être et le jugement ne peuvent exister dans le même univers. Un être est un élément de gratitude, un jugement est un élément de destruction. Tu ne peux pas avoir la gratitude et la destruction dans le même univers. L'une est création ; l'autre, destruction.

Participante du Salon :
C'est presque comme si je voulais me débarrasser du mot « relation ». Je veux l'appeler autrement. Je ne veux pas avoir de relation.

Gary :
« Je ne veux pas avoir de relation » veut dire que tu ne manques pas de relation, ce qui veut dire que tu as plein de relations et que la plupart sont mauvaises.

Participante du Salon :
Oui.

Gary :
Alors, pourquoi sont-elles mauvaises ?

Participante du Salon :
Je ne prends pas ma place. Je ne suis pas tout ce que je suis dans aucune de mes relations.

Gary :
Pourquoi n'es-tu pas tout ce que tu es dans tes relations ?

Participante du Salon :
Je ne suis pas reçue par les autres ou ils ne me comprennent pas.

Gary :
Pourquoi voudrais-tu qu'ils te comprennent ? A quoi cela ressemblerait-il si tu étais prête à recevoir tout ce qui est possible pour toi sans avoir besoin de qui que ce soit d'autre ?

Participante du Salon :
Ce serait génial.

Gary :
Oui, cela créerait quelque chose de différent. Tu dois être prête à envisager une possibilité différente de celle que tu considères.

> Quelle stupidité utilises-tu pour créer un manque de réalité relationnelle totalement pragmatique choisis-tu ? Tout ceci, un dieulliard de fois, vas-tu le détruire et le décréer en totalité ? Right and Wrong, Good and Bad, POD and POC, All Nine, Shorts, Boys and Beyonds.

Je vous demande de mettre ça en boucle et de l'écouter pendant au moins trente jours. Si vous le faites, cela va nettoyer ce domaine et vous allez pulvériser vos points de blocage et aller vers d'autres possibilités plus facilement. Mettez ce déblayage sur votre ordinateur et laissez-le jouer en boucle à faible volume pendant que vous dormez. C'est comme la programmation subliminale sauf que c'est de la déprogrammation subliminale.

> Quelle stupidité j'utilise pour créer un manque de réalité relationnelle totalement pragmatique est-ce que je choisis ? Tout ceci, un dieulliard de fois, je le détruis et le décrée en totalité. Right and Wrong, Good and Bad, POD and POC, All Nine, Shorts, Boys and Beyonds.

> Quelle stupidité utilisez-vous pour créer la flamme jumelle, l'âme sœur, le conjoint, la créature mythique, prince et princesse, la personne parfaite pour vous et le complément parfait pour vous choisissez-vous ? Tout ceci, un dieulliard de fois, allez-vous le détruire et le décréer en totalité ? Right and Wrong, Good and Bad, POD and POC, All Nine, Shorts, Boys and Beyonds.

La copulation par choix

Je vais dire quelque chose qui peut sembler totalement offensant pour beaucoup d'entre vous. La plupart d'entre vous recherchent une relation – et ce que votre corps veut, lui, c'est une certaine quantité de copulation. O.K. ? Votre corps préférerait la copulation plutôt que la relation, mais vous avez décidé qu'être femme, cela demande une relation et non la copulation.

Tout ceci, un dieulliard de fois, allez-vous le détruire et le décréer en totalité ? Right and Wrong, Good and Bad, POD and POC, All Nine, Shorts, Boys and Beyonds.

Participante du Salon :
Pourquoi est-ce que je résiste autant à la copulation ?

Gary :
Tu lui as résisté ?

Participante du Salon :
Oui.

Gary :
Parce que si tu étais prête à beaucoup copuler, tu ne serais pas considérée comme une femme. Dans cette réalité, le désir de copuler est une caractéristique masculine et non féminine.

Tout ce que tu as déterminé et décidé à ce sujet, vas-tu le détruire et le décréer ? Right and Wrong, Good and Bad, POD and POC, All Nine, Shorts, Boys, and Beyonds.

Participante du Salon :
J'ai une question sur la copulation. Toute ma vie, j'ai eu le désir de copulation jusqu'à ce que je vienne à Access Consciousness et que je réalise que ce n'était pas une nécessité mais un choix et ce désir s'est comme évaporé. Cela ne m'a plus intéressée.

Gary :
Copulation par choix, plutôt que la nécessité de la copulation. Plus tu commences à réaliser que les gens utilisent le jugement pour créer la copulation, plus tu as le sentiment que, quelque part, tu loupes quelque chose si tu copules directement et tu le fais sans jugement.

Participante du Salon :
Je ne comprends pas.

Gary :
Disons qu'il y a un homme dans ta vie avec lequel tu aimerais copuler et avec qui tu n'es pas dans le jugement. S'il utilise

le jugement pour pouvoir bander, alors il ne peut pas bander parce que tu n'es pas assez dans le jugement de l'immoralité de ce que vous faites pour l'exciter sexuellement.

Tu as donc un choix : quelle quantité de jugement dois-tu infiltrer dans son monde pour le faire bander ? – ou combien de contrôle dois-tu exercer pour l'exciter tellement qu'il ne peut plus se retenir ?

> Tout ce que cela fait remonter ou lâcher, vas-tu le détruire et le décréer entièrement ? Right and Wrong, Good and Bad, POD and POC, All Nine, Shorts, Boys, and Beyonds.

Le jugement est un système de contrôle. Vous comprenez toutes cela ? Vous avez le choix. Vous pouvez laisser la personne juger, vous pouvez créer des jugements pour elle ou vous pouvez créer assez de contrôle de sorte que son jugement ne vienne pas s'interposer entre vous et votre désir de leur corps – non pas de la personne, mais de son corps.

Participante du Salon :
De quel contrôle parles-tu exactement ?

Gary :
Tu dois être prête à le regarder en face et demander : « Qu'est-ce qu'il faudrait pour que je contrôle ce type de sorte qu'il soit tellement excité qu'il n'ait pas d'autre choix que de me donner tout ce que je veux quand je le veux ? »

C'est un type d'énergie particulière que tu dois être. Elle exige de l'homme qu'il donne, qu'il le veuille ou non. Tu dois passer outre son système de désir plutôt que de croire à ce qui créera en lui du désir pour toi. C'est le niveau de contrôle que les femmes ont appris qu'elles ne sont pas autorisées à avoir – et ne devraient pas avoir.

Partout où tu as adopté l'idée que tu ne devrais pas avoir ce contrôle, que tu ne devrais pas exercer ce contrôle, que tu n'as aucune idée de ce qu'est ce contrôle et que, même si tu avais accès à ce contrôle, tu ne le choisirais pas parce que ça fait vraiment pas femme, vas-tu le détruire et le décréer en totalité ? Right and Wrong, Good and Bad, POD and POC, All Nine, Shorts, Boys, and Beyonds.

Participante du Salon :
Est-ce que c'est ce qui a été jugé comme étant de la domination ? et c'est pourquoi nous sommes exclues ?

Gary :
Oui, vous avez essayé de ne pas être l'espèce dominante parce qu'on vous a dit que les hommes étaient l'espèce dominante. Est-ce que c'est vraiment la vérité ? Y a-t-il vraiment une espèce dominante ? Ou y a-t-il un moment où chacun d'entre nous a besoin d'être dominant selon nos besoins, désirs et nécessités ?

> Tout ce qui ne vous permet pas de choisir cela, allez-vous le détruire et le décréer en totalité ? Right and Wrong, Good and Bad, POD and POC, All Nine, Shorts, Boys, and Beyonds.

La sexualness totale

Par exemple, les femmes qui pensent que ce serait amusant de jouer au jeu lesbien, s'il vous plaît, soyez prêtes à le faire si c'est ce que votre corps vous dit qui va marcher pour vous. Vous ne pouvez avoir le point de vue « il y a les hétéros et il y a les homos ». C'est un jugement et si vous êtes dans le jugement, vous n'êtes pas dans l'aimer, ce qui veut dire que vous ne pouvez pas être dans l'attention bienveillante.

Vous devez comprendre qu'il y a tout un monde à votre disposition en tant que créature du non-jugement. La sexualness totale est une réalité omnisexuelle, ce qui revient à « je n'ai pas vraiment de sexualité. Je n'ai pas de point de vue. Je peux tout faire. » Tu peux aussi dire que c'est une pan-sexualité, ce qui veut dire que tu es et fais absolument tout. L'androgynie n'est pas omnisexuelle. Ce n'est pas l'omnisexualité, car ce serait alors un jugement.

Il s'agit d'être l'énergie sexuelle que toi et ton corps vous êtes, et il s'agit d'être. C'est un choix ; c'est ce que tu choisis de recevoir.

> Tout ceci, un dieulliard de fois, vas-tu le détruire et le décréer en totalité ? Right and Wrong, Good and Bad, POD and POC, All Nine, Shorts, Boys and Beyonds.

Participante du Salon :
Qu'est-ce qu'il faudrait pour arrêter de juger durement les femmes qui laissent leur mari ou partenaire prendre les décisions et qui vont toujours dans le sens de ce que les hommes pensent être juste plutôt que de suivre leur perception ou leurs désirs ? Quelle contribution puis-je être pour changer cela ? Et pour quelle raison un être infini choisirait-il cela ? Penses-tu que c'est un jugement ?

Gary :
Non, ma chère, ce n'est pas un jugement : c'est une prise de conscience. Je t'aime et tu es consciente. C'est insensé de divorcer de soi-même pour rendre son partenaire heureux. Cela te rend-il heureuse ? Si c'est le cas, fais-le davantage. Si non, alors fais quelque chose d'autre.

> Tout ceci, un dieulliard de fois, vas-tu le détruire et le décréer en totalité ? Right and Wrong, Good and Bad, POD and POC, All Nine, Shorts, Boys and Beyonds.

Ton corps a son propre point de vue

Participante du Salon :
Pourquoi, en tant qu'être infini, ai-je une double personnalité, moi l'esprit et moi le physique ?

Gary :
Ce n'est pas une double personnalité. C'est juste que ton corps a un certain point de vue et tu en as un autre. Tu n'es pas prête à voir que ton corps a un point de vue différent du tien. Ton corps est à l'intérieur de toi ; tu n'es pas à l'intérieur de ton corps. Ce

n'est pas un doublement de personnalité. C'est que ton corps fait l'expérience de la vie à partir d'une perspective physiologique et que toi, tu le ressens d'une perspective psychologique. Voici quelques processus pour vous toutes à mettre en boucle.

Quelle stupidité est-ce que j'utilise pour créer le manque de réalité physiologique est-ce que je choisis ? Tout ceci, un dieulliard de fois, vas-tu le détruire et le décréer en totalité ? Right and Wrong, Good and Bad, POD and POC, All Nine, Shorts, Boys and Beyonds.

Quelle actualisation physique d'une réalité physiologique totalement différente suis-je maintenant capable de créer, de générer et d'instituer ? Tout ce qui ne permet pas à cela de se produire, un dieulliard de fois, allez-vous le détruire et le décréer en totalité ? Right and Wrong, Good and Bad, POD and POC, All Nine, Shorts, Boys and Beyonds.

Participante du Salon :
Je voudrais régénérer mon système reproductif pour un corps en bonne santé et plus de plaisir sexuel. Quelle question puis-je poser ?

Gary :
Pourquoi choisis-tu santé corporelle et plus de plaisir sexuel ? Pourquoi pas quelque chose qui créerait une vie plus joyeuse et plus amusante pour toi ? Ça, c'est une question.

Que puis-je être, faire, avoir, créer ou générer aujourd'hui qui créerait plus d'amusement, de facilité, de sexe et de plaisir dans ma vie pour toute l'éternité ? Tout ce qui ne permet pas à cela de se produire, un dieulliard de fois, vas-tu le détruire et le décréer en totalité ? Right and Wrong, Good and Bad, POD and POC, All Nine, Shorts, Boys and Beyonds.

Sexe et recevoir

Participante du Salon :
Est-ce parce que nous nous séparons de parties de nous-mêmes que nous perdons tout intérêt pour le sexe ?

Gary :
C'est parce que vous perdez une partie du recevoir. Le sexe ne peut avoir lieu que lorsque tu reçois totalement.

> Quelle partie du recevoir diminues-tu avec une telle intensité que tu élimines le sexe et la joie de la copulation que tu pourrais choisir ? Tout ceci, un dieulliard de fois, vas-tu le détruire et le décréer en totalité ? Right and Wrong, Good and Bad, POD and POC, All Nine, Shorts, Boys and Beyonds.

Participante du Salon :
C'est un choix que je fais de ne pas vouloir ou désirer faire l'amour ?

Gary :
Oui, c'est un choix, mais cela vient souvent de ce que tu as décidé ou conclu que si tu fais l'amour avec une personne, tu dois avoir une relation monogame. Monogame veut dire un. Si tu es dans une relation monogame, il n'y a qu'une personne dans la relation et c'est l'autre et non pas toi. Tu dois vouloir une relation polygame dans laquelle tu es incluse dans la relation.

Relations abusives

Participante du Salon :
S'il te plaît, peux-tu parler de comment reconnaître quand une relation devient abusive, spécialement quand ça devient si subtil que tu peux ne pas la voir comme de l'abus.

Gary :
C'est pratiquement ce qui se passe dans toutes les relations abusives. Quand tu conclus que tu aimes quelqu'un, tu ne poses jamais de questions sur ce qu'il fait.

Quand quelqu'un te critique, ce n'est pas aimant. C'est une conclusion et non une possibilité. Tu dois être dans la perception consciente et être disposée à poser des questions.

J'étais en relation avec quelqu'un qui me jugeait tout le temps. En fait, j'ai essayé d'aller voir un hypnotiseur pour m'aider à arrêter de m'esquiver à chaque fois que cette personne me touchait. À chaque fois qu'elle tendait la main vers moi, je m'esquivais. Je ne savais pas pourquoi je m'esquivais.

Ce n'est qu'après que cette relation ait pris fin que j'ai réalisé que ce n'était pas moi qui m'esquivais ; c'était mon corps qui esquivait l'abus. Tu dois être vraiment au clair avec les façons dont tu as été abusée dans une relation. Quand tu penses ne plus vouloir faire l'amour ou tu utilises les jugements de l'autre pour créer du désir sexuel, tu es dans une relation abusive. Quand c'est plus amusant d'être avec d'autres qu'avec ton mari ou ton partenaire, alors c'est de l'abus. Tu entres dans une relation abusive quand tu penses que l'autre personne est plus intelligente que toi. Personne n'est plus intelligent ou plus conscient que toi. Jamais. Jamais. Jamais. S'il te plaît, mets-toi ça en tête.

Participante du Salon :
Parfois, quand je touche mon partenaire ou qu'il me touche, je ressens une sensation intense et douloureuse dans mes mains, mes bras et mon corps.

Gary :
Est-ce de la douleur ? Ou est-ce un niveau d'intensité ou de conscience que tu ne veux pas avoir ? Es-tu consciente de la douleur dans son corps ? Veux-tu avoir cette conscience ?

Tu essaies d'éviter la perception consciente que tu as et c'est pourquoi tu appelles ça douleur. À chaque fois que tu étiquettes quelque chose comme étant une douleur ou une souffrance, un problème, un traumatisme ou un drame, tu essaies de l'éviter. Au lieu de l'éviter, tu dois demander :

- Qu'est-ce que c'est ?
- Qu'est-ce que je peux en faire ?
- Puis-je le changer ?

▸ Comment puis-je le changer ?

C'est là que tu dois aller. Et si tu savais que la seule façon de pouvoir changer ça, c'était de faire l'amour avec lui ? Es-tu disposée à le faire ?

Participante du Salon :
Est-ce que ce serait prendre soin de moi ?

Gary :
Qu'est-ce que cela a à voir avec le royaume du Moi et le royaume du Nous ?

Participante du Salon :
Quelle est la différence entre le royaume du Moi et le royaume de Nous ?

Gary :
Le royaume du Moi et le royaume de Nous sont des univers totalement différents. Le royaume de Moi est celui où tu cherches la conclusion. Le royaume du Nous est la conscience de comment la moindre chose va interagir avec une autre chose.

Participante du Salon :
Est-ce que c'est ce que je fais en essayant d'être responsable de tout ?

Gary :
Tu es dans le royaume du Moi. Tu prétends que tu es la seule personne dans l'univers et que la Terre tourne autour de toi. Est-ce que ça te convient ? Tu peux choisir autrement.

Guérison sexuelle
Participante du Salon :
Peut-on parler davantage du royaume du Moi avec le sexe ?

Gary :
Beaucoup d'entre vous ne veulent pas le savoir, mais vous êtes des guérisseurs sexuels. Si tu t'es sentie plus légère en entendant

cela, tu es une guérisseuse sexuelle. Tu commenceras à te sentir mieux si tu le reconnais.

Quand tu ne reconnais pas que tu es une guérisseuse sexuelle, tu commences à utiliser cela comme une arme contre toi-même pour créer de la douleur. Tu dois prendre conscience de cela. Si tu ne le fais pas, au lieu de choisir une relation avec quelqu'un qui va embellir les choses, tu vas toujours choisir un homme qui a besoin de guérison sexuelle et tu vas t'exclure toi-même dans le calcul de ta propre réalité.

Participante du Salon :
Tu veux dire que si on prend conscience d'être une guérisseuse sexuelle, alors on n'aura pas à choisir quelqu'un qu'on doit guérir ?

Gary :
Oui.

Participante du Salon :
Comment ça marche ?

Gary :
Quand tu ne reconnais pas que tu es une guérisseuse sexuelle, ceux qui vont t'exciter sont les gens qui requièrent une guérison sexuelle. Ton jugement, c'est que tu ne devrais pas être une guérisseuse sexuelle. Si tu ne reconnais pas être une guérisseuse sexuelle, tu vas avoir tendance à choisir de faire l'amour avec quelqu'un au lieu d'envisager quoi d'autre est possible. Quand tu as une capacité pour la guérison sexuelle et que tu ne le reconnais pas, tu dois toujours choisir quelqu'un qui t'utilise et qui te pompe, non pas quelqu'un avec qui tu peux être par choix.

Si tu reconnais que tu es une guérisseuse sexuelle, tu peux demander :

- ▸ Cette personne requiert-elle une guérison sexuelle ?
- ▸ Est-ce le seul choix que j'ai ?

Participante du Salon :

Disons que tu reconnais que tu es une guérisseuse sexuelle et que tu rencontres quelqu'un avec qui tu pourrais potentiellement avoir des relations sexuelles. Tu demandes : « Est-ce que cette personne requiert une guérison sexuelle ? » Si tu obtiens un « oui », tu demandes : « Quoi d'autre est possible ? » Est-il possible de copuler avec cette personne sans lui donner la guérison sexuelle qu'il requiert ?

Gary :

Non. Tu as posé la question en essayant d'y insérer une clause ambiguë. La question que tu n'as pas posée est : « Est-ce que je veux vraiment le faire ? »

Voici un exemple sur comment le fait de poser des questions fonctionne de manière subtile. Une dame m'a appelé et m'a dit : « Je peux te faire rencontrer Obama. »

J'ai dit non.

Elle a dit : « Ça coûterait seulement cette somme d'argent. »
J'ai dit non.
Elle a demandé : « Pourquoi ? »
J'ai dit, : « Je n'ai pas l'argent pour ça. »
Elle a dit : « Je peux te prêter cette somme si tu veux. »
J'ai dit : « Là n'est pas la question »
Elle a demandé : « Si tu le rencontrais, cela changerait-il le monde ? »

J'ai reçu un oui et j'ai dit : « O.K., je le fais. » Après avoir payé la somme, je suis allé à Austin dans l'idée de rencontrer le Président Obama. Notre avion avait 3 heures de retard et nous n'avons pas pu arriver à temps pour le rencontrer.

J'ai dit : « Oh, c'était ça l'énergie dont j'avais conscience dès le départ, mais je ne l'ai pas reconnue quand je me suis emballé sur les questions : « Est-ce que le rencontrer changerait le monde ? Est-ce que ce serait O.K. pour moi de dépenser cet argent ? » Je n'ai pas demandé : « Est-ce que je vais pouvoir y aller ? » La réponse était un non depuis le début, mais je n'y ai pas prêté attention parce que je n'étais pas disposé à poser des questions supplémentaires.

C'est pourquoi vous devez poser la question : « Si j'ai une relation sexuelle avec cette personne, est-ce que cela va vraiment la guérir ? » Peut-être en a-t-elle besoin, mais ça ne veut pas dire qu'elle va le recevoir. Est-ce que la plupart des gens avec qui vous avez des relations sexuelles vous reçoivent – ou est-ce qu'ils vous pompent ? Ils pensent que vous allez les guérir, alors ils ne contribuent pas. Vous devez saisir que vous avez la capacité de guérir sexuellement et votre besoin de guérir les autres ne signifie pas forcément qu'ils sont prêts à le recevoir.

« Le bon sexe vs le sexe qui donne de l'expansion »

Participante du Salon :
Après l'amour, mon mari saute de partout et moi, je veux juste retourner au lit.

Gary :
Pour lui, le sexe est génératif et pour toi, c'est un achèvement. Tu es plus comme un homme. Combien d'adrénaline utilises-tu pour créer l'orgasme sexuel ? Beaucoup, un peu ou des mégatonnes ?

Participante du Salon :
Ce qui me vient là, c'est des mégatonnes, mais ça n'a aucun sens.

Gary :
Tout ceci, un dieulliard de fois, vas-tu le détruire et le décréer en totalité ? Right and Wrong, Good and Bad, POD and POC, All Nine, Shorts, Boys and Beyonds.

Cela n'a aucun sens parce que ça n'a rien à voir avec la logique. La plupart des gens créent des orgasmes en créant une pompe d'adrénaline. Apparemment, ton mari ne crée pas une pompe d'adrénaline pour créer l'orgasme. Il se déploie et devient plus présent dans sa vie. Le sexe et la copulation sont le cadeau que tu peux être si tu es prête à l'être, mais si tu « essaies » de répondre à ses besoins ou de faire quelque chose en particulier, le moyen le plus facile d'atteindre l'orgasme est de créer une pompe d'adrénaline, ce qui épuise ton corps. La plupart des gens ont appris que c'est ça, le « bon sexe ».

L'adrénaline est la principale source pour créer la contraction. C'est comme ça que tu te mets en mode fuite ou combat. Si tu te contractes, tu te replies en toi-même et tu es donc prête à te battre avec tout le monde. Si tu utilises la contraction pour créer l'orgasme, tu n'es pas avec ton partenaire. Tu te sépares de ton partenaire et tu n'amplifies ni leur expérience sexuelle ni la tienne. Tu te contractes du sexe afin de créer l'achèvement, comme si le sexe devait être un achèvement. Quand tu fais cela, après le sexe, au lieu de te sentir pleine d'énergie et prête à aller travailler, tu te sens épuisée et tu t'endors. La plupart des hommes ont appris que c'est ce qu'ils sont censés faire en regardant les films pornos. Ils ont appris que s'ils se contractent, ils créent l'orgasme – et après, ils s'endorment, ce qui rend la plupart des femmes furieuses. Alors que si tu fonctionnes à partir de l'expansion pour atteindre l'orgasme, le résultat final, c'est que tu es prête à partir travailler et tu es prête à te lever et à jouer.

> Tout ceci, un dieulliard de fois, vas-tu le détruire et le décréer en totalité ? Right and Wrong, Good and Bad, POD and POC, All Nine, Shorts, Boys and Beyonds.

Participante du Salon :
Est-ce que tu pourrais parler davantage de l'aspect expansif du sexe, Gary ?

Gary :
L'aspect expansif du sexe, c'est reconnaître que le but du sexe n'est pas de créer l'adrénaline qui conduit à l'orgasme, mais de

créer la qualité orgasmique de vie et de façon de vivre, il s'agit de joie et du choix des possibilités.

Non seulement tu dois décoller, mais tu dois faire décoller ton partenaire sexuel aussi.

Et si tu essayais d'emmener ton partenaire dans un domaine de plus vastes possibilités avec le sexe ? Le sexe et la copulation devraient être des lieux de création de plus grandes possibilités, et non un aboutissement. Ce sont les Français qui ont vendu ce que procure la pompe à adrénaline, comme étant ce qu'il y a de mieux.

Participante du Salon :
Quand je suis dans la confrontation ou le jugement, il me semble que je ne reconnais pas être une guérisseuse.

Gary :
Si tu ne reconnais pas la conscience totale, tu vas utiliser la confrontation pour essayer de créer la conscience chez les autres. Et si tu étais complètement consciente et dans la question au lieu d'aller à la conclusion et au jugement ? Tu essaies d'imposer le recevoir quand tu en arrives à la confrontation. Beaucoup de gens font cela dans le sexe et la copulation, aussi bien que dans les relations. Ils ont tendance à imposer la conscience à travers la confrontation et ils essaient d'utiliser la force pour amener l'autre à recevoir. Tu dois poser la question : « Qu'est-ce que cette personne peut recevoir et que j'ai à offrir ? »

Tu dois être prête à laisser ta conscience imprégner la réalité. Dans son livre Sois-toi et change le monde, Dain parle de comment tu imprègnes l'espace et tu changes tous ceux autour de toi quand tu es totalement toi. Et si tu le faisais avec le sexe, la copulation, les relations et tout le reste dans ta vie ? Et si tu pénétrais et étais totalement toi dans une autre réalité ?

Participante du Salon :
J'ai vécu cette imprégnation à des moments et c'était délicieux.

Gary :
Puis-je te poser une question ? Pourquoi tu ne vis pas une vie délicieuse à tout moment ?

Participante du Salon :
Des jugements sont apparus. Le jugement m'empêche de vivre une vie délicieuse.

Gary :
Les jugements ne sont que des jugements. Choisis le délice, peu importe si personne d'autre ne le choisit. Choisis le délice de vivre au lieu des jugements des autres parce que le délice de vivre et la perméabilité de la conscience vont au-delà des jugements et créent les possibilités. C'est un choix à faire et non un endroit où nous devons vivre. Quand tu fonctionnes à partir du jugement, tu vas à l'endroit où il faut vivre – pas vers le choix d'une possibilité.

> Tout ceci, un dieulliard de fois, vas-tu le détruire et le décréer en totalité ? Right and Wrong, Good and Bad, POD and POC, All Nine, Shorts, Boys and Beyonds.

Merci, Mesdames, vous êtes sensationnelles. Je voudrais vraiment que vous sachiez à quel point vous êtes phénoménales parce que c'est en étant cela que vous pouvez changer le monde. A la semaine prochaine. Salut !

3
Prendre conscience de qui tu es vraiment

Tu as choisi un corps de femme. Cela veut-il dire que tu es une femme ? Ou es-tu un être infini avec un corps de femme ?
Si tu es un être infini avec un corps de femme, ne devrais-tu pas profiter des armes et outils que cela te procure ?

Le changement vs faire quelque chose de différent

Gary :
Bonjour Mesdames, j'aimerais commencer par parler de la différence entre le changement et le fait de faire quelque chose de différent, parce que malheureusement, pour la plupart des femmes, quand elles sont en relation de couple, elles essaient de réparer ou de changer ce qui ne marche pas avec l'homme, au lieu de faire quelque chose de complètement différent.

Un jour, Dain me parlait d'une situation dans sa vie. Il demanda : « Qu'est-ce que je vais faire pour changer cela ? »

Je lui ai dit : « Pourquoi t'embêter à vouloir changer ça ? Ça ne marche pas. Fais quelque chose d'autre. »

Dain a répondu : « Ça ne se fait pas. On répare ce qui ne marche pas.

J'ai dit : « Quoi ? »

Cette conversation a tout changé dans Access Consciousness, parce que jusqu'alors je m'étais basé sur l'hypothèse que ce que les gens voulaient, c'était quelque chose de différent et non pas réparer ou changer quelque chose qui ne marchait pas.

En tant qu'espèce femelle, on vous a inculqué qu'avec vos poupées, vous changez leurs vêtements et elles deviennent différentes. Eh bien non, elles ne sont pas différentes. Elles ont juste des vêtements différents.

Les femmes ont appris à chercher le changement – et non la différence. Quand tu as une difficulté avec un partenaire, tu vas essayer de le changer. Tu ne vas jamais poser la question qui pourrait créer ce que tu veux vraiment : « Que puis-je être ou faire de différent qui ferait de tout cela une réalité différente ? » Il s'agit de fonctionner différemment.

Participante du Salon :
Quelle est la différence entre la définition de changement et la définition de différence ?

Gary :
Change ta position dans ta chaise.

Participante du Salon :
Pour moi, ça veut dire bouger.

Gary :
Le changement, c'est le mouvement – différent, c'est une possibilité différente, une réalité différente, un choix différent et une question différente.

Si vous voulez créer une réalité différente avec quelqu'un, il va falloir être ou faire tout ce que vous devez être ou faire différemment afin de créer une réalité différente. Donc, dans une relation de couple en particulier, tu demandes : « Que puis-je être ou faire de différent pour créer une réalité différente ? »

Il ne s'agit pas de l'amener à changer pour être heureuse. Si tu as en tête que tu dois amener quelqu'un à changer, tu essaies de le rendre heureux ou tu essaies de le rendre triste ou tu essaies de le faire se confronter à quelque chose. Non, tu ne veux pas l'amener à changer ; tu veux créer une réalité différente – une possibilité différente.

Participante du Salon :
Lors de l'appel précédent quand tu parlais de contrôler un homme pour obtenir ce que tu veux, tu as dit que c'est une énergie qu'on doit être. Peux-tu développer plus ce que tu veux dire par là ?

Gary :
Tu dois être prête à faire et être différente, non pas différemment. Différemment, c'est encore essayer de changer quelque chose. Tu dois être disposée à être ou faire tout ce qu'il faut pour être suffisamment différente pour obtenir ce que tu demandes.

Tu peux demander : « Que puis-je être ou faire de différent aujourd'hui qui créerait une réalité différente ici avec cet homme, dans laquelle j'ai le contrôle, dans laquelle j'obtiens ce que je demande, dans laquelle j'obtiens ce que j'aimerais vraiment avoir ? »

La confrontation ne marche pas

Participante du Salon :
S'il te plaît, peux-tu m'aider à changer massivement tout ce qui me fait hésiter et me dérober devant la confrontation ? J'aimerais être heureuse d'être moi et amplifier qui je suis plutôt que de me diminuer ou de me contracter par peur. Parfois, je me sens presque paralysée.

Gary :
Tu n'es pas bonne en confrontation parce que tu n'es pas disposée à être une salope démoniaque de l'enfer et tu n'es pas disposée à voir comment tu peux choisir quelque chose de différent qui ne requiert pas la confrontation.

La confrontation ne marche pas, mon cœur. Elle te demande d'aller au combat ou de fuir. Esquiver la confrontation, c'est justement ça, la confrontation. Tu n'as pas peur, tu n'es pas paralysée, O.K. ?

Utilise la question « que puis-je être ou faire de différent qui ferait de tout cela une réalité différente ? ».

Les femmes veulent du sexe en abondance

Participante du Salon :
La semaine dernière, tu as dit que la plupart des femmes ne veulent pas vraiment de relation ; elles veulent du sexe en abondance. J'ai dit : « Waouh. Oui ! Ça sonne tellement vrai. » En quoi cela marche-t-il de façon pragmatique, puisque ce n'est pas ce qu'on nous a enseigné ?

Gary :
Pourquoi gobes-tu toutes les choses qu'on t'a enseignées ?

Participante du Salon :
C'est une excellente question. C'est maintenant que je réalise que j'aimerais avoir beaucoup de relations sexuelles et non pas une relation de couple, comment s'y prendre dans ce monde ?

Gary :
Le moyen le plus facile est de trouver un homme qui a au moins vingt ans de moins que toi. Il couchera avec toi et sera reconnaissant parce que les filles de son âge ne veulent pas coucher avec lui. Elles veulent se marier. Après avoir couché avec lui, dis-lui, : « Waouh, c'était merveilleux. J'espère que j'aurai à nouveau l'occasion de m'amuser avec toi. »

Il dira : « Vraiment ? » et il sera disponible quand tu l'appelles.

Tu peux aussi demander : « Que puis-je être ou faire de différent qui pourrait créer et générer du sexe en abondance sans engagement ? »

Participante du Salon :
Est-ce que tu suggères de dire d'emblée quelque chose comme « je cherche à coucher et non une relation ? ».

Gary :
Non. Ne jamais être honnête avec un homme. Qu'est-ce qui vous prend à toutes ?

Participante du Salon :
C'est pour ça que je demande. C'est tellement nouveau pour moi.

Gary :
Oui, je le comprends. On vous a enseigné que l'honnêteté est la meilleure politique. Non. Mentir est la meilleure approche. Dites-leur ce qu'ils veulent entendre. Ne leur dites pas ce que vous pensez qu'ils doivent entendre.

Si tu leur dis ce que tu penses qu'ils doivent entendre, tu leur donnes ton point de vue, ta vérité, ta réalité. A chaque fois que tu leur dis ta vérité et ta réalité, ils doivent s'enfuir. Ils n'ont pas la place pour ça. Si tu leur dis ce qu'ils veulent entendre, ils ont de la place pour ça et ils reconnaissent qu'ils pourraient s'ouvrir à une possibilité différente ou un choix différent avec toi.

Tu dois être consciente de ce que les gens vont choisir. C'est pour cela que tu poses la question : « Qu'est-ce que ces gens sont capables d'entendre ? »

Ne demande pas : « Qu'est-ce que je veux ? » Ce n'est pas une question. « Qu'est-ce que je voudrais de ce type ? » Ce n'est pas une question. Demande à la place :

Est-ce que ça pourrait être amusant ?
Est-ce que ça pourrait être facile ?
Est-ce que ça marchera pour moi ?

Ce sont les questions. Mais au lieu de poser de vraies questions, nous essayons de chercher quelqu'un pour réaliser un fantasme ou une scène idéale que nous avons sur ce qui est.

> Quelle stupidité utilises-tu pour créer l'idéal utopique romantique de l'idylle, du sexe, de la copulation et de la relation choisis-tu ? Tout ceci, un dieulliard de fois, vas-tu le détruire et le décréer en totalité ? Right and Wrong, Good and Bad, POD and POC, All Nine, Shorts, Boys and Beyonds.

Une image idéale est une idée que tu juges, en lui donnant vie, sur la manière dont elle doit porter ses fruits. Tu dois la juger pour la faire exister ainsi. Si tu pratiques l'idéal utopique, tu es dans le jugement. Pourquoi utiliserais-tu le jugement comme source de création pour une relation ? Parce que c'est normal sur la planète Terre. Cela ne marche pas, mais c'est normal.

Jugements et conclusions

Participante du Salon :
Comment faire pour faire cesser le jeu des conclusions qui tourne dans ta tête pendant l'amour ?

Gary :
> Quelle stupidité utilises-tu pour créer les conclusions que tu choisis ? Tout ceci, un dieulliard de fois, vas-tu le détruire et à le décréer en totalité ? Right and Wrong, Good and Bad, POD and POC, All Nine, Shorts, Boys and Beyonds.

Ce matin, je me suis réveillée et j'avais un jugement sur le sexe. J'ai demandé : « Que diable est-ce donc ? » Alors je me suis rappelé que j'avais montré à une femme une photo de mon petit-fils de 9 mois. Il était nu, marchant à quatre pattes, avec ses testicules qui pendaient. Cela l'a horrifiée. Elle était encore dans ma tête, à raconter combien c'était horrible de montrer une photo de ce petit gosse avec ses testicules qui pendaient.

Elle ne s'intéresse pas aux hommes, c'était donc sans doute dur pour elle à encaisser. Mais, c'est un fait que quelqu'un peut entrer dans ma tête avec un point de vue et si je ne reconnais pas que leur point de vue, en fait, n'est pas le mien, je continue à penser que c'est le mien et j'essaie d'aboutir à une conclusion.

> Quelle stupidité utilises-tu pour créer la conclusion de la conclusion que la conclusion que tu choisis est la création de la conclusion que tu devrais conclure choisis-tu ? Tout ceci, un dieulliard de fois, vas-tu le détruire et à le décréer en totalité ? Right and Wrong, Good and Bad, POD and POC, All Nine, Shorts, Boys and Beyonds.

Si tu dois le conclure, est-ce un jugement ou un choix ? C'est un jugement.

« T'as déjà essayé ? J'adore ça ! »

Participante du Salon :
Quand tu as des partenaires qui te jugent toi ou eux-mêmes au lit, comment trouves-tu l'espace en toi pour leur demander de faire ce que tu voudrais obtenir d'eux ?

Gary :
D'abord, tu n'as pas à leur demander ce que tu aimerais obtenir d'eux. Tu dois dire : « As-tu déjà essayé ça ? J'adore ! » La plupart des hommes s'efforcent de faire ce qui va te plaire. Ils ont appris que faire pour une femme est ce qui leur donne de la valeur et se sentent vrais. C'est ça, leur boulot. Il te suffit de demander : « As-tu déjà essayé ça ? » S'ils disent oui, alors dis simplement : « Mince alors, j'adore ça quand les gens le font. » C'est manipuler sans exiger.

Si tu demandes à l'homme : « Tu veux bien descendre à la cave ? » et qu'il dit : « Je n'aime pas faire ça à une femme », tu n'iras nulle part, car il a déjà scellé sa conclusion. Bien sûr, si tu demandes à un homme de descendre à la cave et qu'il dit qu'il n'aime pas ça, tu peux toujours t'en débarrasser.

Participante du Salon :
Je ne me sens pas à l'aise de sucer un homme. Je l'ai déjà fait quelques fois, mais ça ne m'a pas plu. J'ai l'impression de faire quelque chose de mal, d'être sale.

Gary :
Cela a été considéré comme une inconvenance pendant des années. Tailler une pipe à un homme a été considéré comme la plus grande inconvenance possible. Cependant, beaucoup de femmes aiment ça parce que c'est l'un des rares trucs que certains hommes s'accordent de recevoir.

Malgré ça, malheureusement, près de quatre-vingts pour cent des hommes ne s'accordent pas de le recevoir quand une femme leur taille une pipe. Et vous non plus ne le recevez pas quand les hommes vous font un cunni.

Quelle stupidité utilises-tu pour créer la fellation et le cunnilingus choisis-tu ? Tout ceci, un dieulliard de fois, vas-tu le détruire et le décréer en totalité ? Right and Wrong, Good and Bad, POD and POC, All Nine, Shorts, Boys and Beyonds.

Mesdames, dans combien de vies avez-vous été des hommes et une femme vous a fait une fellation et elle s'est étouffée ou a vomi ou a recraché et vous avez décidé que c'était l'une des choses les plus dégoûtantes que vous puissiez demander à quelqu'un de faire ?

Tout ceci, un dieulliard de fois, allez-vous le détruire et le décréer en totalité ? Right and Wrong, Good and Bad, POD and POC, All Nine, Shorts, Boys and Beyonds.

Tu dois faire le choix d'être inconsciente de ce que ton choix crée. Quelle que soit la direction que tu prends, tu as créé quelque chose autour de ça et c'est sacrément chargé.

Allumer les hommes

Participante du Salon :
Dans la téléclasse précédente, tu as parlé d'utiliser le contrôle pour exciter un homme sexuellement. Tu as aussi dit que la plupart des gens utilisent le jugement pour créer l'excitation sexuelle. Tu pourrais nous parler d'allumer les hommes sexuellement en utilisant le contrôle plutôt que le jugement ?

Gary :
Les hommes aiment être contrôlés. Les femmes disent : « Chéri, ferais-tu ça pour moi ? » Toute leur vie, ils ont été formés à faire ça. Mais tu dois soigneusement choisir ce que tu demandes aux hommes de faire. Et tu ne les appelles pas « chéri ». Tu les appelles « amant ». Si tu fais ça, ils commencent à s'exécuter parce que tu les excites sexuellement avec le contrôle de comment tu les satisfais.

Tu dois satisfaire un homme comme s'il était un étalon. Tu dois aller voir comment sont élevés les étalons. Les éleveurs amènent un étalon à une jument qui ne veut pas de lui. Puis, ils l'emmènent à une autre jument qui ne veut pas de lui et ils l'emmènent à une autre et l'étalon et la jument sont tout excités. Ensuite, ils l'emmènent à la jument qui est prête à le recevoir. Au moment où ils l'emmènent à la jument qui est prête à le recevoir, il entre immédiatement en érection. Il est prêt à foncer et il fait ce qu'on attend de lui.

Tu dois voir l'homme comme s'il était un étalon. Tu dois le titiller. Emmène-le sortir, marche dans les rues et dis-lui : « Aimerais-tu faire l'amour à cette fille ? Elle est plutôt mignonne. Elle est plutôt jolie. Elle a l'air sexy. » Après avoir parcouru 150 mètres, il sera prêt à aller au lit. Tout ce que tu dois faire, c'est l'amener à la maison et t'en servir.

Participante du Salon :
Peux-tu parler un peu plus de contrôler l'excitation d'un homme sans le juger ?

Gary :
La plus grande excitation pour la plupart des gens, c'est quelqu'un qui les regarde sans jugement. Cependant, il y a des hommes qui ont besoin du jugement pour pouvoir prendre leur pied. J'avais un ami qui, sans le jugement de la femme pour déterminer ce qu'il était censé faire, ne pouvait pas bander. Pour lui, le jugement de la femme était une source d'excitation sexuelle.

Tu dois être disposée à regarder l'homme avec qui tu es et voir « est-ce que cet homme a besoin de jugement pour être excité ? Quel jugement puis-je lui balancer qui le ferait bander plus dur que la pierre ? ». C'est là que tu dois réaliser que c'est toi l'opératrice dans la relation ou au lit. Tu es celle qui crée ce qui se passe. La majorité des femmes ne veulent pas penser qu'elles ont le contrôle, qu'elles ont la responsabilité, qu'elles sont les agresseurs.

Je connais tant de femmes qui, une fois mariées, se demandent : « Pourquoi mon mari ne s'intéresse plus à moi ? »

Je demande : « Est-ce qu'il s'intéressait vraiment à toi au départ ? »

Elles répondent : « Et bien pas vraiment. »

Je demande : « Alors pourquoi tu penses qu'il pourrait l'être maintenant ? »

Elles disent : « Parce qu'il devrait l'être. »

Quelle question est-ce « il devrait » ? Ce n'est pas une question ! « Qu'est-ce qu'il faudrait pour carrément bien allumer ton homme ? » Ça, c'est une question. Tu dois regarder la personne avec qui tu es et savoir ce qu'il faut faire pour l'allumer.

Les femmes sont les créatures les plus compétitives sur la planète

Participante du Salon :
Peux-tu expliquer ce qui ressemble à une sorte de concurrence particulière que les femmes ont entre elles quand les hommes sont présents ?

Gary :
Toi, en tant que femme, tu es plus compétitive qu'un homme. Les femmes sont les créatures les plus compétitives de la planète. Pourquoi ? En partie parce qu'elles sont génétiquement poussées à rivaliser pour le meilleur mâle, afin d'engendrer la meilleure progéniture possible pour l'expansion de l'espèce. Les hommes sont juste les donneurs de sperme. Les femmes choisissent toujours les meilleurs hommes. Dans le règne animal, les partenaires sont choisis non par les mâles, mais par les femelles.

Quand les hommes sont là, les femmes deviennent encore plus compétitives et traîtres les unes vis-à-vis des autres. Je n'ai jamais vu que ça se passe autrement. J'ai vu des femmes communiquant entre elles, aimables, gentilles et affectueuses entre elles et quand les hommes arrivent, tout s'arrête et c'est la rude concurrence. C'est comme ça que ça marche.

Tu ne peux rien y faire à part reconnaître ce fait et là, tu as le choix : « O.K., est-ce que je veux continuer à rester avec ces femmes quand elles font ça ? » L'autre chose que tu peux faire quand un homme arrive, c'est de t'adresser aux femmes en tant que groupe et les appeler « Mesdames ». Quand tu fais ça, elles devront changer leur façon de fonctionner devant l'homme pour montrer qu'elles sont des dames. Ça s'appelle contrôler le groupe sans contrôle.

Programmation masculine et programmation féminine

Participante du Salon :
Quelles questions puis-je poser qui débloqueraient toutes les programmations masculines et la vulnérabilité que j'ai à être une femme ?

Gary :
La vérité, c'est que nous choisissons le côté masculin ou féminin en fonction de notre vécu de femme ou d'homme dans ce monde. Vous avez été homme dans certaines vies, vous avez été femme dans d'autres vies. Parfois. la programmation masculine se déclenche quand tu es avec certaines personnes – et la programmation féminine se déclenche quand tu es avec d'autres personnes. Ainsi, différentes personnes peuvent stimuler soit votre programmation masculine ou féminine. Si tu éliminais toutes les programmations, tu serais en mesure de créer dans l'instant, juste pour le plaisir.

> Quelle stupidité utilises-tu pour éviter d'être la femme que tu pourrais vraiment choisir ? Tout ceci, un dieulliard de fois, vas-tu le détruire et le décréer en totalité ? Right and Wrong, Good and Bad, POD and POC, All Nine, Shorts, Boys and Beyonds.

Tu as choisi un corps de femme. Cela veut-il dire que tu es une femme ? Ou es-tu un être infini dans un corps de femme ? Si tu es un être infini dans un corps de femme, ne devrais-tu pas profiter des armes et des outils que cela te donne ? Tu as tendance à ne pas utiliser ces armes et ces outils parce que tu as décidé, conclu et jugé ce que signifie être une femme, ce que tu devrais être en tant que femme et ce que tu n'es pas en tant que femme.

Quel jugement portes-tu sur le fait d'être une femme ? Tout ceci, un dieulliard de fois, vas-tu le détruire et le décréer en totalité ? Right and Wrong, Good and Bad, POD and POC, All Nine, Shorts, Boys and Beyonds.

Quel jugement portes-tu sur toi-même en tant que femme ? Tout ceci, un dieulliard de fois, vas-tu le détruire et le décréer en totalité ? Right and Wrong, Good and Bad, POD and POC, All Nine, Shorts, Boys and Beyonds.

Quel jugement portes-tu sur le sexe, en tant que femme ? Tout ceci, un dieulliard de fois, vas-tu le détruire et le décréer en totalité ? Right and Wrong, Good and Bad, POD and POC, All Nine, Shorts, Boys and Beyonds.

Quel jugement portes-tu sur toi et le sexe, en tant que femme ? Tout ceci, un dieulliard de fois, vas-tu le détruire et le décréer en totalité ? Right and Wrong, Good and Bad, POD and POC, All Nine, Shorts, Boys and Beyonds.

Participante du Salon :
Je comprends que je suis un être infini dans un corps de femme, cependant, pour moi, il y a une séparation entre les deux.

Gary :
As-tu défini être infini comme ayant une sexualité ou comme ayant de la sexualness ou comme ayant un corps ? Ou as-tu défini un être infini comme n'ayant pas de corps ? Si tu n'as pas de corps, tu ne peux pas avoir une relation amoureuse. Et tu ne peux pas avoir de relation avec toi-même parce que cela signifie que tu ne peux pas t'avoir toi. Pas de corps, cela veut dire pas même le tien.

A qui appartient ce jugement ?

Participante du Salon :
J'ai toujours cru que j'étais en contraction dans l'acte sexuel uniquement pour réaliser qu'en fait, j'ai choisi jusqu'ici des partenaires qui étaient en contraction et j'étais consciente de leur contraction.

Gary :
Combien de fois supposes-tu qu'un jugement est le tien ? Si tu éprouves un jugement, si tu as conscience d'un jugement, tu supposes automatiquement que c'est le tien. Tu ne te mets pas en mode de question et tu ne demandes pas :

- A qui est ce jugement ?
- Qu'est-ce que je fais dans ce cas-là ?
- Qu'est-ce que je veux faire dans ce cas-là ?
- A quoi est-ce que ça va ressembler ?
- Quels choix ai-je à présent ?

La difficulté en ne posant pas ces questions est la suivante : la question crée la possibilité et le choix crée le potentiel. Quand le potentiel croise la possibilité, une nouvelle réalité peut être créée.

> Quel choix et quelle question ne poses-tu pas qui créeraient une nouvelle réalité concernant le sexe, la copulation et le jugement ? Tout ceci, un dieulliard de fois, vas-tu le détruire et le décréer en totalité ? Right and Wrong, Good and Bad, POD and POC, All Nine, Shorts, Boys and Beyonds.

Tu crées une question qui crée un certain nombre de possibilités. Chaque fois que tu croises une nouvelle possibilité, tu crées de nouveaux choix. Quand tu choisis quelque chose avec cette nouvelle possibilité que tu as créée, avec la question que tu as posée, tu disposes d'un moment au cours duquel tu peux créer une nouvelle réalité. La question crée de multiples possibilités.

Tu as appris à conclure. « Un homme est ceci ou cela, bla, bla, bla . » Est-ce vraiment ça, un homme ? Non.

Quel jugement portes-tu sur les hommes ? Tout ceci, un dieulliard de fois, vas-tu le détruire et le décréer en totalité ? Right and Wrong, Good and Bad, POD and POC, All Nine, Shorts, Boys and Beyonds.

Quel jugement portes-tu sur toi-même à l'égard des hommes ? Tout ceci, un dieulliard de fois, vas-tu le détruire et le décréer en totalité ? Right and Wrong, Good and Bad, POD and POC, All Nine, Shorts, Boys and Beyonds.

Quel jugement portes-tu sur le sexe avec les hommes ? Tout ceci, un dieulliard de fois, vas-tu le détruire et le décréer en totalité ? Right and Wrong, Good and Bad, POD and POC, All Nine, Shorts, Boys and Beyonds.

Quel jugement portes-tu sur toi et le sexe avec les hommes ? Tout ceci, un dieulliard de fois, vas-tu le détruire et le décréer en totalité ? Right and Wrong, Good and Bad, POD and POC, All Nine, Shorts, Boys and Beyonds.

Maintenant, je comprends pourquoi le sexe et la copulation sont si difficiles pour l'espèce humaine. Tout le monde fait comme s'il le faisait et personne ne le fait. La majeure partie du monde prétend faire l'amour mais, en fait, ne le fait pas. Tout ça est un faux-semblant.

Douleur et intensité

Participante du Salon :
Quand tu nous as fait le processus du jugement, toutes les réponses m'évoquaient de la douleur. Comment puis-je sortir de cela ?

Gary :
Quelle stupidité utilises-tu pour créer l'intensité comme douleur choisis-tu ? Tout ceci, un dieulliard de fois, vas-tu le détruire et le décréer en totalité ? Right and Wrong, Good and Bad, POD and POC, All Nine, Shorts, Boys and Beyonds.

Nous avons tendance à avoir ce point de vue bizarre que si quelque chose est intense, c'est de la douleur. C'est l'idée qu'intensité équivaut à douleur. Nous essayons de la créer comme telle – mais l'intensité n'est pas nécessairement de la douleur. Tu ne comprends probablement pas que tu es intensément perceptive. La perception intense est-elle douloureuse ? Oui. Pourquoi ? Parce que tu l'as définie comme étant de la douleur. Et non parce que c'est de la douleur.

Tout ce que tu as défini comme de la douleur qui n'en est pas réellement, vas-tu le détruire et le décréer en totalité ? Right and Wrong, Good and Bad, POD and POC, All Nine, Shorts, Boys and Beyonds.

Enormément de gens voient tout ce qui est intense comme douloureux. Pourquoi cela serait-il valable ou viable ?

Aimerais-tu savoir pourquoi ? La façon dont tu maintiens l'intensité d'un problème et d'une douleur, c'est en ne regardant pas ce qui est et en essayant de regarder ce que tu as décidé être. C'est une conclusion. Tu essaies de tirer une conclusion sur ce qui est et tu parles de ta conclusion plutôt que de regarder ce qui pourrait être différent. Tu essayes de changer la douleur pour qu'elle soit moins douloureuse plutôt que de faire quelque chose de différent qui créerait une réalité différente dans laquelle la douleur n'aurait pas besoin d'exister. N'essaie pas de changer cela. Ce que tu veux, c'est une réalité différente. La changer l'amoindrit ; la question n'est pas qu'il se passe quelque chose de différent dans ta vie. Tu n'es pas capable de créer une réalité qui est différente à partir de ce point de vue. A la place, demande : « Que puis-je faire ou être de différent qui créerait une réalité différente ici ? »

Cette question rendra ta vie tellement plus facile. La plupart des gens ne réalisent pas que c'est ce qui va rendre leur vie plus facile, c'est pourquoi ils ne le choisissent pas.

Tu dois être disposée à avoir la conscience de ce que tu choisis. Demande :

Que suis-je en train de faire ici ?

Que puis-je choisir pour être différente ?

C'est la façon d'arrêter de penser que tu fais quelque chose de différent, alors que tout ce que tu fais, en fait, c'est changer quelque chose.

Participante du Salon :
Si tu es disposée à avoir de plus en plus d'intensité, qu'est-ce que cela crée ?

Gary :
Cela crée de plus en plus de possibilités. L'intensité est une question et non une conclusion.

Participante du Salon :
Qu'est-ce que l'intensité ? Je ne pense pas avoir d'intensité.

Gary :
Tu es très intense. Demande à ces gens s'ils pensent que tu es une chieuse. Quand tu pratiques l'intensité au point où cela en devient douloureux, cela peut être douloureux pour les autres ou pour toi. L'intensité est l'un des moyens grâce auquel tu t'assures que tu n'as rien à perdre. C'est le processus de probabilité que nous avons fait la dernière fois.

> Quelle stupidité utilises-tu pour créer la structure de probabilités du futur plutôt que les systèmes de possibilités du futur que tu pourrais choisir ? Tout ceci, un dieulliard de fois, vas-tu le détruire et le décréer en totalité ? Right and Wrong, Good and Bad, POD and POC, All Nine, Shorts, Boys and Beyonds.

Tellement de ce qui se passe dans le monde tourne autour de ça, éviter la perte. Quand tu entres en relation, tu cherches à éviter la perte. Si tu avais le point de vue que tu pourrais perdre cette personne en un battement de cils, alors elle voudrait toujours rester avec toi. Si tu as le point de vue que tu ne veux pas perdre les gens, tu essaies de t'accrocher à eux intensément, ce qui les fait s'éloigner. C'est ainsi que nous

nous créons des ennuis. Nous nous mettons à exiger les choses au lieu de les choisir.

Si tu crées une exigence forte d'un homme, tu vas le faire partir. Si tu dis : « Tu ne fais pas l'amour avec moi et je veux que tu fasses l'amour avec moi », il va s'en aller. Il va avoir encore moins envie de sexe au lieu d'en avoir plus envie.

Créer le désir du corps d'un homme

Participante du Salon :
Est-ce différent de ce que tu as dit concernant la création du désir du corps d'un homme ?

Gary :
Oui. Créer le désir du corps d'un homme et le lui faire savoir, c'est : « Oh, j'aime comme tu bouges. J'aime ton allure. Pourrais-tu juste te déshabiller et me laisser te regarder ? » Ou c'est l'amener à faire quelque chose que tu admires particulièrement. J'ai remarqué que les femmes aiment différentes parties du corps des hommes. Certaines femmes aiment les jambes. D'autres, les culs. D'autres encore, les biceps. D'autres, les triceps. D'autres femmes aiment d'autres parties du corps. Il faut que tu demandes à voir la partie que tu aimes. Je connaissais une dame qui aimait voir son amant se tourner sur la droite, mais pas sur la gauche. Alors quand il se tenait là, elle plaçait un objet à sa droite et elle lui disait : « Peux-tu faire ça pour moi s'il te plaît ? » Il le faisait et elle lui disait : « J'aime quand tu fais ça. C'est tellement sexy. Je ne peux penser à rien d'autre qu'à faire l'amour quand je te vois faire ça. » Cet homme était chaud tout le temps. C'est là que tu crées le désir de son corps au lieu de l'exigence qu'il change pour se conformer à ce que tu veux.

Participante du Salon :
Quand tu dis à un jeune : « Merci de ce super sexe », il le reçoit tout à fait. Quand tu dis la même chose à un gars plus âgé, il ne le reçoit pas. Qu'en fait-il, le gars plus âgé ? Pourquoi il ne le reçoit pas comme le jeune le fait ?

Gary :

Le jeune voit les choses du point de vue de « Waouh. Je dois être bon. » Le gars plus âgé pense « oh mon Dieu, je me demande si je ne me suis pas engagé dans quelque chose que je n'ai pas vu venir ». Les hommes plus âgés supposent que si tu leur fais un compliment, ça veut dire qu'ils doivent faire quelque chose ou ils doivent fournir quelque chose, qu'ils en soient capables ou non.

Participante du Salon :

Avec un jeune, c'est comme si tu venais de jouer au frisbee. Quelle est l'autre façon de dire : « Merci pour le super sexe » quand tu lui dis au revoir ?

Gary :

Tu dis : « C'était vraiment fun. Je suis contente que tu sois si jeune ». Alors il se dira : « Waouh, je suis encore un étalon », c'est avec cela que la plupart des hommes ont des difficultés.

Participante du Salon :

Je me rends compte que j'ai tellement de jugements sur les hommes.

Gary :

Tu ne regardes pas ce qui est devant toi. Tu regardes tout à travers le filtre du jugement qu'on t'a inculqué. A combien d'entre vous, les femmes, a-t-on inculqué de ne pas aimer les hommes ? Est-ce que ta mère aimait les hommes ? Est-ce que tes tantes aimaient les hommes ? Est-ce que ta grand-mère aimait les hommes ? Ou est-ce qu'elles avaient le sentiment de base que c'était une erreur d'aimer les hommes ?

La plupart des femmes n'aiment pas les hommes. Tu peux voir si une femme aime un homme si elle aime l'odeur des différentes parties de son corps.

Participante du Salon :

J'aime vraiment l'odeur des différentes parties du corps des hommes, du moins, la plupart des hommes.

Gary :
Ceux dont tu aimes l'odeur sont ceux avec qui tu veux passer du temps. Pas les autres.

Participante du Salon :
Cela veut dire qu'en fait j'aime les hommes ?

Gary :
Malheureusement, oui, chérie. Désolé.

Participante du Salon :
C'est là qu'on dit que je suis une salope ?

Gary :
J'espère bien. Les salopes s'amusent beaucoup plus que les vierges coincées. Mais je ne crois pas qu'il y en ait beaucoup dans cette téléclasse de toute façon.

Participante du Salon :
Encore faudrait-il que je couche pour que ce soit le cas.

Gary :
Non, tu ne dois pas coucher pour être une salope. Et tu peux coucher tant que tu veux, si c'est ton choix.

Participante du Salon :
Le sens de l'odorat est-il une forme de perception consciente ? Est-ce un jugement ? Il y a certaines odeurs auxquelles je suis sensible. Si mon amant ne prend pas de douche, je ne peux supporter l'odeur. Est-ce que je hais les hommes ? Peut-on changer cela ?

Gary :
L'odorat fait partie de la perception consciente. Tu dois être pragmatique. Emmène ton amant dans la douche avant de coucher avec lui.

« Je me transforme en petite fille qui pouffe de rire »

Participante du Salon :
A chaque fois que je me retrouve avec un mec avec qui j'aimerais coucher, j'ai l'impression de me transformer en une petite fille qui rit bêtement.

Gary :
Quand il s'agit de coucher avec un homme, demande : « Qui pourrait être facile et de qui pourrais-je apprendre ? »

Si tu te transformes en petite fille qui rit bêtement quand tu es en contact avec les hommes, tu choisis certainement ce que tu aurais choisi quand tu étais une petite fille. Combien de ces hommes sont devenus quelqu'un que tu aimerais connaître ?

Quelle stupidité utilises-tu pour créer la petite fille qui rit bêtement choisis-tu ?

> Tout ceci, un dieulliard de fois, vas-tu le détruire et le décréer en totalité ? Right and Wrong, Good and Bad, POD and POC, All Nine, Shorts, Boys and Beyonds.

Tu n'es pas responsable de tout ce que les gens choisissent

Participante du Salon :
Peux-tu nous parler de comment tu choisis et crées quelque chose ? Par exemple, si quelqu'un est méchant ou cruel, je demande : « Comment je choisis et crée cela ? » Je me dis que je fais tout de travers.

Gary :
Tu essaies de changer cette réalité, alors tu cherches ce que tu as fait de travers pour essayer de changer le fait que quelqu'un d'autre a été méchant. Non. Cette personne était méchante. C'est tout. Tu essaies de chercher la raison et la justification pour des choses comme si, si tu sais pourquoi cela s'est passé, cela ne se reproduira plus.

Au lieu de faire ça, demande : « Que puis-je être ou faire de différent qui pourrait créer une réalité différente ? »

Participante du Salon :
Quand quelqu'un me diffame ou me juge, j'entre en réaction. Je me dis: « J'ai créé cela. »

Gary :
Tu ne l'as pas créé. Tu as essayé de prendre la responsabilité pour tout et tout le monde durant toute ta vie. La bonne nouvelle, c'est que tu es un dieu – mais un qui est vraiment mauvais parce qu'au lieu de les juger eux, tu t'es jugée, toi. Tu ferais mieux d'abandonner ça et de devenir un être infini qui reconnaît qu'il n'est pas responsable de tout ce que les gens choisissent. Tout est un choix. Le choix est la source ultime de toute création. Tous les choix que tu fais créent quelque chose. Pourquoi choisirais-tu de supposer que tu es responsable de tout ce qui arrive ?

Remarque bien que tu n'as pas de réponse. Mais tu vas aller chercher la raison pour laquelle tu es responsable de tout, ce qui est une création.

> Quelle stupidité j'utilise pour créer la stupidité de moi que je choisis ? Tout ceci, un dieulliard de fois, vas-tu le détruire et le décréer en totalité ? Right and Wrong, Good and Bad, POD and POC, All Nine, Shorts, Boys and Beyonds.

Participante du Salon :
Peux-tu s'il te plaît développer le concept de gentillesse et comment je peux m'autoriser à être gentille avec moi et les autres sans me faire blesser et sans jouer les idiotes ?

Gary :
Il y a un problème là. Tu crées des mises en garde. Tu cherches toutes les raisons pour lesquelles les gens ne vont pas te comprendre, ils vont penser que tu es une idiote et pourquoi ils vont penser que tu es stupide. Tu penses qu'ils vont penser que tu es une idiote et pourquoi ils vont penser que tu es

stupide. Tu penses qu'ils vont se demander pourquoi ils te choisissent et pourquoi ils continuent à te choisir. C'est ce que tu fais quand tu n'es pas prête à être dans le laisser-être total.

Tu ne fais rien de différent. Tu dois demander : « Que puis-je être ou faire aujourd'hui qui me permettrait d'être gentille avec moi-même et tous ceux que je touche avec une aisance totale ? »

Je te recommande de te procurer le CD des 10 Commandements. C'est la clé pour ta liberté.

Abaisser les barrières du recevoir

Participante du Salon :
Peux-tu parler un peu de comment abaisser les barrières du « recevoir les autres » et du rejet possible ?

Gary :
Si tu t'inquiètes de recevoir un rejet, tu vas attirer quelqu'un qui va te rejeter, parce que tu as une grosse pancarte au-dessus de la tête qui dit : « Rejette-moi. » C'est comme quand tu étais enfant et que tu mettais une affiche « Donne-moi un coup de pied » dans le dos de quelqu'un. Tout le monde se mettait à donner un coup de pied à la personne et tu trouvais ça très marrant.

Si tu réalises que tu mets une pancarte « rejette-moi » dans ton dos, tu pourrais peut-être trouver ça marrant quand les gens te rejettent au lieu de supposer que c'est un tort. Tu devrais accepter un peu plus d'être vulnérable. Être vulnérable, c'est être comme la blessure ouverte, ce qui signifie que tu n'ériges aucune barrière devant rien ni personne.

L'année dernière, après avoir organisé un gros événement avec Ricky Williams, il y a eu des articles de journaux horribles publiés sur moi. L'un d'eux disait que j'étais le créateur charismatique, riche et diabolique d'un culte qui voulait donner des orgasmes intégraux aux hommes et aux femmes. J'ai répondu : « Et pour quelle raison cela pourrait-il ne pas vous intéresser ? » J'étais diffamé publiquement dans la presse nationale. La seule mauvaise nouvelle, c'est que à chaque fois qu'ils émettaient un jugement sur moi, je recevais 5,000 dollars de plus dans mes coffres. J'ai calculé que je devrais en être à environ un demi million de dollars maintenant, avec toutes les choses qui ont été publiées dans la presse jusqu'à présent. Ça marche pour moi. Afin d'avoir du succès dans n'importe quel domaine, tu dois être prête à être diffamée. Tu dois être prête à être réduite en viande hachée. Tu dois être prête à recevoir le jugement.

Le but de la presse maintenant, c'est le sensationnalisme. Tout ce que je demande de la conscience du monde, c'est qu'une cloche en verre les recouvre, si bien que s'ils ne font que du sensationnalisme, leur carrière s'éteindra. Quand ils commenceront à rapporter de vraies nouvelles, alors nous aurons peut-être quelques vrais sujets d'actualité dans le monde.

Participante du Salon :
Quand je rencontre quelqu'un, je me branche immédiatement sur ce que mes amis et ma famille vont penser de moi et de cette personne. Cela se passe instantanément. C'est une gifle en pleine figure avec jugement. Comment rester dans la question avec ça ?

Gary :
Demande : « Quelle énergie, espace et conscience puis-je être pour être la petite salope cochonne que je suis vraiment ? »

Les salopes n'amènent pas leurs petits amis à la maison pour rencontrer ses parents ou ses amis. Elles utilisent juste leurs petits amis et les « égarent » ensuite. Je ne dis pas cela comme un jugement. Tu dois être prête à être la petite salope cochonne que tu es vraiment si tu veux avoir le choix d'être avec quelqu'un et être présente avec lui au lieu d'essayer de tirer une conclusion. Si tu commences à faire tourner cette question, tu te sortiras du jugement.

Participante du Salon :
C'est comment quand les deux personnes qui copulent sont des guérisseurs sexuels et les deux sont dans le recevoir ?

Gary :
Beaucoup trop fun pour vous.

Participante du Salon :
Si les deux personnes sont des guérisseurs sexuels et que toi, tu es ouverte au recevoir mais que l'autre personne ne l'est pas, c'est comment alors ?

Gary :
Cela veut dire que tu t'ennuies et que tu veux rentrer à la maison. Le non-recevoir de l'autre personne coupe l'envie. Quand quelqu'un n'est pas disposé à recevoir, ça te coupe l'envie à toi et à ton corps. Quand quelqu'un est vraiment prêt à recevoir, ton corps est encore plus émoustillé, pas moins.

Participante du Salon :
Si tu es avec quelqu'un qui n'est pas dans le recevoir et qu'il en a la possibilité, que peux-tu demander pour faire qu'il s'ouvre encore plus au recevoir ?

Gary :
Demande : « Je peux te bander les yeux ? Je peux t'attacher ? Je peux te chatouiller avec ma plume ? »

La plupart des hommes ne savent pas comment recevoir. Ils ne savent tout simplement pas comment faire. Les attacher pour qu'ils n'aient pas d'autre choix que de recevoir est une des façons géniales de le faire. Va à l'Armée du Salut chercher des cravates en soie, un bandeau pour les yeux et une jolie plume d'autruche.

Est-ce que l'autre personne peut recevoir ce dont tu es capable ?

Participante du Salon :
Tu as dit que lorsque tu étais plus jeune, tu te tapais quatre femmes par jour. Quels éléments marchaient vraiment bien avec les femmes qui voulaient juste coucher avec toi et non pas une relation amoureuse ?

Gary:
D'abord, je fumais de la dope. Je fumais à chaque fois deux joints avant de coucher avec la femme. Comme ça, je ne pouvais pas entendre ce qu'étaient ses jugements, ni ses besoins. Je ne le recommande plus. Mais c'est ce que je devais faire pour ne pas être conscient de ce que leurs besoins étaient. Je ne souhaitais pas m'engager, mais je n'étais pas sans engagements vis-à-vis d'elles. Je ne leur disais pas que j'allais devenir leur petit ami, mais je ne leur disais pas non plus que je n'allais pas devenir leur petit ami. Mon point de vue, c'était toujours « attendons de voir ce qui se passe » parce qu'à chaque fois que je m'étais engagé avec quelqu'un, quelque chose de terrible s'était produit.

Un jour, une dame est venue vivre avec moi. La nuit même où elle a emménagé, j'ai passé ma main à quelques centimètres de son corps et il y a eu des éclairs entre son corps et ma main. Elle s'est levée le lendemain, elle est partie et ne m'a plus jamais parlé. Je lui ai fait peur, mais je ne l'avais pas compris. Je ne savais pas qu'on ne pouvait pas faire de la magie avec les gens qu'on aime et qu'on chérit. Je n'étais pas disposé à en avoir conscience, à ce moment-là.

Après ça, je ne voulais plus créer cet univers. Je voulais me tenir en retrait et attendre pour voir qui pouvait recevoir ce dont j'étais capable plutôt que d'essayer de leur donner ce dont j'étais capable. C'est une des choses à faire si tu veux créer ce genre de relations. Tu te tiens en retrait et tu attends de voir si quelqu'un peut recevoir ce dont tu es capable. N'essaie pas de lui donner ce dont tu es capable à moins qu'il puisse le recevoir.

C'est difficile pour la plupart des femmes. En réalité, les femmes sont beaucoup plus agressives que les hommes, mais elles ne veulent pas le reconnaître. Elles pensent qu'elles sont supposées être timides et réservées. Les autres femmes ne sont pas timides et réservées. Les femmes peuvent être calmes mais en réalité, « timide et réservée » n'est pas un trait de caractère féminin.

« Timide et réservé » est une caractéristique masculine. Les hommes essaient d'être timides et réservés parce qu'ils ont le point de vue qu'ils doivent être grands, sombres, beaux et silencieux. Mais la plupart ne sont pas grands, ni sombres et ni beaux. Ils sont juste timides. Les hommes ont encore moins confiance en eux que les femmes.

Les murmures du changement

Participante du Salon :
Il y a quelque chose dans le vent qui murmure un changement que je ne peux définir. Tu as parlé auparavant du toucher plume de la conscience. Qu'est-ce qu'il y a au-delà de ça qui peut être maintenant amené à la conscience ?

Gary :
Cela commence à prendre vie, c'est pourquoi c'est un murmure de changement qui s'amorce. Il ne peut être défini. Ce qui ne peut être défini ne peut pas non plus vous limiter. Chaque définition te limite. La définition est une limitation. Pas de définition, pas de limitation. Continue à demander cela plutôt qu'à chercher la conclusion qui te donnerait une idée de la substance de cette réalité.

Participante du Salon :
Peux-tu parler davantage des murmures des possibilités du futur ?

Gary :
Les murmures du futur sont les énergies que tu ressens de ce qui va se passer dans la vie. Tu essaies de solidifier cette énergie et de la rendre solide et réelle, pensant que si tu peux la rendre solide et réelle, tu peux la concrétiser. Le truc, c'est que tu as déjà fait les choix qui ont créé ces murmures des futurs. Tu dois suivre ces murmures et les laisser te montrer en quoi ils vont se concrétiser. Si tu ne fais pas cela, tu es dans un état de jugement permanent de ce que tu fais, plutôt que de vouloir recevoir ce que tu as déjà créé.

Participante du Salon :
Comment je peux faire ça ?

Gary :
Ce n'est pas comment. C'est la reconnaissance de : quel est ce truc qui me tracasse sur les bords extérieurs de ma conscience et de ma réalité ? La seule façon de décrire ces murmures du futur, c'est qu'ils ressemblaient à un baiser ou une caresse d'une possibilité différente.

Participante du Salon :
Parfois, j'ai l'impression que je dois faire quelque chose quand je perçois ces murmures.

Gary :
Tu dois juste poser la question : « Maintenant ou plus tard ? »

Participante du Salon :
Pour avoir plus de clarté sur ce qu'il faut faire ?

Gary :
La clarté n'est pas sur ce qu'il faut faire. De toute évidence, tu l'as déjà créé sinon tu n'aurais pas eu les murmures du futur. Cela prend déjà vie. Tu essayes de sauter à la conclusion que tu dois faire quelque chose pour que cela se produise. Tu as déjà

fait ce qu'il fallait pour que ça arrive. C'est juste que tu ne sais pas ce que tu as fait. Tu dois être prête à être dans cet état impardonnable de non-conclusion. Tu préfèrerais arriver à une conclusion parce que si tu arrives à la conclusion, alors tu peux l'arrêter, plutôt que d'entrer dans le mode de questionnement et de continuer à créer les possibilités. Les questions créent la possibilité. Le choix crée le potentiel. Quand un potentiel croise une possibilité, une nouvelle réalité peut être créée. C'est là que sont les murmures du futur – là où le potentiel et la possibilité se croisent dans l'univers. Cela t'amène alors à créer ce qui va se produire.

Participante du Salon :
Souvent, je suis consciente des murmures du futur. Puis je me dis : « Cela ne s'est pas produit immédiatement. »

Gary :
Tu vas à la conclusion, c'est pour cela que je t'ai donné ce processus de conclusion. Tu as l'idée que quand tu arrives à la conclusion, il doit se passer x, y ou z. La conclusion n'est plus une question. Si tu sors du mode de questionnement, les murmures du futur meurent, se désintègrent et s'en vont. C'est pour cela que tu dois utiliser les quatre éléments que sont le choix, la question, la possibilité et la contribution.

> Quelle énergie, espace et conscience puis-je être pour être hors contrôle, hors définition, hors limitation, hors forme, structure et signification, hors des linéarités et hors des concentricités pour toute l'éternité, en particulier par rapport au sexe, à la copulation et aux relations ? Tout ce qui ne permet pas à cela de se produire, un dieulliard de fois, vas-tu le détruire et le décréer en totalité ? Right and Wrong, Good and Bad, POD and POC, All Nine, Shorts, Boys and Beyonds.

Est-ce une contribution à ta vie d'arriver à une conclusion ? Ou est-ce que cela détruit toute possibilité, choix et question ? Quand tu arrives à une conclusion, tu arrêtes tout ce que tu essaies de créer comme futur. Tu dois aller vers le choix et la possibilité à chaque fois.

Si tu veux créer un futur, tu dois choisir quelque chose de différent. La différence crée l'espace. Le changement crée la conclusion et la contraction.

Bon, Mesdames, c'est fini pour ce soir. À la prochaine !

4
Créer une réalité qui marche pour toi

Tu dois aller au-delà de la vision de cette réalité de ce qu'est une relation de couple afin de créer quelque chose qui marche vraiment pour toi.

Gary :

Bonjour, Mesdames. Commençons avec quelques questions.

Structures de probabilités vs structures de possibilités

Participante du Salon :

Quand je sais qu'un homme me ment, j'ai envie de lui faire remarquer. Je sens l'énergie de son mensonge et j'attends de lui qu'il l'avoue. Je sais que c'est du contrôle.

Gary :

Non. C'est de la vacherie. Maintenant, tu as le droit d'être une salope si tu veux et si tu veux chasser un homme, c'est exactement la façon de le faire. Si tu sais qu'il ment, tu peux le prendre en flag avec son gros mensonge qui dépasse les bornes et tu peux le détruire, le réduire en poussière et le tuer si c'est ce que tu veux. Mais si tu veux garder cet homme, tu ne dois pas te laisser décontenancer, ce qui veut dire que tu vois le mensonge et le gardes pour toi. Tu ne dois pas lui balancer en pleine face que tu sais qu'il te ment. Regarde-le gentiment, souris-lui et dis-lui : « Oh, chéri. »

Quand tu fais ça, il se sentira encore plus coupable que tu ne peux l'imaginer et tu auras un cadeau dans les trois jours qui suivent. Fais ça quand tu veux un cadeau – parce que les hommes ne sont pas les créatures les plus intelligentes sur cette planète. Tout ce que tu as à faire est de dire : « Regarde ! N'est-ce pas magnifique ? J'aimerais tellement l'avoir. Si seulement j'avais assez d'argent. Tant pis. » Et puis va-t'en.

Quand tu essaies de comprendre quoi faire avec les hommes, tu essaies de comprendre quelles sont les structures de probabilités. Si tu as l'idée qu'il y a une probabilité qu'il ment, alors tu es dans le jugement et non dans la possibilité.

Les probabilités, ce sont ce que l'on utilise pour éviter, éliminer ou arrêter le risque. Les probabilités déterminent que tu vas perdre. C'est le fait qu'il y a toujours un risque, il y a toujours un danger et il y a toujours quelque chose qui va mal tourner. Alors nous passons nos vies à essayer d'éviter les risques de toutes sorteset, en faisant ça, nous éliminons la possibilité et le choix. Beaucoup de questions qui ont été posées pendant ces téléclasseportent sur la probabilité de perdre ou la probabilité d'avoir un problème. J'ai trouvé un processus pour vous :

> Quelle stupidité utilises-tu pour créer les structures de probabilités de perdre dans la relation, plutôt que de créer les systèmes de possibilités qui permettraient que ça marche pour toi choisis-tu ? Tout ceci, un dieulliard de fois, vas-tu le détruire et le décréer en totalité ? Right and Wrong, Good and Bad, POD and POC, All Nine, Shorts, Boys and Beyonds.

Cela marche aussi avec l'argent. Nous essayons de nous accrocher à ce que nous avons par peur de perdre, de ne rien obtenir d'autre et de ne pas avoir d'autres choix. Tout cela n'a rien à voir avec le choix véritable, la vraie possibilité, la vraie question. Nous devons nous mettre dans une situation où existe une vraie possibilité et un vrai choix et nous demander :

« Quoi d'autre est possible ? » plutôt que « Quelles sont les chances que j'ai de perdre ici ? ».

La probabilité de perdre
Participante du Salon :
Au bout d'un an de vie dans mon couple actuel, je suis entrée dans une énergie d'insécurité liée à des histoires de trahison par l'homme. Depuis, je vis en permanence dans une énergie de doute. Qu'est-ce que c'est ?

Gary :
C'est la probabilité de perdre. Nous avons l'idée qu'il y a une probabilité qu'une relation fonctionne ou qu'il y a une probabilité qu'une relation ne fonctionne pas. C'est cette façon de peser et mesurer que les gens font.

Tu dois aller au-delà de la vision de cette réalité de ce qu'est une relation de couple afin de créer quelque chose qui marche vraiment pour toi. Pour l'instant, les gens créent davantage de relations qui ne marchent pas que de relations qui marchent vraiment. Pourquoi ? Parce qu'ils cherchent toujours la probabilité qu'il va y avoir un problème, la probabilité qu'il va y avoir une perte, la probabilité que cela va mal tourner, la probabilité qu'il va y avoir un mensonge ou une trahison. Nous créons des structures de probabilités parce que nous croyons à l'idée que nous pouvons tout peser et mesurer et que si tu pèses et mesures de façon suffisamment précise, tu ne perdras pas.

C'est la raison pour laquelle la plupart des gens, une fois qu'ils sont en couple, se marient – afin de vivre heureux pour toujours, comme si le but d'une relation était de vivre heureux pour toujours.

Quel est le but véritable d'une relation ? Augmenter le niveau de confort et de possibilités. C'est ce que ce devrait être. Mais la plupart des gens le voit comme une façon d'augmenter leur capacité de survie. Arrête d'envisager la relation du point de vue de la survie et passe à la prospérité. Demande :

- Quoi d'autre est possible, maintenant que nous avons cette relation ?
- Que pourrions-nous vraiment créer que nous n'avons pas encore créé ?

Quand tu fais cela, tu crées une possibilité complètement différente et un univers complètement différent.

Quelle stupidité utilises-tu pour créer les structures de probabilités de relation pour ne pas perdre plutôt que les systèmes de possibilités qui te permettraient de choisir, choisis-tu ? Tout ceci, un dieulliard de fois, vas-tu le détruire et le décréer en totalité ? Right and Wrong, Good and Bad, POD and POC, All Nine, Shorts, Boys and Beyonds.

Participante du Salon :

Peux-tu développer davantage ce que tu veux dire par perdre ?

Gary :

Perdre, c'est quand tu cherches ce qui ne va pas avec les gens ou ce qu'ils font de travers. Ou tu cherches comment ils vont te mentir. Tout le monde ment. Les gens se mentent à eux-mêmes plus qu'ils ne mentent à qui que ce soit d'autre. Ils ont tendance à moins mentir aux autres qu'à eux-mêmes. Est-ce que quelqu'un va mentir ? Bien sûr. Parce que les gens ont des idées sur eux-mêmes qui ne sont pas forcément vraies.

J'avais un ami qui pensait qu'il était toujours propre et ordonné. En fait, c'était un plouc. Mais, selon ses critères de propreté et d'ordre, il était propre et ordonné. Il se voyait lui-même comme propre et ordonné parce qu'il faisait en sorte que les choses soient bien rangées et organisées. Mais sa maison était dégoûtante. Rangé et organisé pour lui voulait dire propre. Réalité différente.

Un jour, je me suis fait virer par mes femmes de ménage parce que je ne ramassais pas les jouets de mes enfants. Elles m'ont dit : « Votre maison est trop sale pour nous, alors on démissionne. »

J'ai demandé : « Comment ça, c'est sale ? J'ai passé l'aspirateur la veille de votre arrivée. »
Elles ont répondu : « Mais c'est sale. »
C'est quoi qui est sale ?
Tous les jouets par terre.

C'était en désordre. Ce n'était pas sale. Les gens ont leurs propres critères de ce qu'ils appellent en désordre ou sale ou de ce qu'ils considèrent comme bien ou mal ou de ce qu'ils pensent être approprié dans une relation ou pas approprié dans une relation et ils ne sont pas capables de voir les choses d'une autre façon. Alors quand tu vas t'installer vivre avec quelqu'un, tu dois reconnaître que c'est impératif de fonctionner à partir du « que puis-je créer et générer aujourd'hui ? » et non « qu'est-ce que je veux changer chez cette personne avec qui je suis ? ». Tu ne peux modifier la façon de vivre avec quelqu'un qu'avec ce que tu crées et ce que tu génères. Tu ne peux changer personne.

« Je peux le retaper »

J'ai connu beaucoup de femmes qui ont choisi des hommes et se sont dit : « Bon. Il a des bons trucs. Je pense que je vais pouvoir le retaper. » Quoi ? Pourquoi voudrais-tu acheter un truc à retaper ? Tu vas emménager dans une nouvelle maison et elle a besoin d'une nouvelle moquette et d'un coup de peinture ? Les gens font ce truc de dingue de penser qu'ils vont retaper quelqu'un et en faire quelqu'un de bien.

Mon ex-femme disait toujours : « Quand j'ai rencontré Gary, il s'habillait comme une voiture d'occasion. » Je me suis toujours demandé ce que cela voulait dire. Ce qu'elle disait dans le fond, c'était que je ne savais pas m'habiller. La vérité, c'est que quand je l'ai rencontrée, je n'avais pas d'argent. Je venais de sortir d'une relation, je bossais comme un con pour gagner de l'argent et je faisais tout ce que je pouvais pour m'occuper de mon gosse et respecter mes obligations. Je ne dépensais pas d'argent en vêtements. Je n'avais pas acheté de vêtements depuis huit ans. Alors mon style était un peu démodé.

De son point de vue, si tu n'étais pas à la mode, il n'y avait aucune raison de vivre. Alors au fur et à mesure que nous faisions de l'argent, elle a commencé à rafraîchir ma garde-robe. Elle a rafraîchi la sienne trois fois plus vite mais quand même, j'ai bénéficié d'une mise à jour. Elle m'achetait des choses pour ne pas que je lui fasse honte parce que j'étais un vrai chantier.

Si tu traites ton homme comme un chantier, à un moment donné, il va se rebeller contre ça, parce qu'aucun homme n'aime qu'on dise de lui devant les autres qu'il était moins que ça quand tu t'es mise avec lui. Trop de femmes font ça. Ce sont ces femmes qui, en fait, n'aiment pas les hommes.

Tu aimerais qu'il s'habille plus classe ? Bien sûr. Est-ce que tu vas réussir ? Probablement pas. Tu dois être disposée à être avec la personne avec qui tu es et non pas essayer de le transformer en ce que tu penses qu'elle devrait être. Si tu n'es pas heureuse avec la personne que tu as trouvée, si elle ne s'habille pas assez bien pour toi, largue-la et prends-en une autre au lieu d'essayer de retaper la première.

Les mecs n'ont pas l'illusion qu'ils peuvent retaper une femme. Ils savent déjà qu'ils sont cuits de ce côté-là. Même s'ils ont super bon goût, ils n'obtiendront jamais qu'une femme choisisse de se mettre à leur niveau. Tu dois comprendre la différence entre la façon dont les hommes et les femmes fonctionnent.

Quelle stupidité utilises-tu pour créer les structures de probabilités d'une relation pour éviter de perdre plutôt que les systèmes de possibilités qui te permettraient de choisir ? Tout ceci, un dieulliard de fois, vas-tu le détruire et le décréer en totalité ? Right and Wrong, Good and Bad, POD and POC, All Nine, Shorts, Boys and Beyonds.

La possibilité du succès

Participante du Salon :

Peux-tu parler des éléments du succès ?

Gary :

C'est un autre domaine où tu essayes d'utiliser les structures de probabilités. En gros, tu as l'idée de la probabilité du succès plutôt que de la possibilité du succès. Quand tu pars de la possibilité du succès, tu restes toujours dans la question.

Si tu restes constamment dans le mode de questionnement avec ta relation, tu peux changer la façon dont les choses fonctionnent. Tu ne pourras jamais parvenir à la conclusion que quelque chose marche ou ne marche pas. Tu demanderas : « Que puis-je faire ou être de différent aujourd'hui qui permettrait à cela de changer sur le champ ? »

Quand tu commences à fonctionner à partir de la question au lieu de la conclusion, tu arriveras au point où tu es à la pointe créative de la possibilité et tu es capable de faire quelque chose qui n'a jamais existé ici auparavant.

Ce que tu as comme point de référence pour une relation de couple, c'est tout ce que tu as vu les autres faire. Est-ce que ça marche ? Non. Mais c'est la seule chose que tu as comme point de référence. Tu dois être prête à créer une relation qui ne cadre pas avec cette réalité. Voici quelque chose que tu peux passer en boucle :

Quelle actualisation physique d'une relation au-delà de cette réalité es-tu maintenant capable de générer, créer et instituer ?

Tout ceci, un dieulliard de fois, vas-tu le détruire et le décréer en totalité ? Right and Wrong, Good and Bad, POD and POC, All Nine, Shorts, Boys and Beyonds.

Passe-le en boucle pendant au moins dix jours et vois ce qui se passe. Tu dois arriver au point où tu commences à reconnaître qu'il y a différentes possibilités.

Quelle stupidité utilises-tu pour créer les structures de probabilités d'une relation pour éviter de perdre plutôt que les systèmes de possibilités qui te permettraient de choisir ? Tout ceci, un dieulliard de fois, vas-tu le détruire et le décréer en totalité ? Right and Wrong, Good and Bad, POD and POC, All Nine, Shorts, Boys and Beyonds.

Vivre par incréments de 10 secondes

Dans chaque relation, tu as 10 secondes à vivre. Si tu vis ta vie par incréments de 10 secondes, alors tu ne parviendras pas à la conclusion ou au jugement parce que chaque dix secondes créera quelque chose de nouveau. Tu dois vivre ces dix secondes plutôt que d'essayer de sauter à la conclusion, qui est basée sur les structures de probabilités que tu peux équilibrer les choses et que si c'est une bonne relation, à la fin, ce sera plutôt mieux que pire. Au fond, cela n'a rien à voir avec la structure de la relation parce qu'il ne s'agit pas de créer des possibilités. Il s'agit de créer une structure dans laquelle tu as conclu qu'au bout d'un certain temps, cela va marcher ou qu'à la fin, ce sera encore mieux. Ce sont les choses à propos desquelles nous concluons, aucune d'entre elles ne nous donne vraiment le choix.

Participante du Salon :

Comment je dissipe mon malaise à propos des hommes et femmes ? Cela a commencé quand j'étais adolescente et que mes parents ont décidé ce que ma carrière serait. Tout cela, sans mon consentement. Cette téléclasse ébranle les fondations de qui je suis vraiment. Maintenant, je ne pense plus qu'aucun de mes choix soit vraiment le mien.

Gary :

Tu dois comprendre que tout ce que tu as un jour décidé être vrai ou réel est un mensonge ou un implant. Alors, si tout est mensonge ou implant, par où commencer ? Tu commences par :

Qu'est-ce que j'aimerais aujourd'hui ?

Dans ces dix secondes, qu'est-ce que je choisirais ?

C'est par là que tu dois commencer à fonctionner, pour apprendre à te faire confiance. La raison pour laquelle tu te méfies des hommes et des femmes est que tu ne te fais pas confiance à toi-même. Si tu te faisais confiance, tu pourrais savoir s'ils sont dignes de confiance ou pas, et tu aurais une possibilité différente.

Recevoir ce que tu désires dans une relation

Participante du Salon :

Tu as dit comment 90 % des femmes détestent les hommes et 90 % des hommes détestent les femmes et pourtant, ils voudraient tous en avoir un ou une. Pressens-tu la possibilité que cela pourrait changer avec ces téléclasses ?

Gary :

Oui. C'est pour cette raison que je fais ces appels. J'aimerais voir disparaître ces états constants de colère, rage, furie et haine à partir desquels les gens fonctionnent pour que vous appreniez à avoir un point de référence pour être ce que vous désirez dans une relation et aussi pour recevoir ce que vous désirez d'une relation.

Participante du Salon :

Est-ce que c'est quelque chose qui s'apprend ? Ou est-ce inné aux êtres et à leurs préférences ?

Gary :

Tout ce qui concerne la relation s'apprend. Et tout ça a été mal appris. Vous avez été éduquées par des gens stupides à propos de relations stupides afin que vos relations soient aussi stupides que les leurs, ce qui valide l'idée que leurs relations ne sont pas stupides. Les gens vous apprennent et vous embarquent dans de mauvaises relations comme les leurs parce que si tu es dans une relation aussi mauvaise que la leur, cela prouve que la leur est aussi bonne que possible. La probabilité est que si ta relation est mauvaise aussi, leur relation n'est pas aussi mauvaise que celle qu'ils pensaient qu'ils allaient avoir.

Participante du Salon :

Je ne suis pas en couple. J'ai l'impression que c'est plus de soucis que ça n'en vaut la peine parce que je suis très bien seule. Je n'exclus pas la relation, mais je ne l'inclus pas non plus.

Gary :

Ce que tu décris, c'est le moment où tu es prête à recevoir une relation qui pourrait marcher pour toi. Tu es parfaitement heureuse de ne pas avoir de relation de couple. Maintenant, si une relation se présentait qui fonctionnait pour toi, le reconnaîtrais-tu ? C'est la question que tu dois poser. Quand tu es indépendante, quand tu as suffisamment d'argent et que les choses vont bien, tu es sortie de l'univers du besoin et tu entres dans celui du « quoi d'autre est possible ? ». Tu es dans l'univers du questionnement qui peut créer une relation qui pourrait marcher pour toi, qui pourrait être fun pour toi, qui pourrait enrichir ta vie, ta réalité et tes possibilités. Tu ne vas pas l'obtenir avec le désir sexuel. Tu vas tomber dessus par hasard. Tu vas trouver quelqu'un qui aime passer du temps avec toi et qui apprécie qui tu es. Malheureusement, si tu es comme la plupart des femmes, tu vas dire : « C'est juste un ami. » Non, il est une possibilité, pas un ami.

La plupart des femmes, dès qu'elles trouvent un gars qui aime leur parler ou passer du temps avec elles disent : « S'il veut passer du temps avec moi, c'est un sacré nul. » Quoi ? Et toi, tu aimes passer du temps avec toi-même ? Ça serait la question. Si tu aimes passer du temps avec toi-même, tu te retrouves là où tu peux choisir différemment.

Choix limitant

Participante du Salon :

Je suis déconcertée par les choix limitatifs que je fais qui m'enlèvent de ma puissance.

Gary :

Une fois encore, il s'agit des structures de probabilités. Tu ôtes ce qui est vraiment fort en toi et, dans tes choix, tu crées des choix limitatifs comme moyen de fonctionner au sein des structures de probabilités pour être sûre de ne pas perdre.

> Quelle stupidité utilises-tu pour créer les structures de probabilités d'une relation pour éviter de perdre plutôt que les systèmes de possibilités qui te permettraient de choisir ? Tout ceci, un dieulliard de fois, vas-tu le détruire et le décréer en totalité ? Right and Wrong, Good and Bad, POD and POC, All Nine, Shorts, Boys and Beyonds.

Participante du Salon :

J'étais dans un parc il y a quelques jours et un mec me regardait. J'ai senti qu'il allait essayer de m'aborder et mon corps et mon être ont senti qu'il était louche. Je me suis mise à faire POC et POD sur la possibilité qu'il m'aborde et il ne l'a pas fait. Quel outil pragmatique pouvons-nous utiliser pour décourager un mec particulièrement trop collant ?

Gary :

POC et POD était exactement ce qu'il fallait faire. Tu étais consciente et tu savais exactement ce qui était requis.

Je parlais l'autre jour avec une dame qui voulait se marier. Je lui ai demandé : « Quels types d'hommes tu trouves ? »

Elle a répondu : « Je tombe toujours sur ces pauvres mecs qui traînent dans les bars. »

Je lui ai demandé : « Pourquoi tu vas dans les bars si tu cherches quelqu'un pour te marier ? »

- Ben, comment je fais pour trouver un homme si je ne vais pas dans les bars ?

Je lui ai dit : « Va prendre un thé l'après-midi dans l'hôtel le plus chic de ton quartier, installe-toi avec un livre. Mets-toi une jolie robe, une de celles qui laisse voir un peu de ton décolleté et une belle paire de talons hauts. Assieds-toi, croise les jambes, laisse ton pied se balancer de haut en bas. »

Cela va intriguer le mec. Quand il vient vers toi et te demande ce que tu lis, dis-lui : « Oh, je lis juste ce livre intéressant. » Apporte un livre que tu aimes, quelque chose qui t'intéresse, mais pas un roman d'amour. Si tu lis un roman d'amour, tu vas faire fuir le mec parce qu'il va penser que tu cherches une relation.

Ne lis pas 50 nuances de gris en pensant que tu attireras un homme avec. La joie des affaires pourrait attirer un homme très riche. Il dira : « Tu lis un livre sur les affaires ? » Et tu répondras : « Oui, j'adore les affaires. Je trouve les hommes d'affaires tellement sexy. » N'aie pas peur d'utiliser le mot « sexy » , si tu es intéressée.

Si le mec ne t'intéresse pas, sois polie, parle-lui et quand il dit: « Voulez-vous qu'on aille boire un verre un de ces jours ? », dis-lui : « Oh merci beaucoup, mon cher, mais je ne flirte pas. Je vais directement au mariage et je demande d'avance une garantie de 500,000. $ » Avant que tu aies le temps de te retourner, tu entendras le crissement des pneus de sa voiture sur la route. Une femme m'a dit : « Si tu dis aux gens de faire ça, tu dois aussi enseigner la réanimation cardio-respiratoire. » Elle avait dit cette phrase à un gars et il a failli perdre connaissance. Donc, le mec peut avoir une crise cardiaque. Mais s'il est assez vieux pour avoir une crise cardiaque, il est assez vieux pour que tu l'emmènes à la maison et… enfin, peu importe. C'est ça que tu fais.

Il n'y a rien à combattre

Participante du Salon :

J'ai beaucoup plus de paix et d'aisance dans ma vie depuis que je suis plus consciente du conflit avec les hommes et que je continue à choisir de lâcher prise. Mes barrières sont tombées. Je suis bien plus gentille. Mais je suis toujours un peu confuse. Pourrais-tu m'aider s'il te plaît ? Il y a quelques temps, je t'ai dit qu'il y avait quelques hommes au travail qui me harcelaient. Je me sentais comme si j'étais en mode amazone et que j'avais des armes sur moi. Je les réduisais en poussière.

Je crois que tu as dit quelque chose du genre : « Pourquoi te donnerais-tu tort pour cela ? C'est exactement ce que tu as besoin de créer à ce moment-là. Pourquoi as-tu arrêté ? N'est-ce pas sexy ? » Peux-tu approfondir cela davantage à la lumière de ce dont nous parlons ? N'est-ce pas plus sympa pour nous-mêmes de ne pas être des guerrières ?

Gary :

C'est une hypothèse – que c'est plus sympa de ne pas être une guerrière. Parfois, être une guerrière, c'est exactement ce qui est requis sur le moment. Tu dois être prête à être, faire, avoir, créer et générer tout ce qui est possible et imaginable selon les besoins pour avoir le choix total.

Quelle stupidité utilises-tu pour créer le fait de ne jamais être, faire, avoir, créer, générer et instituer tout ce qui est possible et imaginable selon les besoins choisis-tu ? Tout ceci, un dieulliard de fois, vas-tu le détruire et le décréer, en totalité ? Right and Wrong, Good and Bad, POD and POC, All Nine, Shorts, Boys and Beyonds.

Participante du Salon :

Tu as aussi mentionné que quand je refuse le combat, ça revient au même que de me battre, parce que je me prétends supérieure.

Gary :

Je ne crois pas que c'est ce que j'ai dit. Je pense t'avoir posé une question : « Te sens-tu supérieure quand tu fais cela ? Est-ce ainsi que tu te rends suffisamment supérieure pour ne pas être une moins-que-rien ? » Si tu essaies de prouver que tu n'es pas une moins-que-rien, tu seras dans la supériorité au lieu du choix. Le choix veut dire que tu peux sortir ton épée et leur couper la tête si tu le veux ou pas, selon ton désir, aussi gentiment que tu auras choisi de le faire. Parfois, une entaille rapide à la gorge est une chose très bien, très gentille à faire. Il y a des gens qui le méritent.

Participante du Salon :

Quand je pratique le point de vue intéressant, il n'y a rien à combattre.

Gary :

C'est exactement ça. Il n'y a rien à combattre. Donc, si vous ne vous battez pas, quels autres choix s'offrent à vous ?

Participante du Salon :

Tu as dit aussi que je ne suis pas prête à tuer, que je suis sexy quand je suis diabolique et que je continue à donner dans le pathétique et que tu détestes ça quand je suis dans le pathétique.

Gary :

Quand tu joues la personne supérieure, quand tu joues la personne qui n'en peut plus, quand tu joues « ne déconne pas avec moi », c'est plus sexy que « snif, snif, pauvre de moi.

Personne ne m'aime ; tout le monde me déteste. Je ferais mieux d'aller manger les vers. » Ce n'est pas très excitant. Quand tu donnes dans le pathétique, c'est là que tu n'es jamais toi.

Fonctionner à partir du choix absolu

Participante du Salon :

À quoi le bon ou le mauvais ressemblent-ils ?

Gary :

Tu es bonne ou mauvaise selon le moment, selon le besoin, selon le désir, selon les exigences des gens avec qui tu es. Tu es ce que tu choisis d'être, parce que tu fonctionnes à partir du choix absolu.

Quelle stupidité utilises-tu pour créer de ne jamais être, faire, avoir, créer, générer et instituer tout ce qui est possible et imaginable selon ton bon vouloir choisis-tu ? Tout ceci, un dieulliard de fois, vas-tu le détruire et le décréer en totalité ? Right and Wrong, Good and Bad, POD and POC, All Nine, Shorts, Boys and Beyonds.

Participante du Salon :

Est-ce que c'est là que l'on trouve la plus minuscule trace de gentillesse chez un homme et qu'on la fait ressortir ?

Gary :

Pas vraiment. Tu dois commencer à regarder à la fois le bon et le mauvais chez les gens et reconnaître que tu vas recevoir ce que tu reçois quand tu le reçois, et ne pas essayer de faire ressortir la bonté ou la gentillesse seulement. Tu dois être prête à avoir la personne avec qui tu es. Sinon, laisse tomber.

Ta relation crée-t-elle plus de confort ?

Participante du Salon :

J'ai demandé : « En vérité, est-ce que je voudrais avoir une relation dans ma vie ? » Ce qui est venu, c'est un oui. Puis j'ai demandé : « En vérité, est-ce qu'une relation enrichirait mon plan de vie ? », là, c'était un non.

Gary :

Les relations n'enrichissent pas nécessairement les plans de vie. Dans cette réalité, tout le monde te dit qu'une relation va enrichir ton plan de vie. Malheureusement, la plupart des gens ont une relation basée sur une contraction et cela les enferme et limite tout ce qu'ils choisissent.

Participante du Salon :

Tu as parlé de comment une relation peut être géniale si elle crée plus de bien-être. Peux-tu parler davantage de ce à quoi ça ressemble ?

Gary :

La plupart des gens se mettent en couple avec l'idée qu'ils vont en tirer quelque chose. Ils pensent que cela va leur fournir quelque chose qu'ils désirent ou faire quelque chose pour leur vie. Ou qu'ils seront amoureux éternellement ou qu'ils vont vivre heureux pour l'éternité.

Si tu entres en relation parce que ça t'apporte du bien-être, un univers complètement différent peut s'ouvrir.

Il y a quelques années, quand je vivais en colocation, je faisais passer des entretiens pour recruter mes colocataires. Je leur donnais le montant du loyer et je leur demandais : « Parlez-moi de vous. »

Ils répondaient : « Je suis vraiment propre et ordonné, je partage avec plaisir ma nourriture avec les autres et je prends soin des choses. »

J'ai remarqué que les gens qui disaient cela n'étaient pas propres et ordonnés, ne prenaient pas soin des choses, mangeaient toute ma nourriture et s'énervaient si je mangeais la leur.

Ce qui se passait, c'est qu'ils venaient chez moi pour l'entretien, ils regardaient autour d'eux et voyaient à quoi ils devaient ressembler. Ils voyaient que ma maison était propre et bien rangée, alors ils disaient : « Je suis propre et ordonné. » C'est ce qui se passe dans les relations de couple. Les gens regardent autour d'eux et voient ce qu'ils doivent être pour que tu sois d'accord de les inviter dans ta vie.

Ce que tu dois faire, si tu veux vraiment découvrir ce qu'une relation te réserve, c'est aller chez la personne et voir comment elle vit. Si tu peux y entrer et vivre avec toutes les choses qu'elle a et te sentir bien avec, alors tu as une très bonne chance de créer une relation.

Si tu détestes sa façon de décorer, si tu détestes la façon de tenir sa maison, si tu détestes comment elle mange, si tu détestes comment elle range ses placards, si tu détestes quoi que ce soit de tout cela, alors tu ne te sentiras pas bien dans la relation.

La plupart d'entre nous ne font aucune recherche pour trouver ce qui va marcher pour nous. As-tu déjà vécu avec quelqu'un et remarqué que les choses qui ont commencé à t'irriter étaient celles qu'il faisait tout le temps mais dont tu pensais pouvoir t'accommoder parce que tu l'aimais tellement ? As-tu déjà remarqué ça ? C'était des choses qui n'étaient pas si graves pour toi quand vous vous êtes mis ensemble mais, en même temps, ce n'était pas des choses avec lesquelles tu te serais sentie confortable de vivre. C'est pourquoi tu dois commencer à te demander : « Si je m'engage dans une relation, avec qui me sentirai-je à l'aise de vivre ? »

Participante du Salon :

Quel est le rôle du laisser-être là-dedans ?

Gary :

Quand tu vis avec quelqu'un, tu veux du confort plus que du laisser-être. Si tu as du confort, tu auras toujours du laisser-être.

Si tu n'es pas à l'aise, tu ne pourras jamais être dans le laisser-être.

Tu ne peux pas utiliser le laisser-être comme moyen de surmonter ce que tu n'aimes pas. Ce n'est pas ça, le laisser-être. Le laisser-être, c'est le « point de vue intéressant ». Si tu comprends que la façon dont vit une personne est une chose avec laquelle tu peux vivre avec, alors ce ne sera jamais un problème.

Dain et moi partageons une maison. Nous ne vivons pas « ensemble » parce que nous ne sommes pas un couple, bien que beaucoup de gens pensent que nous en sommes un. A notre fête de Noël, un voisin nous a demandé : « Est-ce que vous êtes mariés ? »

J'ai dit : « Non, nous sommes juste deux mecs hétéros qui partagent une maison et une entreprise et nous faisons la plupart des choses ensemble. »

Dain a sa propre chambre et il la décore comme il veut. Et, apparemment, c'est moi qui décore le reste de la maison. Pour la simple raison que, pour lui, c'est plus facile comme ça. Il se sent bien avec les choses que je choisis d'avoir dans la maison. Parfois, il dit : « Ce truc est plutôt moche », et je réponds : « O.K. » et je m'en débarrasse. Pourquoi ? Parce qu'il est facile à vivre. Il a huit millions de machines qui font toutes sortes de choses. On a une machine à faire les margaritas, une machine à expresso et un mixeur Vitamix. Tout ce que j'ai à faire, c'est de trouver un placard pour les ranger.

Il est facile à vivre parce qu'il aime que les choses soient propres et organisées, du moins de l'extérieur. Si c'est le bordel dans le tiroir ou dans le placard, c'est O.K. pour lui. C'est O.K. pour moi aussi. Du moment que l'effet visuel est bon, ce qu'il y a dans le placard ne me dérange pas parce que je n'y pense pas.

Quand j'ai rencontré Dain la première fois, il avait son propre appartement. Je suis allé chez lui et je me suis senti à l'aise là-bas. C'est quoi se sentir à l'aise avec quelque chose ? C'est l'énergie que les gens créent dans leur vie qui se déchiffre dans leurs meubles et leurs objets. Ils utilisent les objets autour d'eux pour créer une sensation de paix dans leur vie. Si tu es à l'aise avec la personne avec qui tu es, tu as plus de chances d'avoir une super relation.

Quand le laisser-être intervient-il ?

Ce que tu dois voir, c'est la gentillesse et la bienveillance de la personne. Tu dois savoir ce qui l'intéresse ou pas. Le laisser-être intervient quand tu vois que la personne aime des choses que toi, tu n'aimes pas. Par exemple, Dain s'est mis au tir à l'arc et on a transformé notre garage en espace de tir. On a mis des créatures dans le jardin pour qu'il puisse leur tirer dessus. C'était très rigolo pour moi de le voir s'éclater comme un fou. Je n'avais aucun intérêt pour le tir à l'arc, mais j'étais content de le voir s'amuser. C'est là que le laisser-être des différences entre en jeu. Tu reconnais que les choses que l'autre personne aime faire ne sont pas nécessairement ce que toi tu aimes faire, et tu es contente pour eux. Tu as la générosité d'esprit d'être heureuse qu'ils aient quelque chose qui a autant de valeur et d'intérêt pour eux.

Participante du Salon :

Aujourd'hui, j'ai réalisé que la vraie gentillesse, c'est le laisser-être total.

Gary :

Oui. La vraie gentillesse, c'est le laisser-être total. Mais c'est encore plus que ça. La vraie gentillesse, c'est aussi la volonté d'être plus, d'avoir plus. C'est reconnaître que tu dois être gentille avec toi-même – non pas avec les autres. La majorité des gens essaient d'être gentils avec les autres et certains sont véritablement gentils avec eux-mêmes. Si tu te lèves le matin, tu te regardes dans le miroir et tu te juges toi-même ou ton corps, est-ce que tu es gentille ? Non, mais la plupart des gens font ça. Ils disent des trucs, comme : « Je vieillis. Je suis tellement flasque, je me traîne. » Qu'est-ce que cela a à voir avec la création ? Tu dois demander : « Ah, qu'est-ce qu'il faudrait pour changer ça ? »

J'ai découvert que, des fois, on dirait que j'ai quarante ans et dix minutes plus tard, on dirait que j'en ai soixante-dix. Comment diable cela s'est-il produit ? Est-ce que cela veut dire qu'on y est pour quelque chose dans la création de l'apparence de nos corps ? Eh bien oui !

La femme humanoïde veut conquérir le monde

Participante du Salon :

Pourrais-tu parler, s'il te plait, du corps féminin humanoïde et comment l'apprécier vraiment et l'utiliser à notre avantage ?

Gary :

Avant tout, tu dois comprendre qu'en tant que femme humanoïde, ce que tu veux, c'est conquérir le monde. Donc, ton corps est fait de telle sorte que tu peux conquérir n'importe qui – si tu es prête à te permettre d'avoir un corps féminin d'humanoïde. Demande : « Qui puis-je conquérir avec ce corps ? » Puis, regarde autour de toi pour voir qui est prêt à s'offrir à toi. Il y a toujours des hommes qui vont s'offrir à toi si tu es prête à les conquérir.

Participante du Salon :

Qu'entends-tu par conquérir ?

Gary :

Être une conquérante, c'est contrôler sans contrôler, c'est inviter à une possibilité différente sans exiger et créer au-delà des limitations de ce qui est conquis. C'est pour ça que tu dois savoir qui tu peux conquérir aujourd'hui. En posant la question : « Qui puis-je conquérir avec ce corps ? », se révèlera à toi le genre de personne qui serait prête à faire partie de ta vie. Ça ne voudra pas forcément dire que c'est la personne que tu veux. Cela voudra peut-être dire que c'est le genre de personne avec qui tu as le plus de chance de réussir.

Conquérir veut dire que tu es du côté dominant, mais tu n'as pas à dominer les choix de la personne. Un conquérant viendra et te permettra d'être ce que tu es, mais changera les fondements de la façon dont tout fonctionne.

Les femmes humanoïdes veulent conquérir le monde. Elles veulent diriger le monde. C'est ce que toi, en tant que femme humanoïde, tu désires faire. Les femmes humanoïdes ne sont pas de misérables tas de débris pathétiques qui veulent être en retrait et ne rien faire. Si tu es prête à conquérir, tu peux créer quelque chose de plus grand.

Les femmes humaines, en revanche, veulent faire la loi, mais elles ne veulent pas conquérir. Elles veulent émasculer les hommes.

As-tu déjà eu un homme ou une femme dans ta vie que tu as totalement dominé ? As-tu aimé ça ? Non, parce qu'il était consentant/elle était consentante. Ils ont consenti ou ils ont abandonné. Ce n'est pas conquérir. Sois gentille, reconnais que tu as une capacité à commander – mais un leader véritable ne commande pas. Les gens qui commandent ont des exigences. Ils demandent aux autres de se ranger à leur opinion. Consentir, c'est abandonner, se rendre, sortir le drapeau blanc. Toi, en tant que femme humanoïde, ça t'énerve toujours quand les gens sont consentants parce que tu n'aimes pas les gens qui cèdent. Tu n'aimes pas les gens qui se battent avec toi non plus, mais tu ne veux pas de gens qui cèdent parce que s'ils cèdent trop facilement, ils n'ont pas de valeur. Leur volonté de ne pas céder leur donne de la valeur.

Participante du Salon :

Si les femmes humaines émasculent les hommes. Que font les hommes humains avec les femmes ?

Gary :

Ils les cassent. Mépriser et casser les femmes, c'est la façon dont les hommes humains traitent les femmes. C'est comme ça qu'ils se créent l'un l'autre comme les deux opposés de la polarité ; c'est comme ça qu'ils créent l'attraction envers le sexe opposé. La réalité humaine consiste à juger le sexe opposé. Les hommes humains disent : « Les femmes – on ne peut pas vivre avec elles et on ne peut pas vivre sans elles. »

Participante du Salon :

Un de mes plus grands défis est la capacité de verbaliser le savoir que j'ai et ne pas avoir l'air supérieur. Que faudrait-il pour renforcer cette capacité ?

Gary :

Le silence. Tu dois être prête à ne pas dire aux gens ou à ne pas verbaliser de façon cognitive ce dont tu as conscience. Tu dois avoir la conscience pour toi et non pour quelqu'un d'autre. Juste pour moi, juste pour le fun, n'en parle jamais à personne.

Comment aborder un homme

Participante du Salon :

Si tu veux parler de quelque chose avec un homme, comment l'abordes-tu ?

Gary :

Si tu veux parler de quelque chose avec un homme, tu lui dis : « Chéri, j'ai réfléchi… »

Tu n'abordes jamais un homme avec « on doit parler » ou « j'aimerais parler avec toi », parce que ça le fait flipper à mort.

« Chéri, on doit avoir une petite discussion » signifie « tu es sur le point de te faire couper les testicules. Tu as tort et tu vas le payer.»

Si tu commences avec « j'ai pensé à ça, qu'en penses-tu ? », tu peux créer une discussion et c'est ce que tu dois faire. Tu dois créer la discussion.

Ne donne pas à l'homme le premier coup de semonce, c'est-à-dire « on doit avoir une petite discussion. » Les hommes possèdent d'autres signaux que les femmes. Pour un homme, c'est le signal qu'une bataille est sur le point de commencer et qu'il faut sortir le drapeau blanc. Il va devoir se rendre parce qu'il est un homme et, donc, il a tort. C'est comme ça que ça fonctionne dans le monde de l'homme. Tu dois savoir ça, si tu veux créer quelque chose qui fonctionne pour toi avec un homme avec qui tu désires être vraiment.

Dain est mon homme. Tous les deux, nous utilisons « j'ai réfléchi… » pour ne pas que l'autre pense qu'il doit vite attraper son drapeau blanc. N'aborde pas ton homme avec une réflexion du style « on doit avoir une discussion. » Fais le tour et passe par la porte de derrière. Infiltre-toi avec « chéri, j'ai pensé à ça. Qu'en penses-tu ? Comment te sens-tu avec ça ? ».

Un autre bon stratagème, c'est « j'ai réfléchi à ça, mais j'ai l'impression que quelque chose m'échappe. Peux-tu déceler ce que je n'arrive pas à voir ? ». De cette façon, tu invites l'homme à regarder quelque chose au lieu de le confronter avec. La majorité des gens essayent la confrontation dans les relations, en pensant que la confrontation, c'est le moyen d'amener quelqu'un à être honnête. Tu n'obtiens jamais l'honnêteté avec la confrontation. Tu obtiens la dispute. Tu amènes le dialogue avec « j'ai réfléchi…Qu'en penses-tu ? ». Si tu crées une confrontation, le pauvre gars doit se battre avec toi et il n'a pas d'autre choix.

Les rêves, cauchemars, exigences, désirs et nécessités de ta vie

Participante du Salon :

J'ai une vie sexuelle éclair avec mon amant qui vit chez moi. Il dit que je suis trop exigeante et que j'ai besoin de trop de temps et de caresses pour avoir un orgasme externe. Maintenant, j'évite presque le sexe. Que puis-je faire pour changer ça et avoir de nouveau une vie sexuelle orgasmique ?

Gary :

Débarrasse-toi de lui. C'est un imbécile. Prends-toi un nouvel amant. Tu veux un homme qui désire chérir ton corps et ton âme.

Participante du Salon :

Que puis-je faire pour avoir un orgasme par pénétration seulement ?

Gary :

Il y a très peu de chances. Les corps des femmes ne sont pas faits pour avoir un orgasme par pénétration. La plupart des orgasmes viennent du clitoris et non de l'intérieur du vagin qui n'est pas très sensible. Il y a quelques points sensibles, mais ils ne représentent pas la totalité du vagin. Ton corps est fait pour pouvoir supporter un accouchement et pouvoir éjecter une balle de bowling de ton vagin.

Tu dois trouver un homme qui sait bien s'occuper d'une femme. Il n'y a pas beaucoup d'hommes qui étudient le corps des femmes. Tu dois lui poser des questions avant d'aller au lit avec lui. Demande-lui : « Qu'est-ce que tu préfères dans le sexe ? » S'il ne répond pas « te lécher », il y a de fortes chances pour qu'il ne soit pas un bon coup parce que son approche du sexe, c'est « je la pénètre et elle est contente. » Et ce n'est pas généralement ce qui va rendre une femme heureuse.

Participante du Salon :

Il travaille quatorze heures par jour. Je travaille douze heures par jour et j'ai des enfants et une maison à tenir. Il veut que j'arrête tout ce que je suis en train de faire et que j'aille au lit avec lui quand il y va, ce que je choisis de ne pas faire. Mon corps n'apprécie pas sa caresse. Cela ne me nourrit pas.

Gary :

Ton corps n'apprécie pas qu'il te touche parce qu'il est jugeant. Il te juge de ne pas faire les choses correctement – alors que lui, si. Quand tu as une relation avec des gens qui jugent, ton corps a tendance à te mettre à l'écart d'eux et ne pas vouloir les toucher.

Trouve quelqu'un d'autre dans ta vie. Cet homme ne va pas être à la hauteur. S'il ne veut pas chérir ton corps et qu'il veut que tu ailles au lit quand lui y va, c'est qu'il se comporte en femme fatale contrôleuse.

> Quelle actualisation physique d'un amant, d'un ami et d'un partenaire de vie es-tu capable de générer, créer et instituer ? Tout ce qui ne permet pas à cela d'arriver, un dieulliard de fois, vas-tu le détruire et le décréer en totalité ? Right and Wrong, Good and Bad, POD and POC, All Nine, Shorts, Boys and Beyonds.

> Quelle stupidité utilises-tu pour créer les rêves, les cauchemars, les besoins, les désirs et les nécessités de ta vie choisis-tu ? Tout ceci, un dieulliard de fois, vas-tu le détruire et le décréer en totalité ? Right and Wrong, Good and Bad, POD and POC, All Nine, Shorts, Boys and Beyonds.

Tu as tes rêves de comment les choses devraient être. Tu as tes cauchemars de comment les choses se passent. Tu as tes besoins et tu penses « une fois que j'aurai accompli cela, tout ira bien. » Il y a les choses que tu désires des autreset qu'en fait, ils font rarement. Puis, il y a les nécessités. Ce sont les choses que tu penses devoir faire que tu ne veux pas vraiment faire, mais tu crois devoir faire parce qu'on te l'a dit.

Participante du Salon :

S'agit-il en fait de demander : « Que dois-je être ici ? »

Gary :

C'est là où le besoin devient une nécessité. C'est là où les choses n'arrivent pas telles que tu l'aurais aimé. C'est là où tu crées un rêve, un cauchemar, un besoin, un désir ou une nécessité. Ce sont toutes les choses que nous faisons dans nos vies comme si elles allaient toutes marcher.

Ma fille Grace est venue me voir avec son bébé et je me disais : « C'est trop de travail. Elle ne nettoie pas. Elle ne fait rien. »

Puis je me suis occupé du gosse pendant cinq heures. J'ai vu que le fait que la fille se lève du lit était un miracle en soi. Avoir un bébé… le fait que vous, Mesdames, faites cela est pour moi incroyable. Je ne sais pas comment elle fait ça. Le seul truc qu'elle n'a pas, c'est quelqu'un qui s'occupe d'elle parce qu'elle s'occupe toujours du gosse. Tout d'un coup, toutes les choses que je croyais m'énerver se sont évanouies parce que j'ai vu clairement de quoi il s'agissait. Tu peux si tu veux faire tourner : « Quelle énergie, espace et conscience puis-je être qui m'apporteraient la clarté totale et l'aisance avec tout cela pour toute l'éternité ? »

Participante du Salon :

C'est comme si la réalité de l'autre personne s'imposait à la tienne. Mais si tu demandes de quoi elle a besoin, est-ce que ça devient plus facile ?

Gary :

J'ai pris conscience de ce dont elle avait besoin quand j'ai fait son travail pendant un petit moment. J'ai pris conscience de ce qui motivait son besoin d'avoir l'impression que quelqu'un souhaite prendre soin d'elle. Depuis, je suis disposé à mieux m'occuper d'elle. Je suis aussi disposé à être là pour elle, et ce, de différentes façons qui lui sont nécessaires sans même qu'elle le sache.

Si tu demandes : « Quelle énergie, espace et conscience puis-je être qui me donneraient la clarté totale et l'aisance avec tout cela pour toute l'éternité ? », cela commencera à débloquer certains domaines où tu te sens confuse. Il y a une disparité entre ce que l'on reçoit et ce que l'on pense et entre ce que l'on ressent et ce qui se passe vraiment. Nous avons ces zones étranges où nous essayons de rendre quelque chose de disparate égal à autre chose afin de parvenir à une conclusion, au lieu de réaliser que la disparité est la différence entre le fait d'être nous et le fait de ne pas être nous.

> Combien de disparités y a-t-il chez toi entre ce que tu serais et ce que tu crois qui t'est demandé et ce qui est exigé de toi que tu ne comprends pas ? Tout ceci, un dieulliard de fois, vas-tu le détruire et le décréer en totalité ? Right and Wrong, Good and Bad, POD and POC, All Nine, Shorts, Boys and Beyonds.

> Quelle stupidité utilises-tu pour créer les rêves, les cauchemars, les besoins, les désirs et les nécessités de vie que tu choisis ? Tout ceci, un dieulliard de fois, vas-tu le détruire et le décréer en totalité ? Right and Wrong, Good and Bad, POD and POC, All Nine, Shorts, Boys and Beyonds.

Qu'y a-t-il de possible ici que je n'ai pas encore envisagé ?

Participante du Salon :

Est-ce que tu es en train de parler d'un état opératoire de fonctionnement ?

Gary :

Tu dois vouloir être l'être qui te permet d'être tout ce que tu es et de fonctionner au sein des structures de cette réalité sans être la conséquence de ces structures. C'est complètement lié aux structures de probabilités.

Si tu essaies d'éviter une confrontation, tu cherches la probabilité des structures d'une confrontation en essayant de les éviter, au lieu de demander : « Quelle autre possibilité y a-t-il que je n'ai pas encore considérée ? » Si tu veux vraiment changer quelque chose, pose cette question. Il s'agit de ce que tu n'as pas encore envisagé. C'est ce que j'ai fait avec Grace.

Quand je me suis occupé du gamin, j'ai réalisé qu'elle s'en occupait 24 h sur 24, sans aucune aide. Personne n'est là pour elle et elle a besoin de sentir que quelqu'un s'occupe d'elle. Elle a besoin de se sentir nourrie ; elle a besoin de sentir qu'elle peut avoir un peu de temps libre au lieu d'être constamment sur le qui-vive. Donc, j'ai fait tout mon possible pour m'occuper du petit. Je continuerai à le faire parce que je comprends à quel point c'est essentiel pour elle.

> Quelle stupidité utilises-tu pour créer les rêves, les cauchemars, les besoins, les désirs et les nécessités de la vie choisis-tu ? Tout ceci, un dieulliard de fois, vas-tu le détruire et le décréer en totalité ? Right and Wrong, Good and Bad, POD and POC, All Nine, Shorts, Boys and Beyonds.

Participante du Salon :

Est-ce que ce processus va aussi effacer le fantasme qu'un homme va prendre soin de toi ?

Gary :

Je l'espère. Quelque part, les gens pensent toujours « un jour mon prince viendra. » J'ai observé les gens le faire depuis toujours. Je ne crois pas que qui que ce soit peut réellement prendre soin de nous. C'est à nous de prendre soin de ce dont nous avons à prendre soin par nous-mêmes.

Deux amis à moi vont se marier. Son point de vue a toujours été que quelqu'un va prendre soin de lui. Son point de vue à elle, c'est que quelqu'un va s'occuper d'elle. Je ne sais pas comment leur relation va marcher si tous les deux cherchent quelqu'un pour s'occuper d'eux. Ce sera intéressant de voir ce qui va se passer. Et je suis très heureux pour eux qu'ils prennent soin l'un de l'autre à ce point.

Qu'est-ce que tu veux vraiment ?

Participante du Salon :

Dans ma vie d'adulte, j'ai toujours pris soin de moi. Je n'ai jamais eu besoin de qui que ce soit pour le faire. Maintenant, je suis arrivée à un point où c'est quelque chose que j'aimerais inviter dans ma vie. Ce serait bien d'avoir quelqu'un pour m'aider dans le jardin et faire la vaisselle quand je ne veux pas le faire.

Gary :

Ça s'appelle une femme de ménage et un jardinier. Ceux-là, tu peux les embaucher. Qu'est-ce c'est que tu veux vraiment ?

Participante du Salon :

Un partenaire.

Gary:

Tu veux vraiment un partenaire ? Je comprends que c'est ce que tu penses vouloir.

Participante du Salon :

Comment fais-tu pour savoir ce que tu veux vraiment ?

Gary :

Voilà ce que tu dois te demander :

Si j'étais avec quelqu'un, à quoi ressemblerait ma vie ?

- À quoi ressemblerait ma vie dans 5 ans ?
- Dans 10 ans ?
- Comment aimerais-je que soit ma vie ?
- Comment aimerais-je que soit ma vie dans 5 ans ?
- Dans 10 ans ?
- A quoi aimerais-je que ma vie ressemble ?

Ce n'est pas l'image de ce que cela va être. C'est une conscience de l'énergie que cela va être.

Regarde autour de toi et cherche quelqu'un qui a ce que tu voudrais avoir avec une autre personne. As-tu déjà croisé une relation que tu aimerais avoir ? Non. Alors il va falloir la créer toi-même. Commence par : « A quoi aimerais-je que ma vie ressemble avec un partenaire ? »

Tu gagnes suffisamment d'argent. Tu pourrais te permettre de louer un partenaire. Es-tu prête à payer pour un gigolo ? Tu es déjà arrivée à la conclusion que ce ne serait pas aussi amusant au lieu de demander : « Qu'est-ce que j'aimerais créer et générer ici ? »

C'est sûrement le sujet le plus dément sur cette planète. C'est pourquoi nous faisons ces téléclasses.

> Quelle stupidité utilises-tu pour créer l'inconscience totale de la conscience de ce que tu pourrais choisir, que tu aimerais choisir, que si tu le choisissais créerait une relation qui serait de ton choix ? Tout ceci, un dieulliard de fois, vas-tu le détruire et le décréer en totalité ? Right and Wrong, Good and Bad, POD and POC, All Nine, Shorts, Boys and Beyonds.

J'ai regardé autour de moi les relations que je pensais que j'aimerais avoir. J'ai vu des gens qui ont de super relations qui marchent pour eux, mais leurs relations ne sont pas des relations que j'aimerais avoir. Nous ne regardons pas avec le point de vue « que serait une super relation pour moi ? ».

Finalement, j'ai réalisé que j'aimerais avoir quelqu'un dans ma vie qui serait prêt à me laisser voyager à travers le monde et qui n'aurait aucun point de vue sur le fait que je revienne ou pas. Combien de personnes seraient prêtes à faire ça ? Probablement aucune. Ce devrait être quelqu'un qui m'accorderait une liberté totale d'être et de faire tout ce que je veux. Malheureusement, la seule personne qui correspond à cette description, c'est Dain, mais il ne correspond pas à la description au niveau sexuel, parce que ça, il ne le fait pas.

Participante du Salon :

Quand tu vois les choses de cette façon, comment fais-tu pour éviter d'aller directement à la conclusion que tu ne trouveras jamais de relation ?

Gary :

Pourquoi s'en soucier ? Si tu conclus que tu n'auras jamais de relation, c'est exactement ce qui va se produire. Tu n'auras jamais de relation. Est-ce que c'est important ?

On essaie de donner de l'importance aux choses qui n'en ont peut-être aucune. Pour qu'une relation fonctionne, elle doit permettre à chaque personne d'être complètement elle-même et créer des possibilités différentes. Tu dois savoir ce que tu aimerais créer dans ta vie. Sais-tu comment tu aimerais que ta vie soit dans cinq ans ? Commence avec :

- A quoi aimerais-je que ma vie ressemble dans cinq ans ?
- Dans dix ans ?
- Dans vingt ans ?
- Est-ce que j'aimerais vraiment avoir quelqu'un qui m'accompagne sur ce chemin ?

J'ai découvert que cela m'importait peu que quelqu'un m'accompagne ou pas sur mon chemin. J'ai compris que j'irais, que quelqu'un vienne avec moi ou pas. Ainsi, il y a maintenant des gens autour de moi qui font des choses avec moi à différents moments, dans différents domaines. Cela comble en quelque sorte mon besoin de relation parce que j'ai une relation dans ces dix secondes. C'est comme ça que tu peux intégrer les relations avec les autres sans ressentir le besoin d'une relation. De même, cela te donne la possibilité de créer quelque chose de différent.

Demande : « Si je devais être dans une relation avec quelqu'un, comment j'aimerais que ça se passe ? » J'ai connu très peu de relations que j'ai trouvées vraiment super. J'ai des amis qui ont une relation super en tous points, sauf qu'ils ne couchent pas ensemble. J'ai des amis qui ont une relation sexuelle géniale, mais qui se disputent tout le temps. J'ai des amis qui ont tout ce qu'ils aimeraient avoir, mais qui ne sont pas heureux dans leur vie. Ce n'est pas excitant. Ils ont déjà tout prévu. La vie est prévisible. Beaucoup de gens pensent que la prévisibilité est ce qu'ils aimeraient avoir dans leur relation. La « changeabilité » serait plus proche de ce que je recherche dans une relation – où un état constant de changement est possible.

Ma deuxième femme était ouverte au changement, mais elle n'était pas prête à avoir la réalité financière incluant le fait d'avoir de l'argent. Elle était seulement prête à avoir la réalité financière de dépenser l'argent. C'était ce qui a tué notre relation parce que je ne pouvais pas vivre sans argent et sans autre choix que d'aller au travail. Il y avait toujours cette nécessité d'aller travailler parce que chaque fois que je tournais le dos, on était à court d'argent. Je n'aimais pas vivre ainsi sur le fil du rasoir. Pour elle, c'était O.K., cela ne la dérangeait pas.

Alors commence avec ça :

▸ Comment j'aimerais que soit ma vie dans cinq, dix, vingt ans ?

- Comment j'aimerais que soit ma vie ?
- Qu'est-ce que j'aimerais qu'il se passe dans ma vie ?
- Est-ce qu'il y aurait quelqu'un dans le monde avec qui ce serait fun de faire ça ou d'être ça ?

N'inclus même pas l'idée d'une relation. Demande ce à quoi tu aimerais que ta vie ressemble. Si ce que tu demandes de créer comme futur comporte une relation, alors tu en trouveras une. Si ce n'est pas fait pour inclure une relation, tu n'en trouveras pas. La relation créera ce que tu voudrais avoir. Une autre personne ne va pas venir et prendre soin de toi ou de quoique ce soit d'autre. Il s'agit de créer ce que tu désires vraiment. Quand tu fais cela, une réalité complètement différente peut maintenant commencer à se manifester pour toi.

Alors demande : « Qu'est-ce que je dois être ou faire aujourd'hui pour créer cette réalité dès maintenant ? »

La chose que je sais de toi, H, c'est que tu aimerais avoir quelque chose de confortable et de facile, quelque chose qui te procure suffisamment d'argent pour faire ce que tu veux. Tu l'as quasiment obtenu maintenant. Donc, si tu devais avoir une relation, ce serait avec quelqu'un qui est sur la même longueur d'onde que toi à ce sujet, quelqu'un qui n'attendrait pas que tu lui donnes la même chose. S'il s'attend à ce que tu le lui donnes, tu lui en voudras. Tu ne veux pas avoir à tout fournir. Tu dois être claire avec toi-même sur ce qui va marcher et ne va pas marcher pour toi. Il ne s'agit pas de bien ou de mal. Il s'agit juste de la façon dont tu veux créer ta vie et tes relations. Si tu commences à être claire à ce propos, tout commencera à fonctionner plus facilement.

Rappelez-vous, vous recherchez le bien-être, vous recherchez la facilité et vous recherchez ce qui fait que votre vie fonctionne. Commencez par demander :

- Qu'est-ce que j'aimerais que ma vie soit dans cinq ans ?
- Dans dix ans ?
- Dans vingt ans ?

Si tu commences à voir les choses sous cet angle et que tu saisis l'énergie de ce que cela serait, tu auras les éléments de ce que tu aimerais créer. Si les éléments incluent aussi une relation, tu seras capable de la créer.

Merci à vous toutes de votre participation à cet entretien.

5
Choix pragmatique

Tu dois considérer les choix pragmatiques disponibles à chaque instant. Si tu commences à considérer les choix pragmatiques, une possibilité différente peut se manifester.

Gary :

Bonjour, Mesdames. Commençons par quelques questions.

Chercher le confort et le réconfort à l'extérieur de soi

Participante du Salon :

Je trouve cela rassurant et réconfortant d'être serrée dans les bras d'un homme. Mon petitami actuel ne me serre pas assez dans ses bras. J'hésite entre me dire que c'est mon propre besoin idiot et que je ne devrais pas lui imposer d'y répondre et le sentiment qu'être tenue dans les bras m'apporte une énergie nourrissante. Que se passe-t-il ici et quelle énergie je recherche en fait ?

Gary :

Ce que tu cherches en fait est la première chose que tu as dite : « Je trouve cela rassurant et réconfortant. »

> Quelle stupidité utilises-tu pour créer le confort et le réconfort choisis-tu ? Tout ceci, un dieulliard de fois, vas-tu le détruire et le décréer en totalité ? Right and Wrong, Good and Bad, POD and POC, All Nine, Shorts, Boys and Beyonds.

> Si tu es totalement présente en étant toi et que tu es totalement avec toi, le confort et le réconfort que tu obtiens quand quelqu'un

te tient dans ses bras n'est plus une nécessité. Malheureusement, cela signifie que tu auras un homme qui voudra tout le temps te tenir dans ses bras, ce qui sera vraiment agaçant.

Il y a des gens qui utilisent la nourriture comme moyen de réconfort. Il y a des gens qui utilisent le sexe comme réconfort. Il y a des gens qui utilisent l'alcool comme réconfort. Il y a des gens qui utilisent le shopping comme réconfort. On trouve toutes sortes de confort et de réconfort. C'est pourquoi j'ai soulevé ce thème particulier.

Participante du Salon :

Est-ce que le soutien et l'attention bienveillante sont similaires au confort et au réconfort ?

Gary :

Le soutien et l'attention bienveillante font partie du confort et du réconfort. Les femmes se réconfortent et se rassurent les unes les autres en partageant, en allant aux toilettes ensemble et en allant faire les courses ensemble. Il y a encore environ vingt-cinq autres choses qu'elles doivent faire ensemble. Ce sentiment d'unité est ce que les gens recherchent sous forme de réconfort et de confort. Si tu es vraiment prête à t'avoir toi, l'être, en totalité, tu n'as besoin de rien en dehors de toi pour te réconforter et te rassurer. Tu es réconfortée et rassurée simplement en étant. C'est là toute la question.

Comment en arrive-t-on à avoir le réconfort et le confort sur la base de l'êtreet non sur ce qu'on doit faire ou sur n'importe quelle autre chose dingue que les gens pensent être nécessaire ?

Participante du Salon :

Qu'est-ce que le soutien ?

Gary :

Le soutien est un nom de métier et un choix. Tu peux être une personne soutien. Ce qui veut dire que tu es soit un slip kangourou, soit un soutien-gorge. Quelle partie du corps veux-tu soutenir avec ton aide ? Ou veux-tu chercher plutôt comment tu peux autonomiser quelqu'un ? Le soutien est une référence pour ne pas adopter les possibilités de l'autonomisation ; au lieu de cela, tu es un soutien pour quelqu'un.

Tu utilises le passé pour le bien-être et le réconfort. Tu utilises les points de référence, tu utilises ta famille, tu utilises tes enfants. Il y a des milliers de choses différentes que tu utilises. Les gens disent : « C'est tellement réconfortant d'avoir ma famille autour de moi. » Pas exactement. Ça demande bien plus que ça.

Tu utilises le travail comme réconfort. Il y a des gens qui sont réconfortés par le fait d'avoir trop à faire. Il y a des gens qui sont réconfortés par leurs drogues. Il y a des gens qui sont réconfortés par le genre de vêtements qu'ils portent. Ils ont des vêtements de réconfort. C'est comme chercher quelque chose qui prendra la place de ce que Maman ou Papa aurait dû être pour toi, qu'ils n'ont peut-être pas été. Ou s'ils étaient des personnes rassurantes, c'est comme cela que tu es rassurée ou réconfortée, par la façon dont tu l'étais par eux.

Participante du Salon :

C'est comme si je cherchais toujours quelque chose à l'extérieur de moi-même au lieu d'être moi.

Gary :

Exactement. C'est là toute l'idée. Quand tu cherches le confort et le réconfort à l'extérieur de toi, tu n'arrives jamais à être suffisamment présente pour te demander :

- Est-ce que je veux cela vraiment ?
- Est-ce vraiment nécessaire ?
- Est-ce que cela compte vraiment pour moi ?
- Est-ce vraiment ce dont j'ai besoin ?

Tu as certains domaines où tu as créé le confort et le réconfort comme si c'était équivalent à la sécurité. Les gens recherchent la sécurité. C'est le fait d'avoir un endroit solide sur lequel tu peux te tenir debout, plutôt que la solidité d'être qui te permet de te tenir debout n'importe où sans avoir l'impression que tu ne peux pas être ou que tu ne peux pas maintenir ta position.

Tout le monde essaie de créer une position. Nous sommes dans un monde de positionnement. Nous essayons toujours de trouver là où nous appartenons, à quoi nous appartenons et à qui nous appartenons. Quelle est la chose opportune à posséder ? Quelle est la chose opportune à faire ? Quelle est la bonne personne à qui parler ? Quelle est la bonne personne avec qui être ? Tout cela correspond à la hiérarchie de positionnement que nous créons pour déterminer un point de vue fixe qui nous donne le confort et le réconfort d'avoir une réalité solide et sûre. Le confort et le réconfort font partie de l'univers de la certitude qui crée l'impression que tu as une place où tu peux être, au lieu d'être l'espace que tu es, dans lequel tu es toujours toi et tu n'aies jamais dans le besoin de changer.

Je parlais avec quelqu'un l'autre jour et il me disait : « Cette femme est vraiment étonnante. C'est comme si elle était une personne quand elle est avec les enfants, elle est une autre personne avec les parents, elle est une autre personne quand elle est en classe. Elle est une autre personne quand elle est avec moi et une autre quand elle est travaille avec les processus. »

Je lui ai répondu : « Ouais. Bienvenue dans ce monde. »

Il a demandé : « Que veux-tu dire ? »

J'ai dit : « Elle doit s'adapter continuellement parce que de son point de vue, être qui elle est ne suffit pas. »

Participante du Salon :

Tu as parlé de la stupidité de ramener les choses du passé. Est-ce relié à la zone de confort ?

Gary :

Oui, tu essaies toujours de retrouver la sensation de confort que tu as eue à un moment donné. Les gens demandent : « Qu'en est-il de mon passé ? Qu'en est-il de mon histoire ? » Ce sont les choses qui reviennent toujours dans les univers des gens. La validité de l'histoire. La bonne chose à faire. La nécessité de retrouver leur sens du soi. La nécessité de retrouver leur sens du moi.

> Quelle stupidité utilises-tu pour créer le confort et le réconfort que tu choisis ? Tout ceci, un dieulliard de fois, vas-tu le détruire et le décréer en totalité ? Right and Wrong, Good and Bad, POD and POC, All Nine, Shorts, Boys and Beyonds.

Participante du Salon :

Le confort et le réconfort sont-elles des énergies ? – ou juste des façons de penser ?

Gary :

Ce sont principalement des façons de penser parce qu'on nous a inculqué que la vie est supposée être confort et réconfort. Si tu poses la question : « Est-ce que cette personne peut me procurer le confort, la dimension nourrissante ou le réconfort que je désire ? », tu recevras un non. Elle ne peut pas fournir ce que tu désires. Elle ne peut fournir que ce qu'elle désire. C'est tout ce qu'elle peut voir.

Vous autres, vous dites : « Je veux être tenue dans les bras et ce sera tellement merveilleux. » Mais si tu tombes sur un homme qui comprend ce que c'est pour toi être serrée dans les bras, ce sera probablement un homme-vagin, un homme qui est si sensible qu'il pleure à chaque fois que vous faites l'amour. Tu vas dire : « C'est vraiment trop énervant. Je veux me sortir de là. »

« C'était vraiment bien, chéri »

Tu es la seule qui peut déterminer ce qui est réconfortant et rassurant pour toi. Tu es la seule. Personne d'autre ne peut le faire. Tu dois découvrir si la personne à qui tu demandes de te procurer quelque chose peut le faire de la façon dont tu le désires. Si elle ne le fait pas comme tu le désires, tu auras tendance à te mettre à juger le type. Et dès l'instant où tu te mets à juger, tu tues la relation.

Cependant, si elle te donne cinq minutes de ce que tu aimerais avoir et que tu dis : « C'était vraiment bien, chéri. Ça m'a fait tellement de bien. Merci. Je suis vraiment reconnaissante. », la prochaine fois, tu en auras peut-être six minutes. Et après ces six minutes, si tu dis : « C'était vraiment merveilleux, j'adore quand tu me tiens dans tes bras. », tu auras peut-être sept minutes la fois d'après.

Mais si tu te lances dans des « tu ne me tiens pas assez dans tes bras ! », à partir de là, tu en auras trois minutes. Tu dois apprendre à créer une situation qui encourage le mec plutôt que la plainte qui tue le mec. Si tu veux un étalon dans la chambre, mieux vaut ne pas être une chieuse à la cuisine.

Si tu commences à tanner ton mec, tu auras un castrat. Tu lui coupes les testicules à chaque fois que tu le tannes. Tanner, ce n'est pas ce qui aide les hommes à avoir une érection ! Si tu veux que ton homme ait une érection, tu vas devoir mettre ta langue dans ta poche !

Les hommes répriment leur sensibilité

Participante du Salon :

Les hommes ont-ils toujours été plus sensibles que les femmes ? Est-ce en fait le contraire de ce que l'on croit ?

Gary :

Oui. Les hommes ont toujours été plus sensibles parce qu'ils ont dû réprimer leur sensibilité dès le premier jour. Les femmes ont toujours été autorisées à exprimer la leur, en criant, hurlant, pleurant, tapant des pieds ou en faisant autre chose. Les hommes doivent toujours réfréner leur sensibilité. Cela ne les rend pas moins sensibles pour autant. Ils peuvent être blessés dans leurs sentiments, tout comme les femmes. La différence, c'est que la femme dira : « Tu m'as blessée. » L'homme, lui, restera silencieux et se repliera sur lui-même.

Participante du Salon :

Comment ça marche pour les femmes qui refoulent des trucs ?

Gary :

Elles finissent par devenir comme les hommes. Elles ont la sensibilité mais elles ne peuvent l'exprimer, elles ne peuvent vivre avec et elles ne peuvent rien faire avec. Elles ont alors tendance à se replier sur elles-mêmes. Si tu es quelqu'un de sensible et qui n'a pas été autorisée à être sensible, tu te replieras sur toi-même à chaque fois que tu en auras l'occasion parce que tu penses que c'est le moyen de te protéger toi ou de protéger les autres.

Tu dois avoir du laisser-être pour toi-même. Quel pourcentage de laisser-être t'accordes-tu ? Moins de dix pour cent ? Quel pourcentage de laisser-être accordes-tu aux autres ? Plus de cinquante pour cent ? Tu as plus de cinquante pour cent de laisser-être pour les autres et moins de dix pourcent pour toi. Ce n'est pas le meilleur choix que tu puisses faire ; pourtant, c'est notre base de fonctionnement à tous. Si nous ne nous accordons pas de laisser-être à nous-mêmes, comment pouvons-nous attendre des autres qu'ils nous en accordent ? Comment pouvons-nous espérer recevoir quoi que ce soit dans la vie, de la manière dont nous aimerions en fait le recevoir ?

Quelle stupidité utilises-tu pour créer les degrés de laisser-être que tu choisis ?

> Tout ceci, un dieulliard de fois, vas-tu le détruire et le décréer en totalité ? Right and Wrong, Good and Bad, POD and POC, All Nine, Shorts, Boys and Beyonds.

Partager est ce que tu fais avec les femmes parce que tu trouves cela réconfortant et rassurant de pouvoir parler des choses ouvertement. Les hommes ne sont ni réconfortés ni rassurés de parler des choses ouvertement. Cela les traumatise. J'adorerais vous dire qu'il y a des hommes quelque part qui peuvent parler de cela avec vous. Il n'y en a pas. Ce n'est pas comme cela qu'ils sont éduqués dès le début.

Participante du Salon :

Veux-tu dire que les hommes fonctionnent entièrement sur la base de l'encouragement et que tout commentaire qui ne ressemble pas à de la gratitude les font se replier sur eux-mêmes ?

Gary :

Oui, ils se replient sur eux-mêmes et s'en vont. C'est quelque chose qui est créé chez les hommes dès leur plus jeune âge. Quand j'étais enfant, on me disait : « Tu dois être fort, tu dois te tenir tranquille et tu ne dois pas pleurer. » Ne pas pleurer était considéré comme la chose la plus importante pour être un homme. Il s'agissait de ne pas montrer ses émotions et ne pas être impliqué émotionnellement dans quoique ce soit. Cela n'a pas tellement changé.

Les hommes sont bien plus subtils dans leur espace énergétique de vie que les femmes, parce que les femmes ont quelqu'un avec qui partager – une autre femme. Les femmes partagent leurs « sentiments ». Les femmes partagent ce qui se passe pour elles. Les femmes discutent des choses. Les hommes ne le font jamais. Ils ne disent pas des choses comme : « Ma femme m'a blessé dans mes sentiments la nuit dernière. » Ils ne mentionnent pas ces choses. Ils avalent la pilule. Ce qu'ils apprennent à faire dans la vie, en grande partie, c'est de se replier sur eux-mêmes. C'est ce qu'on leur apprend quand ils sont petits garçons.

Parfois, les femmes disent des choses comme : « Tu devrais dire à cet homme ce qu'il faut faire. » Cela ne va pas te donner ce que tu veux. Quand les gens te disent cela, sont-ils tes amis – ou tes ennemis ? C'est dur pour les femmes. Les hommes partent du principe que tout le monde est un ennemi potentiel jusqu'à preuve du contraire. Les femmes partent du principe que tout le monde est un ami jusqu'à preuve du contraire. Et même quand c'est le cas, elles ont du mal à y croire.

La plupart des hommes apprennent qu'ils ne peuvent pas avoir de sensibilité et que s'ils en ont, ils doivent se renfermer. Cependant, il y a des hommes qui ont appris qu'ils doivent être des mecs sensibles New Age. La plupart pleurent sur demande pour manipuler dans le but d'obtenir un certain résultat, tout comme les femmes le font. Les femmes ont appris que si tu pleures au bon moment, les hommes font ce qu'elles veulent. Alors c'est ce qu'elles font. Ce n'est ni une bonne chose ni une mauvaise chose. C'est juste comme cela que ça marche. J'aimerais que vous saisissiez la façon pragmatique dont les choses fonctionnent, au lieu de chercher la relation parfaite. Il n'y a pas de relation parfaite. Il y a des relations qui marchent et des relations qui ne marchent pas. Il y a des relations qui s'amélioreront et d'autres pas. Tu dois être prête à voir comment tu peux utiliser ces choses pour obtenir ce que tu veux.

Il ne s'agit pas d'être positive. Il s'agit d'être présente sans jugement. C'est de la manipulation. Qu'y a-t-il de mal à cela ? N'est-ce pas triste qu'on ne vous l'ait pas enseigné quand vous aviez douze ans ? Cela n'aurait-il pas rendu votre vie plus facile ?

La confrontation ne marche pas. Tout ce qu'elle fait, c'est forcer l'autre personne à se battre ou à se rendre. Quand les gens se rendent et deviennent serviteurs ou esclaves, ils vont t'en vouloir et tu perds ta relation et ta connexion. S'ils se battent, ils doivent se battre pour la justesse de leur point de vue, quel qu'il soit. Cela n'aboutit à rien dans la vie. Qu'est-ce que tu aimerais accomplir dans ta vie dans le domaine des relations ?

S'il te plaît, essaie ça. Ça marche.

La copluation sans jugement

Participante du Salon :

A quoi ressemble la copulation sans jugement ? Est-ce que nos corps savent eux-mêmes comment être dans le non-jugement ? Ou est-ce que la conscience de notre corps juge aussi nos partenaires ?

Gary :

Non. Ton corps ne juge pas. Toi, l'être, tu es celui qui détermine ce qui est le jeu sexuel approprié sur la base du jugement.

> Quelle stupidité utilises-tu pour créer le jeu sexuel choisis-tu ? Tout ceci, un dieulliard de fois, vas-tu le détruire et le décréer en totalité ? Right and Wrong, Good and Bad, POD and POC, All Nine, Shorts, Boys and Beyonds.

La plupart d'entre nous n'ont pas de relations sexuelles ludiques. Les femmes ont tendance à avoir une relation sexuelle pour créer une relation. Les hommes ont tendance à faire de la relation un moyen de créer le sexe. Mais personne ne vit le sexe comme un jeu. Si on le faisait pour le jeu et si on le recevait comme un truc joyeux et ludique, différentes possibilités pourraient s'ouvrir.

Y en a-t-il une parmi vous qui pense que le sexe, c'est une histoire d'amour, les pétales de rose et les bougies ? Le jeu sexuel peut être simplement s'amuser en se réjouissant du corps de l'autre. Il y a un grand plaisir à trouver l'endroit sur le corps de quelqu'un qui est si sensible qu'il devient de plus en plus pré-orgasmique chaque fois que tu le touches comme il le réclame, requiert et désire. Tu n'as probablement jamais essayé de mettre à jour la capacité de ton corps à parler à d'autres corps et à leur demander » :

- Corps, que voudrais-tu vivre ?
- Corps, que veux-tu que l'on te fasse pour créer la possibilité sexuelle orgasmique la plus jouissive que tu n'aies jamais eue ?

Quand je pose une telle question, tout d'un coup, une pensée se pose quelque part sur le corps de l'autre personne et c'est là que je commence à la caresser.

Est-ce que l'excitation sexuelle doit venir d'un point précis ? Ou est-ce que ce doit être un espace ? Quand cela vient d'un espace, tu commences à faire ce que le corps de l'autre désire sans avoir de jugement. Quand tu n'as pas de jugement, le point disparaît et l'espace commence. Malheureusement, cela ne marche pas comme cela avec beaucoup de gens. Ils ont de moins en moins d'opportunités. Ce que j'aimerais créer avec cette téléclasse, c'est plus d'opportunités et de possibilités pour toi et tous les gens avec lesquels tu entres en contact.

Quelle stupidité utilises-tu pour créer le jeu sexuel choisis-tu ? Tout ceci, un dieulliard de fois, vas-tu le détruire et le décréer en totalité ? Right and Wrong, Good and Bad, POD and POC, All Nine, Shorts, Boys and Beyonds.

« *Eh, tu veux coucher avec moi ?* »

Participante du Salon :

Parfois, je me prends en train de détourner mon regard quand un homme croise le mien. Peut-on changer cela ?

Gary :

Oui. Tu peux devenir un homo. Un homo va toujours regarder intensément un homme avec lequel il veut coucher. Il ne baissera jamais les yeux, ce qui signifie « eh, tu veux coucher avec moi ? ». Les hommes qui ne veulent pas de rapports homosexuels regardent un homme jusqu'à ce qu'ils comprennent qu'il veut coucher avec eux et là, ils baissent les yeux.

Quand tu ne baisses pas les yeux et que tu regardes un homme directement dans les yeux, son point de vue est que tu lui signifies que tu veux avoir une relation sexuelle.

> Quelle stupidité utilises-tu pour éviter de créer un futur au-delà de cette réalité choisis-tu ? Tout ceci, un dieulliard de fois, vas-tu le détruire et le décréer en totalité ? Right and Wrong, Good and Bad, POD and POC, All Nine, Shorts, Boys and Beyonds.

> Quelle énergie, espace et conscience peux-tu être toi et ton corps qui te permettraient d'avoir une relation encore plus géniale que n'importe quelle réalité ? Tout ce qui ne permet pas à cela d'arriver, un dieulliard de fois, vas-tu le détruire et le décréer en totalité ? Right and Wrong, Good and Bad, POD and POC, All Nine, Shorts, Boys and Beyonds.

> Quelle stupidité utilises-tu pour créer les hommes que tu choisis ? Tout ceci, un dieulliard de fois, vas-tu le détruire et le décréer en totalité ? Right and Wrong, Good and Bad, POD and POC, All Nine, Shorts, Boys and Beyonds.

Harcèlement sexuel
Participante du Salon :
Peux-tu parler de harcèlement sexuel et des hommes qui te sifflent dans la rue ?

Le harcèlement sexuel et les hommes qui te sifflent dans la rue sont une façon de t'intimider sexuellement. En tant que femme, tu peux intimider l'homme encore plus. Regarde-le avec pitié et dis : « Je suis désolée, ce truc merdique n'est pas assez gros » et va-t'en. Tu as passé ta vie entière à essayer d'éviter d'être une salope.

> Quelle stupidité j'utilise pour inventer le manque d'être une salope est-ce que je choisis ? Tout ceci, un dieulliard de fois, vas-tu le détruire et le décréer en totalité ? Right and Wrong, Good and Bad, POD and POC, All Nine, Shorts, Boys and Beyonds.

Est-ce seulement en Amérique que tu te sens mal d'être une femme ? Non, c'est partout dans le monde que les hommes te font plier du regard et s'attaquent à toi et te jugent. C'est comme ça partout sur cette planète. Tu dois être intimidante sexuellement et c'est ce que tu n'es pas prête à être.

> Quelle actualisation physique d'être la salope de possibilités physiquement intimidante suis-je maintenant capable de générer, créer et instituer ? Tout ceci, un dieulliard de fois, vas-tu le détruire et le décréer en totalité ? Right and Wrong, Good and Bad, POD and POC, All Nine, Shorts, Boys and Beyonds.

Si tu as de gros seins, tu es davantage une cible sexuelle. Mais c'est pareil, que tu aies des gros seins ou des petits seins, les hommes sont des idiots. Ils essaient toujours de prouver qu'ils ont un désir de sexe – et quatre-vingt-dix pour cent n'en ont pas. Ils en ont peur. Regarde-les et dis : « Si tu ne débarques pas, mon point de vue, c'est que tu as une toute petite bite. »

Tout ce que tu dois faire, c'est d'être prête à être encore plus intimidante qu'ils ne sont prêts à l'être et ils arrêteront de te harceler.

Etre pragmatique à propos des choix que tu as

Participante du Salon :

J'ai une question à propos d'un ex-amant. Il fait des trucs pour créer une relation avec mon fils et moi. A la fin de la journée, il ne veut pas faire l'amour. Il veut juste rentrer à la maison. Pourtant, je sais qu'il veut des rapports sexuels. J'aimerais faire l'amour sans y accorder trop d'importance.

Gary :

Ce type essaie de créer une relation et une famille, pas une relation sexuelle.

Participante du Salon :

Exactement. Je ne comprends pas ça.

Gary :

Il est une femme. Il veut une relation.

Participante du Salon :

Je sais. C'est bizarre. Il ne veut pas de rapports sexuels. Qu'est-ce qui se passe ?

Gary :

Il essaie de créer une conjoncture familiale. Le sexe n'est pas inclus dans son image de la famille et des relations. C'est à partir de là qu'il fonctionne. C'est ça le truc avec les choix pragmatiques que tu as. Chaque personne a son propre point de vue. Si tu es pragmatique dans les choix que tu as, tu peux demander : « Est-ce vraiment là que je veux aller ? »

Participante du Salon :

Alors, je ne devrais pas essayer de le faire sortir de ce mode de fonctionnement parce que c'est son choix et c'est ce qu'il veut ? Dois-je simplement être en laisser-être par rapport à ça ?

Gary :

Tu peux être en laisser-être et te rendre compte qu'il n'est pas l'homme que tu veux.

Participante du Salon :

J'ai d'autres hommes avec lesquels je couche parce que ça ne marche pas avec celui-là.

Gary :

C'est une super justification, « parce que ça ne marche pas avec celui-là ».

Participante du Salon :

Je lui ai fait clairement comprendre que je voulais coucher avec lui. Lui ne veut pas.

Gary :

Ton fils a-t-il besoin de lui ?

Participante du Salon :

Oui, mon fils a besoin de lui. Ils sont super proches et je ne veux pas couper cela. Mais je ne peux pas éteindre mes désirs sexuels. On passe toute la journée ensemble, il paye le dîner, il paye le déjeuner, il paie pour tout et après, il veut juste rentrer chez lui. C'est bizarre.

Gary :

C'est là que tu appelles ton jeune amant en disant : « Eh, tu veux venir ? Je suis excitée et je m'ennuie. »

Participante du Salon :

C'est ce que je fais.

Gary :

Qu'y a-t-il de mal à ça ? Pourquoi tu en fais un problème ? Tu peux avoir tout ce que tu veux. Ça s'appelle un choix pragmatique.

Participante du Salon :

Je sens qu'il a envie de coucher avec moi. Il a juste peur de passer à ça.

Gary :

Eh bien, tu pourrais lui demander : « Alors, quel genre d'engagement devrais-je montrer vis-à-vis de toi pour que tu puisses coucher avec moi ? »

Participante du Salon :

C'est une façon bizarre de s'y prendre.

Gary :

Si tu veux coucher avec ce gars, c'est ce que tu vas devoir choisir. C'est la solution pragmatique. Tu dois trouver ce que l'autre personne veut. Ce que tu veux, c'est parfait et super et merveilleux, et ça n'a aucun sens pour l'autre personne. Je ne mâche pas mes mots, désolé.

L'autre personne a une idée de ce qu'elle veut. Si tu fournis ne serait-ce qu'une partie de cela, il dira : « Bien. J'obtiens ce que je veux. » Il ne voit même pas ce que tu veux. Il ne peut pas. Il ne peut pas lire dans tes pensées. Il ne peut pas être conscient de ce que tu es, et ce, même si toutes les femmes que tu as connues t'ont toujours dit que les hommes sont supposés être capables de lire dans tes pensées. Ils n'en sont pas capables. On leur a enseigné que s'ils le faisaient, ils auraient tortet que s'ils ne le faisaient pas, ils auraient tort. Alors cela n'a fait que les embrouiller.

Arranger les choses avec un ex

Participante du Salon :

J'aimerais encore arranger les choses avec mon ex-mari.

Gary :

Tu ne pouvais pas les arranger quand tu étais avec lui. Pourquoi les arranger maintenant que tu n'es plus avec lui ? Il y a une différence entre arranger et être consciente que tu as de l'affection pour quelqu'un. J'ai de l'affection pour mes ex-femmes. Je sais que je ne peux pas arranger les choses avec elles. Je sais que je ne peux pas améliorer leur vie. Je sais que je ne pourrais jamais plus avoir de relation avec elles. Donc, je n'essaie pas. Pourquoi ? Parce que ce n'est pas possible d'accomplir ça pragmatiquement.

> Quelle stupidité utilises-tu pour créer le vouloir réparer les hommes choisis-tu ? Tout ceci, un dieulliard de fois, vas-tu le détruire et le décréer en totalité ? Right and Wrong, Good and Bad, POD and POC, All Nine, Shorts, Boys and Beyonds.

C'est un défaut courant chez les femelles de l'espèce – l'idée qu'elles peuvent réparer un homme et ensuite, tout ira bien. Tu ne choisis pas un homme pour sa capacité à être réparé. Tu le choisis pour ce qu'il peut réparer pour toi. C'est le job qu'on lui a donné toute sa vie. « Maman t'aimera si tu peux réparer ça pour moi. » C'est comme ça qu'il a été embarqué dans cette réalité.

Ne cherche pas comment tu peux prendre un homme et le réparer. Et trouve un homme qui peut réparer les choses pour toi – et non te réparer toi. Il n'y a rien de cassé en toi. Malheureusement, je vois des femmes qui préfèrent ne pas choisir les hommes qui savent bricoler. Elles choisissent toujours un homme qui veut les réparer elles et après, elles s'énervent après eux. Si tu choisis un mâle humanoïde et que tu décides qu'il a besoin d'être réparé, il va tout faire pour te prouver qu'il n'en a pas besoin. Et tu vas tout faire pour te prouver à toi-même qu'il en a besoin.

> Quelle stupidité utilises-tu pour créer l'homme réparable choisis-tu ? Tout ceci, un dieulliard de fois, vas-tu le détruire et le décréer en totalité ? Right and Wrong, Good and Bad, POD and POC, All Nine, Shorts, Boys and Beyonds.

Laisser-être

Participante du Salon :

Dans ma relation de couple actuelle, je n'entends aucun « merci » ni ne ressens d'appréciation de la part de mon partenaire pour les petites choses que je fais pour lui, comme acheter des petits cadeaux ou accomplir les tâches quotidiennes qui font que notre vie domestique est plus fluide. Cela commence à m'agacer. Est-ce parce que je ne suis pas dans un état de laisser-être ?

Gary :

L'état de laisser-être. Je crois que c'est celui à côté de l'Arkansas, n'est-ce pas ?

Participante du Salon :

Comment puis-je être moins agacée par cela ?

Gary :

En reconnaissant ce que le laisser-être est vraiment.

> Quelle stupidité utilises-tu pour créer les degrés de laisser-être choisis-tu ? Tout ceci, un dieulliard de fois, vas-tu le détruire et le décréer en totalité ? Right and Wrong, Good and Bad, POD and POC, All Nine, Shorts, Boys and Beyonds.

Participante du Salon :

Dans une relation, comment savoir si je divorce de parties de moi-même ou si je suis en résistance contre ce qu'un homme dit ou ce qu'il demande de moi ?

Gary :

Quand tu es en mode résistance/réaction ou alignement/accord, tu divorces de toi-même parce que tu n'es plus dans la question. Tu abandonnes ta perception consciente en faveur de la conclusion. Tu dois te demander :

- Est-ce que je veux vraiment faire ça ?
- Est-ce amusant ?
- Est-ce cela que je voudrais avoir ?
- Qu'est-ce qui créerait vraiment le meilleur effet et le plus d'amusement dans ma vie ?
- Qu'est-ce que j'aimerais plus que tout dans la vie ?

Ce sont les destinations où tu veux aller.

« Le mariage me fait peur »

Participante du Salon :

J'ai remarqué un schéma récurrent. Je suis en couple avec un homme pendant un an et demi et puis, je le quitte.

Gary :

C'est une relation de longue durée.

Participante du Salon :

Quelle question puis-je poser pour arrêter ce schéma ? Je n'aime pas l'engagement – et le mariage me fait peur.

Gary :

Cela te fait peur ? Ça devrait t'effrayer à mort ! Tu n'es pas la seule.

> Quelle stupidité utilises-tu pour créer le mariage et les vœux sacrés choisis-tu ? Tout ceci, un dieulliard de fois, vas-tu le détruire et le décréer en totalité ? Right and Wrong, Good and Bad, POD and POC, All Nine, Shorts, Boys and Beyonds.

Participante du Salon :

J'ai une question concernant la loi des 1-2-3 : quand tu dis qu'après la troisième fois où tu couches avec quelqu'un, tu es marié. De quel genre de mariage parles-tu ?

Gary :

La première fois que tu couches avec quelqu'un, après, tu as tendance à dire : « C'était fun. À plus tard. » Après la deuxième fois, tu dis : « Si on le refaisait. » La troisième fois, tu te considères comme mariée. Le mariage, c'est là où tu as pris un engagement. Tu penses que si tu couches avec un homme trois fois, tu as pris un engagement.

Tu ne sais même pas ce à quoi tu t'es engagée parce que tu ne lui demande pas : « Qu'est-ce que tu attends de moi, exactement ? A quoi voudrais-tu que cette relation ressemble, exactement ? Qu'aimerais-tu avoir ensuite ? »

Participante du Salon :

Cet engagement pourrait-il ressembler à quoi que ce soit si tu poses les questions ?

Gary :

Demande-lui : « Qu'est-ce que tu veux ensuite ? » Et tu peux te demander à toi-même : « Est-ce qu'il attend quelque chose de moi ? »

Tu n'attends rien de lui parce que tu ne recherches pas une relation de couple standard. Tu veux être une reine de la baise. Tu as déjà eu les 2 enfants et demi. Tu ne veux pas recommencer. Mais cela ne veut pas dire que l'homme n'a pas ce type d'attente. Il y a beaucoup d'hommes qui espèrent trouver la bonne personne qui fournira le matériel génétique pour la famille qu'ils sont supposés avoir. C'est dingue.

Relation avec un homme bipolaire

Participante du Salon :

Je suis en couple avec un homme très gentil qui est bipolaire et qui prend des médicaments. Je crois qu'il est humanoïde parce qu'il semble avoir pas mal d'intuition.

Gary :

Ce n'est pas l'intuition qui caractérise les humanoïdes. Il y a beaucoup d'humains qui sont intuitifs. Il y a beaucoup d'humains qui sont des voyants. Il y a beaucoup d'humains qui sont médiums. Ils font du tarot, de l'astrologie et toutes formes de métaphysique. Mais, ils le font pour prouver quelque chose.

Participante du Salon :

J'ai du mal à me sentir proche de lui.

Gary :

Tu ne peux pas te sentir proche de quelqu'un qui est bipolaire parce que quand il se sent proche d'une autre personne, il se sent menacé et cela déclenche un épisode bipolaire, qui crée une séparation entre eux et leur partenaire. Cela t'empêche complètement de te rapprocher d'eux. C'est, en fait, la conséquence de la façon dont ils voient le monde et ce qu'ils aimeraient qu'il soit.

Participante du Salon :

J'ai du mal à saisir d'où il vient. Dans mes relations précédentes, j'étais davantage capable de voir d'où mon partenaire venait.

Gary :

Arriver à une conclusion sur d'où vient une personne et être présente avec lui là où il est sont deux univers différents.

Participante du Salon :

Je veux me connecter à lui. Je veux une relation qui fonctionne. Que dois-je faire ?

Gary :

Ce n'est pas possible avec une personne qui est bipolaire. Les gens qui sont bipolaires créent un monde positif fondé exclusivement sur la polarité positive. Puis, ils créent un monde négatif fondé exclusivement sur la polarité négative. Ils tentent d'éviter l'un et choisissent l'autre, sans pouvoir y arriver. Est-ce vraiment nécessaire pour toi d'être si proche – ou peux-tu profiter de parties de lui qui te plaisent ? Tu peux juste profiter de l'homme avec qui tu es.

C'est difficile pour les individus qui sont bipolaires ou qui ont le syndrome d'Asperger ou sont autistes de se sentir à l'aise avec les autres et de se sentir proches d'eux. Ils créent une séparation parce que c'est le seul moyen pour eux de maintenir l'espace dans lequel ils sont sans se soucier de le voir anéanti par les besoins, requêtes et désirs des autres. C'est comme cela qu'ils fonctionnent, c'est tout.

Etre un parent

Participante du Salon :

Je comprends qu'être un parent fait partie de ce truc de sécurité où je cherche la sécurité que j'aimerais avoir à l'extérieur de moi.

Gary :

Quand tu deviens parent, tu es engagé envers tes enfants toute leur vie. Ils ne sont pas engagés envers toi. Et ne le seront jamais, si tu as de la chance. Ils veulent que tu sois engagée envers eux parce que c'est ton travail. C'est aussi une histoire de confort et de réconfort.

> Quelle stupidité utilises-tu pour créer la sécurité que tu choisis ? Tout ceci, un dieulliard de fois, vas-tu le détruire et le décréer en totalité ? Right and Wrong, Good and Bad, POD and POC, All Nine, Shorts, Boys and Beyonds.

Participante du Salon :

J'ai un enfant qui a des besoins spécifiques. On m'a dit que certains types de choses pourraient l'aider. Dois-je me lancer là-dedans plutôt que d'essayer simplement d'être l'énergie de ce dont il a besoin ?

Gary :

Tu dois être prête à faire tout ce qu'il faut pour ton enfant. C'est ton boulot. Une fois que tu deviens parent, tu as décidé d'abandonner ta vie temporairement pour la leur. Afin de protéger sa vie, tu dois abandonner une partie de la tienne. C'est la chose pragmatique. Quels choix as-tu ici ? As-tu vraiment le choix de ne pas t'occuper de ton enfant ? Non. Tu as fait un choix. Tu as eu un enfant. Maintenant, c'est :

- Comment cela peut-il être amusant ?
- Comment est-ce que je crée ma vie en même temps que je m'occupe de lui ?

Une fois que tu as des enfants, tu as pris un engagement. Tu dois être prête à faire ce travail et le faire avec plaisir, non pas parce que tu le dois, mais parce que c'est ce que tu as choisi. Le problème, c'est que la plupart des femmes vont jusqu'au point où elles deviennent cela et elles perdent leur vie.

Quelle stupidité utilises-tu pour créer la vie de maternité choisis-tu ? Tout ceci, un dieulliard de fois, vas-tu le détruire et le décréer en totalité ? Right and Wrong, Good and Bad, POD and POC, All Nine, Shorts, Boys and Beyonds.

Et quand tu choisis de ne pas être mère, tu te juges de ne pas l'avoir choisi. Tu es foutue si tu le fais et foutue si tu ne le fais pas.

Participante du Salon :

Est-ce que le travail de s'occuper des enfants est différent pour les hommes et les femmes ?

Gary :

Les hommes ont appris que leur boulot, c'est d'aller gagner de l'argent et de payer pour les enfants. Les femmes ont appris que leur boulot, c'est d'élever les enfants, prendre soin d'eux, changer leurs couches et faire tout le travail.

As-tu déjà vraiment voulu faire cela ? Non. En tant que femme humanoïde, tu préférerais aller conquérir le monde. Tu as fini par être le gagne-pain et par apprendre à tes enfants à être indépendants.

Participante du Salon :

Leur père refuse de s'occuper d'eux ou d'être le gagne-pain.

Gary :

Il ne le fera jamais. Tu l'as choisi justement parce qu'il allait partir. Et tes enfants t'ont choisie toi et lui parce qu'il allait partir. Les filles voulaient savoir qu'elles n'avaient pas besoin d'avoir un homme si elles n'en voulaient pas. Et elles ont découvert comment s'occuper d'elles-mêmes indépendamment du fait que tu sois avec un homme ou pas. Tu leur as enseigné cela.

Qu'y a-t-il de mal à donner à ta mère ce qu'elle désire ?

Participante du Salon :

Que se passe-t-il quand tu as un parent qui réclame que tu la chouchoutes et qui te rend dingue si tu ne le fais pas ?

Gary :

Qu'y a-t-il de mal à le lui donner ? Comment ce serait si tu le lui donnais ? De quoi a-t-elle besoin de ta part ? Y a-t-il de quoi en faire toute une histoire ? Tu dois être dans la question : « Maman, que puis-je faire pour toi qui te permettrait de savoir à quel point tu es importante pour moi ? » Quatre-vingt-dix pour cent des fois quand un parent dit avoir besoin de soins et d'attention, ce qu'ils veulent, c'est que tu leur dises que tu les aimes. Les parents aiment savoir qu'ils sont aimés.

Participante du Salon :

On dirait qu'elle veut que je me batte avec elle.

Gary :

Certaines personnes trouvent cela réconfortant. Mais si tu te bats avec elle, bats-toi sans aucun point de vue, comme cela, tu ne partiras pas contrariée. Tu te diras : « Waouh, c'était marrant. » Ma sœur aime se battre. Donc, quand je veux lui faire savoir qu'elle est importante pour moi et que je l'aime, je l'appelle et je dis : « Ces foutus adeptes des sachets de thé ! » Ma sœur les déteste. Donc, je la remonte pendant vingt ou trente minutes et elle dit : « Mince, c'était vraiment marrant de discuter avec toi. »

Je lui dis : « Cool ! Merci sœurette ! » Je me fous complètement d'elle, mais je trouve ça marrant de les appeler les adeptes des sachets de thé (tea-baggers) parce qu'elle ne sait pas ce que « tea-bagging » veut dire. Pour vous, Mesdames, qui ne savez pas non plus ce que « tea-bagging » veut dire, c'est le fait de mettre les testicules de l'homme dans votre bouche et les sucer légèrement et avec douceur.

Participante du Salon :

Quelles sont les caractéristiques de base, communes que nous, les femmes humanoïdes, cherchons dans une relation ?

L'attitude de gratitude

Participante du Salon :

J'ai une immense gratitude pour la nature et les animaux ; cependant, j'ai du mal à être reconnaissante envers les gens qui se soucient le plus de moi, y compris ma famille et mon petit ami. Qu'y a-t-il de si différent entre avoir de la reconnaissance dans le cadre d'une relation avec des personnes ou avec la nature et les animaux ? Est-ce lié au fait que la nature et les animaux ne jugent pas ? Qu'est-ce qui est possible pour avoir plus de gratitude pour ma propre espèce humaine ?

Gary :

Ne t'inquiète pas. C'est O.K. de ne pas être reconnaissante envers eux. Tu peux vouloir une relation avec beaucoup de gens. Cela ne veut pas dire que cela marchera. Cela ne veut pas dire que ce sera facile. Cela ne veut pas dire que ce sera ce que tu désires vraiment. Cela veut juste dire que tu veux une relation. Si tu ne rentres pas dans le jugement, tu n'auras aucun problème.

Participante du Salon :

J'ai grandi en entendant constamment ma mère dire que je devrais être reconnaissante pour tout. Je devais être reconnaissante pour les petits pois dans mon assiette même si je les détestais. On m'a toujours dit que je devais avoir une attitude de gratitude. Ce n'est pas que je ne suis pas reconnaissante, mais comment puis-je augmenter ma capacité de gratitude ?

Gary :

Ta mère t'a forcée à une attitude de gratitude plutôt qu'à la joie des possibilités de la gratitude. Elle ne t'a pas éduquée. Elle te l'a imposée. « Tu seras reconnaissante. Mange ces foutus petits pois et sois reconnaissante pour eux. » Cela crée un espace pour toi où la résistance est ton unique choix. Malheureusement, elle te disait: « Fais ce que je te dis. » Elle y mettait sa touche personnelle : « Tu devrais être reconnaissante », qui est un jugement sous-jacent que tu n'es pas reconnaissante, au lieu de voir ce que tu étais vraiment, à savoir une gamine qui n'aimait pas les petits pois.

Ta mère a appris de sa mère comment accabler ses enfants. N'est-ce pas cool ? Ta mère ne parlait pas vraiment de gratitude. Elle parlait de : « Tu devrais apprécier le fait que je t'aie donné cela. » Cela n'a rien à voir avec la gratitude. Tu as mal appliqué et mal identifié la gratitude et tu l'as prise pour de l'obligation. Cela rendra les choses plus simples si tu reconnais ce qu'est la gratitude et ce qu'est l'obligation.

Bon, Mesdames. C'est tout jusqu'à la prochaine fois. Ce que j'aimerais que vous compreniez, c'est que vous devez vous sentir à l'aise avec un homme. Vous devez avoir un choix pragmatique. Vous devez vous demander : « Quel est le choix pragmatique que j'ai ici qui créerait davantage de bien-être, plus expansif et plus joyeux dans ma vie ? » Votre vie - pas la leur ! Beaucoup de femmes apprennent qu'elles doivent faire pour l'homme, faire pour l'homme, faire pour l'homme et être heureuses. La plupart des hommes que je connais ont appris qu'ils sont supposés faire pour la femme, faire pour la femme et être heureux. A part que personne n'est jamais heureux. Pourquoi ? Parce que tout le monde fait et personne ne prend plaisir. Personne ne reçoit vraiment les actions que l'autre personne fait. Vous devez considérer le choix pragmatique que vous avez à chaque instant. Si vous commencez à considérer le choix pragmatique, une possibilité différente peut surgir.

Merci à vous toutes. S'il vous plaît, utilisez les outils. J'aimerais que vous ayez une plus grande liberté dans ce domaine, pour que vous puissiez créer et générer des relations et du sexe d'une façon qui marche pour vous. Vous êtes toutes des femmes tellement puissantes et incroyables. Vous ne devriez pas avoir de problèmes dans ce domaine ou aucun autre, mais vous vous créez vous-mêmes comme si vous étiez des minus afin d'avoir des problèmes. Je vais faire de mon mieux pour vous amener là où vous n'avez pas de problèmes à surmonter et où, à la place, vous créez une possibilité en tant que nouveau choix, ce qui crée une nouvelle possibilité, un nouveau choix, une nouvelle question et une nouvelle contribution que vous pouvez être ou recevoir. C'est là où nous nous dirigeons.

6
Tu es une créatrice du futur

Si tu ne reconnais pas que tu es une créatrice du futur, si tu ne reconnais pas que tu prédis le futur et que tu peux le modifier et le changer, tu ne seras jamais tout ce que tu es.

Gary :

Bonjour, Mesdames. Y a-t-il des questions ?

Les femmes sont la source pour créer une réalité différente

Participante du Salon :

Peux-tu parler du viol, de la guerre, du commerce sexuel et de l'abus sexuel sur les enfants ? J'entends parler de femmes enlevées et agressées sexuellement. Qu'est-ce qu'on peut faire ? Est-ce qu'on peut changer cela ? Comment le changer ?

Gary :

En tant que femme, tu as créé la possibilité d'être la source pour créer une réalité différente pour les hommes. C'est pour cela que tu es devenue une femme et pas un homme.

C'est le truc que vous, les femmes, vous ne comprenez pas à votre sujet. Vous voyez comment les hommes vous forcent à faire des trucs, vous voyez les viols, à quel point c'est terrible et que cela ne devrait pas se produire. Mais pour que n'importe laquelle de ces choses se produise, il y a quelque part une conscience qui a été débranchée. La réalité, c'est que toi en tant que femme, tu as la capacité de changer l'humanité entière. C'est ce que tu es venue faire et c'est ce que tu ne fais pas.

> Quelle stupidité utilises-tu pour éviter la conscience d'être le catalyseur pour changer toute l'humanité choisis-tu ? Tout ceci, un dieulliard de fois, vas-tu le détruire et le décréer en totalité ? Right and Wrong, Good and Bad, POD and POC, All Nine, Shorts, Boys and Beyonds.

Les hommes sont là pour maintenir le statu quo

Participante du Salon :

Dirais-tu cela aussi des hommes ?

Gary :

Les hommes sont venus pour maintenir le statu quo. Ils ne le réalisent pas. Le statuquo, c'est que les hommes vont à la guerre et meurent et les femmes créent le futur. La difficulté, c'est que les femmes ne sont pas en train de créer le futur, ce qui est pourtant ce qu'elles sont venues faire.

> Quelle actualisation physique d'être le créateur d'une réalité totalement différente, d'un futur au-delà de cette réalité es-tu maintenant capable de générer, créer et instituer ? Tout ce qui ne permet pas à cela de se produire, un dieulliard de fois, vas-tu le détruire et le décréer en totalité ? Right and Wrong, Good and Bad, POD and POC, All Nine, Shorts, Boys and Beyonds.

La meilleure façon pour moi de le décrire est ceci : il y a des gens qui sont des guérisseurs et qui ne le reconnaissent pas. Ils ne s'autorisent pas à exprimer leurs compétences et leurs capacités. Ils continuent à essayer de fonctionner comme s'ils n'étaient pas vraiment des guérisseurs. Ils verrouillent des choses dans leurs corps et ils le blessent avec. C'est la même chose avec vous en tant que créatrices du futur. Si tu ne reconnais pas que tu es une créatrice du futur, si tu ne reconnais pas que tu prédis le futur et que tu peux le modifier et le changer, tu ne seras jamais tout ce que tu es.

Tout ce qui ne te permet pas de percevoir, savoir, être et recevoir tout ce que tu es vraiment, vas-tu le détruire et le décréer en totalité ? Right and Wrong, Good and Bad, POD and POC, All Nine, Shorts, Boys and Beyonds.

Participante du Salon :

Est-ce sous-jacent à la bataille des sexes ?

Gary :

C'est ce qui nous a été imposé pour créer la séparation entre nous et les être infinis que nous sommes. Faire des hommes les fournisseurs du statu quo, et des femmes les créatrices du futur, et leur dire que la seule façon de créer le futur est d'avoir des enfants – et non pas qu'elles ont la capacité de créer le futur. Ainsi, elles continuent à croire qu'avoir des enfants est la façon de créer le futur, alors que ça ne l'est pas.

Participante du Salon :

Si les hommes maintiennent le statu quo et qu'il y a tant d'hommes qui sont des « leaders », est-ce un moyen de faire en sorte qu'ils ne regardent pas le futur ? Tout est à l'envers.

Gary :

Toute cette réalité est à l'envers. Les hommes sont les leaders. Mais comment cela fonctionne-t-il ? Pas du tout. Avec les hommes comme leaders, notre système politique tourne autour de « nous devons faire que les choses changent, sans changer. Nous devons faire que les choses s'améliorent sans les changer ou en changeant aussi peu que possible. Nous devons faire que les choses s'améliorent mais nous allons le faire de la façon dont nous l'avons toujours fait. Nous ne le ferons pas de façon complètement différente. »

Si vous, les femmes, ne reconnaissez pas le fait que vous avez la capacité de créer un futur qui n'a jamais existé sur la planète, vous n'incarnez pas la force que vous êtes. Les femmes humanoïdes veulent aller se battre et conquérir le monde. C'est ce que vous voulez faire – parce que vous savez qu'il y a un futur possible qui n'a pas encore existé sur cette planète.

> Tout ce que tu as fait pour nier, ne pas savoir, ne pas voir, ne pas être, ne pas percevoir, ne pas recevoir tout ce que tu es capable de changer et comment tu es capable de le changer et de créer une réalité différente sur cette planète, vas-tu le détruire et le décréer en totalité ? Right and Wrong, Good and Bad, POD and POC, All Nine, Shorts, Boys and Beyonds.

Si tu étais prête à être 990 % de qui tu es, tu serais prête à voir comment tu peux changer les choses. Tu serais prête à voir comment tu peux créer une possibilité différente. Apparemment, je suis une femme dans un corps d'homme parce que je suis toujours prêt à voir comment les choses peuvent être changées et comment le futur peut être différent.

Je suis prêt à voir une possibilité différente de tout ce qui a été perçu, connu, été ou reçu jusque là. C'est impératif de réaliser que la raison pour laquelle tu es venue sur la planète Terre est créer une réalité qui n'a jamais existé auparavant.

La façon de créer la version humaine du percevoir, savoir, être et recevoir est de faire des trucs mesquins, genre coups de poignard dans le dos. Si vous étiez dans un esprit de compétition pour créer une réalité qui n'a jamais existé avant et que vous étiez davantage enclines à concourir pour créer quelque chose d'encore plus grand que ce qui existe en ce moment, cela changerait-il ce qui se passe dans vos vies ? Cela changerait-il la façon dont vous fonctionnez les unes avec les autres ? Cela changerait-il ce que vous essayez de créer et de générer ?

Un futur dans lequel nous ne nous sommes pas encore aventurés

Participante du Salon :

Est-ce que tu parles là d'un futur dans lequel les gens sont conscients qu'ils peuvent se guérir ?

Gary :

Je ne sais pas de quel futur je parle. Je sais simplement qu'il y a un futur qui nous attend et dans lequel nous ne nous sommes pas encore aventurés.

> Quelle capacité générative pour la solidification instantanée des élémentaux par requête d'accomplissement des intrications quantiques sous forme de percevoir, savoir, être et recevoir un futur qui créera un futur au-delà du futur qui est maintenant créé, êtes-vous maintenant capables de générer, créer et instituer ? Tout ceci, un dieulliard de fois, allez-vous le détruire et le décréer en totalité ? Right and Wrong, Good and Bad, POD and POC, All Nine, Shorts, Boys and Beyonds.

Vous n'êtes pas prêtes à créer le futur. Vous ne voulez pas être responsables de ce que le futur crée. Si vous étiez responsables de ce qui se crée dans le futur, vous auriez à être responsables si la moitié des gens sur la planète meurent à cause du futur que vous avez créé. Cela serait-il facile ou difficile pour vous ? Que n'êtes-vous pas prêtes à faire et à être ? Quasiment tout cela se passe parce que vous n'êtes pas prêtes à faire ou à être quelque chose.

> Que n'êtes-vous pas prête à être et à faire qui, si vous étiez prêtes à l'être et à le faire, créerait un futur que l'humanité ne pourrait jamais refuser ? Tout ceci, un dieulliard de fois, allez-vous le détruire et le décréer en totalité ? Right and Wrong, Good and Bad, POD and POC, All Nine, Shorts, Boys and Beyonds.

Un futur qui n'a jamais été n'est pas définissable. La création dans cette réalité, c'est créer ce que tout le monde connaît - a déjà, devrait avoir ou espère avoir. Je ne parle pas de cela. Je vous demande : « Que voulez-vous créer ? »

Participante du Salon :

Et si je n'avais pas de définition du futur ? Je sais qu'il y a une légèreté et de l'espace. C'est quelque part là-bas mais je n'ai pas de définition pour cela. Ce n'est pas « je veux créer cent millions de dollars. »

Gary :

Créer cent millions de dollars est une définition du futur basée sur cette réalité. Et si le futur que tu pourrais créer pouvait t'apporter dix milliards de dollars ? Pourrais-tu définir cela ? Tu continues d'essayer de définir ce qu'est créer le futur au lieu d'être consciente que la création du futur est la création d'une réalité indéfinie basée sur les possibilités – et non la conclusion. Une réalité indéfinie est de réaliser : « Ce que je voudrais, c'est quelque chose de différent. Ce que je peux créer, c'est quelque chose de différent. Je n'ai aucune idée de ce que c'est. Si je n'ai aucune idée de ce que je peux créer, que puis-je créer ? »

Participante du Salon :

Ce qu'est le futur, est-il important ? Si tout le monde est conscient de ce qu'il choisit et peut alors le choisir ou pas – n'est-ce pas mieux ? Tous ces problèmes ne sont pas nécessaires.

Gary :

Oui, mais tu préfères régler les problèmes parce que tu préfères avoir un problème à résoudre ou quelque chose de concret à faire plutôt que de vivre à partir d'un futur qui n'a pas de solidité.

« Je m'ennuie tellement »

Participante du Salon :

Je m'ennuie tellement à faire MTVSS. Peux-tu m'aider avec cela ?

Gary :

Tu n'as pas revendiqué que tu peux créer un futur qui n'a pas encore existé. Quand tu ne revendiques pas cela, tu t'ennuies de ce que tu n'es pas disposée à être et à faire.

> Quelle stupidité utilises-tu pour créer l'ennui et la diminution de toi choisis-tu ? Tout ceci, un dieulliard de fois, vas-tu le détruire et le décréer en totalité ? Right and Wrong, Good and Bad, POD and POC, All Nine, Shorts, Boys and Beyonds.

Les choses que nous faisons dans Access Consciousness ne sont pas faites pour vous donner une réponse. Elles servent à ouvrir la porte pour ce dont vous êtes capables et que vous n'avez pas encore reconnu, perçu, su ou été. Access vise à vous donner la possibilité de créer et de choisir cela.

Clarifie ce dont tu es capable. Tu continues à prétendre que tu es quelque part entravée par cette réalité, arrêtée par cette réalité, contrôlée par cette réalité et limitée par ce que les autres personnes ne veulent pas choisir.

En tant que femme, tu peux choisir ce que les autres personnes ne peuvent pas choisir. Combien d'entre vous passent leur vie à créer comme s'il n'y avait pas de futur ? Pourtant, vous êtes la source du futur et vous donnez aux hommes la source du futur. C'est pour cela qu'il y a tant de femmes qui travaillent pour moi.

> Quelle stupidité utilises-tu pour créer le non-futur que tu choisis ? Tout ceci, un dieulliard de fois, vas-tu le détruire et le décréer en totalité ? Right and Wrong, Good and Bad, POD and POC, All Nine, Shorts, Boys and Beyonds.

Si tu devais reconnaître le fait que tu es une créatrice du futur, voudrais-tu reconnaître cela – ou est-ce que tu vas essayer de trouver une raison pour laquelle il n'y a pas de futur pour ne pas avoir à créer ?

Je ne te demande pas de créer un futur basé sur le passé. Je te demande de créer un futur qui n'a encore jamais existé ici. Est-ce que tu remarques que, quand je demande ça, il y a une légèreté dans ton univers que tu ne peux pas définir ? C'est parce que tout ce domaine de ce qui est définissable n'est pas définissable.

> Toutes celles parmi vous qui essayent de ne pas créer pour ne pas avoir à créer un futur et être responsables du futur qui est créé parce que vous pensez que le passé est trop nul, allez-vous le détruire et le décréer en totalité ? Right and Wrong, Good and Bad, POD and POC, All Nine, Shorts, Boys and Beyonds.

Participante du Salon :

Tu as parlé de créer un futur qui n'a jamais encore existé de même qu'un futur au-delà de cette réalité. Y a-t-il une différence entre les deux ?

Gary :

Non, pas vraiment. Si vous créez un futur au-delà de cette réalité, ce doit être quelque chose qui n'a jamais existé ici. Les seuls futurs qui ont été créés ici sont la prévisibilité du futur basé sur le passé – les structures de probabilités de cette réalité.

Le nec plus ultra en matière de références

Participante du Salon :

J'ai donné des Bars à des gens sans leur faire payer, en espérant que cela changerait leur univers. Mais les gens disent après que je n'ai aucune qualification en tant que coach de vie.

Gary :

Tu as espéré et prié – mais tu n'as pas imposé ce qui est réellement possible. Dis aux gens que tu as un diplôme « CFMW ». Dis cela, c'est tout. Ils ne demanderont pas ce que c'est. Ils vont juste croire qu'ils sont censés savoir ce que ça veut dire.

Tu cherches la justification que ce que tu fais est bien au lieu d'être prête à être la conscience de la façon dont tu peux créer un futur différent.

Les gens disent que tu n'as pas de références parce que tu ne leur fais pas payer pour ce que tu fais. Le nec plus ultra en matière de références sur la planète Terre est la volonté de faire payer. Plus tu fais payer, plus les gens pensent que tu as de la valeur. Si tu t'efforces d'offrir quelque chose, ça a exactement la valeur de ce que les gens te paient. C'est-à-dire aucune. Tu dois faire payer les gens si tu veux qu'ils reconnaissent la valeur de ce que tu donnes. Tu essaies de créer un futur. Tu n'es pas prête à faire payer ce qui va les amener à être prêts à avoir ce genre de futur.

Participante du Salon :

Quand je pense à l'argent, c'est comme si c'était hors d'atteinte.

Gary :

Tu choisis de ne pas en avoir et c'est pourquoi tu essaies d'offrir Access Consciousness en faisant leurs Bars aux gens gratuitement. Tu essaies de faire d'Access une expérience religieuse au lieu d'une expérience créative. Access Consciousness n'est pas religieux. Ce n'est pas quelque chose que tu dois vénérer. Ce n'est pas quelque chose que tu dois faire. Ce n'est pas quelque chose que tu dois percevoir comme étant plus grand que toi. C'est quelque chose que tu dois voir comme la possibilité d'une possibilité différente qui n'a jamais été une possibilité dans cette réalité.

Participante du Salon :

Access Consciousness adresse une énergie que j'ai toujours su être possible.

Gary :

Oui, je sais. Tu continues à essayer de définir cela par cette réalité, c'est pourquoi tu essaies de le donner au lieu de faire payer suffisamment pour faire que les gens reconnaissent sa valeur. Les gens ne reconnaissent pas la valeur de ce qu'ils obtiennent gratuitement. Arrête d'essayer de partager. Les femmes essaient de partager. Va au-delà de cela. Tu peux voir ce qui pourrait changer les choses pour les gens – mais tu dois attendre et écouter ce que les gens te demandent.

« Est-ce qu'ils désirent ce que j'ai à offrir ? »

Participante du Salon :

J'aimerais apporter plus de conscience à tous ceux qui sont autour de moi.

Gary :

Tu n'as pas demandé s'ils veulent cela ou pas. Tu ne fonctionnes pas à partir de la question : « Est-ce qu'ils désirent ce que j'ai à offrir ? » Tu es comme la mère du Sud qui cuisine du gruau de maïs et qui dit : « Mange ça. C'est bon pour toi. » Que la personne aime le gruau ou pas n'a aucune importance. Le fait qu'il ait été préparé signifie qu'il ou elle doit le manger.

Participante du Salon :

Je ne comprends pas.

Gary :

Quelle est ton origine ethnique ?

Participante du Salon :

Je suis Cambodgienne.

Gary :

Quelle est la sauce principale au Cambodge ?

Participante du Salon :

La sauce de poisson fermentée.

Gary :

Tu crées de la sauce de poisson fermentée et tu dis à quelqu'un : « Voici de la sauce de poisson fermentée pour toi. J'en ai mis sur tout ce que tu vas manger. Maintenant régale-toi. » Tu essaies de dire : « Cette conscience est la sauce de poisson fermentée parfaite. Mange-la. »

L'autre personne dit : « Mais je n'aime pas la sauce de poisson fermentée. »

Tu réponds : « Pas de problème. C'est bon pour toi. Mange-la. »

C'est la conclusion que c'est bon. Tu t'efforces de conclure ce que tu es censée fournir au lieu de poser la question : « Qu'est-ce que ces gens peuvent entendre ? » C'est être conscient de ce qu'ils peuvent entendre et ne pas entendre – et de ne pas avoir de point de vue là-dessus.

Le futur est une réalité indéfinie – mais tu essaies de la définir. Tu dis : « Du moment qu'il a de la sauce de poisson dessus, ce sera bon » au lieu de « Je peux avoir une réalité dans laquelle la sauce de poisson existe ou la sauce de poisson n'existe pas. Je vais créer un futur qui va marcher de manière différente de ce que les gens ici pensent être réel parce que c'est ce qui fonctionne pour moi. »

Tu ne sais pas ce que le futur va être, mais tu continues à essayer de créer un futur basé sur ce que tu as décidé être approprié comme futur plutôt que de demander : « Qu'est-ce qui pourrait exister comme futur que nous n'avons même pas envisagé ? »

Ta capacité à changer la réalité

Participante du Salon :

Qu'est-ce que les femmes peuvent être ou faire pour inviter plus d'hommes à Access Consciousness ?

Gary :

Il y a plus de femmes dans Access Consciousness que d'hommes parce que les hommes essaient de maintenir le statu quo. C'est ce qu'on leur a appris à faire. Ils ont appris dès le premier jour : « Tu dois réparer ça, pas le changer. »

Les femmes ont appris qu'elles doivent changer leurs vêtements, parce que c'est ça changer. Bien sûr, c'est juste changer l'image. Et si tu ne changeais pas l'image, mais tu te changeais, toi ?

> Quelle actualisation physique de la capacité éternelle de changer la réalité es-tu maintenant capable de générer, créer et instituer ? Tout ceci, un dieulliard de fois, vas-tu le détruire et le décréer en totalité ? Right and Wrong, Good and Bad, POD and POC, All Nine, Shorts, Boys and Beyonds.

Je vais parler de votre capacité à changer la réalité dans les prochaines téléconférences. La volonté de faire et d'être cela requiert un engagement de votre part d'abandonner tout ce que vous avez défini comme étant réel et bon dans cette réalité, que ce soit être dans une famille, vivre selon les besoins des autres, avoir une relation parfaite ou créer quelqu'un dans votre vie. Il arrive un moment où vous devez être prêtes à créer un futur qui n'a jamais existé avant, qui va modifier la façon dont tout se manifeste dans votre vie.

Regarde ce que tu aimerais que soit ta vie et crée à partir de là, donc si avoir un homme dans ta vie marche, alors fais-le. Si ça ne marche pas, alors ne le fais pas. Il ne s'agit pas de créer ta vie sur la base de « comment puis-je avoir la relation dont j'ai besoin ? », mais de « comment puis-je avoir la vie que j'aimerais avoir ? ».

Je vais te demander maintenant d'aller une étape plus loin. Demande : « Qu'est-ce que j'aimerais comme futur que je n'ai jamais encore envisagé comme possible ? » As-tu envisagé cent millions de dollars ? Oui. Pas de problème. Mais tu ne laisseras pas cela arriver à cause de quoi ? La réalité, c'est que tu n'en as aucune idée.

> Tout ce que tu as fait pour éliminer les cent millions de dollars que tu pourrais avoir dans ta vie parce que_____, vas-tu le détruire et le décréer en totalité ? Right and Wrong, Good and Bad, POD and POC, All Nine, Shorts, Boys and Beyonds.

Tu as défini le genre de futur que le fait d'avoir cent millions de dollars créerait pour toi. Tu as décidé « avoir cent millions de dollars signifie : je fais ça, ça et ça. J'ai ça, ça et ça. » Et si ta définition de toi fait partie de la limitation à partir de laquelle tu fonctionnes ?

La seule raison pour laquelle tu n'as pas cent millions de dollars, c'est que tu t'es définie comme n'ayant pas cent millions de dollars.

> Quelle stupidité utilises-tu pour créer la définition de toi utilises-tu ? Tout ceci, un dieulliard de fois, vas-tu le détruire et le décréer en totalité ? Right and Wrong, Good and Bad, POD and POC, All Nine, Shorts, Boys and Beyonds.

Tu dois regarder comment les hommes fonctionnent

Participante du Salon :

Mon mari et moi sommes ensemble depuis que nous avons quinze et dix-sept ans. Nous sommes passés par des changements incroyables dans notre relation. Lorsque nous sommes tous les deux vulnérables et connectés, nous avons une relation qui marche vraiment. Cependant, il y a un problème. Il semble que quand les choses sont vraiment merveilleuses, mon mari me fait une scène sur quelque chose que j'ai fait. Je ne m'énerve pas, mais on dirait que plus je ne m'énerve pas, plus il devient fou. Il se renferme et érige des murs.

Gary :

C'est parce qu'il doit maintenir le statu quo.

Participante du Salon :

La dernière fois que cela s'est passé, il a retiré son énergie tellement fort qu'il a littéralement disparu de ma vue. Il s'est déconnecté de moi pendant plusieurs jours ou une semaine. Finalement, il a voulu se reconnecter comme si cela n'était jamais arrivé. Peux-tu amener plus de clarté sur cela ?

Gary :

Essaie de demander : « Quelle énergie, espace et conscience puis-je être pour créer une réalité différente en totalité ? » Cela peut ne pas se faire immédiatement. Cela prend un peu de temps à l'univers pour réarranger les choses.

Participante du Salon :

J'essaie de lui en parler, mais ça ne marche pas.

Gary :

Tu dois regarder comment les hommes fonctionnent. Les hommes fonctionnent à partir de « si on doit en parler, ça veut dire qu'il y a quelque chose qui ne va pas et je dois le réparer. » Si tu veux vraiment discuter de quelque chose, tu dois dire : « Chéri, j'ai réfléchi à cela. Qu'en penses-tu ? » Puis, laisse-le tranquille pendant deux ou trois jours. Il va arriver à une certaine conclusion, ce qui te donnera la clarté sur ce que tu dois gérer et ce que tu dois changer pour faire que ce soit différent.

Ne dis jamais : « Dis-moi ce que tu veux. » Il n'en a aucune idée. Un homme doit s'asseoir, regarder la télé pendant vingt-sept heures et parvenir à une conclusion. Il ne peut pas arriver à une conclusion instantanée. Il ne sait pas comment partager. On ne lui a jamais appris à partager. Il n'a aucune idée ce que partager veut dire. Vous, les femmes, demandez toujours : « Voudrais-tu partager tes sentiments avec moi ? » Il ne peut pas partager ses sentiments parce que ce qu'il a appris, c'est que la seule chose à faire quand il ressent quelque chose, c'est de se renfermer. Si tu essaies de le forcer à partager, tu lui envoies un coup de poing dans les testicules. Ce n'est pas comme cela que tu veux créer une relation.

Tu continues à choisir toujours le même type d'homme encore et encore, au lieu de choisir une relation qui va marcher. Une partie du problème est que tu as des critères ou des idéaux sur ce que tu penses qu'un homme devrait être. Les hommes qui ne correspondent pas à ces critères sont les hommes qui te donneraient ce que tu dis vouloir, et non ce que tu obtiens.

J'aimerais que tu comprennes que tu n'as pas besoin de haïr les hommes. Tu n'as pas besoin de repousser les hommes. Tu n'as pas besoin de choisir les hommes. Tu dois juste accepter de permettre aux hommes d'être exactement qui ils sont et n'avoir aucun de point de vue à ce sujet. Point de vue intéressant créera une réalité différente.

La joie d'être une femme humanoïde est que tu as la capacité de créer le futur. C'est l'une des choses que la plupart de vous n'ont pas voulu reconnaître.

Quelle stupidité utilises-tu pour créer totalement l'évitement de la création du futur que tu sais être possible choisis-tu ? Tout ceci, un dieulliard de fois, vas-tu le détruire et le décréer en totalité ? Right and Wrong, Good and Bad, POD and POC, All Nine, Shorts, Boys and Beyonds.

Il s'agit de créer une réalité au-delà de cette réalité. Il ne s'agit pas de créer au delà de ce que tu sais. Tu sais qu'une autre réalité est possible et tu as essayé depuis toujours de saisir ce qu'elle est. N'as-tu pas remarqué ? Tu n'as pas été capable de voir ce dont tu es capable et dont les autres ne sont pas capables.

Quelle stupidité utilises-tu pour créer le manque de capacité générative et de conscience du futur choisis-tu ? Tout ceci, un dieulliard de fois, vas-tu le détruire et le décréer en totalité ? Right and Wrong, Good and Bad, POD and POC, All Nine, Shorts, Boys and Beyonds.

Être hors contexte

Participante du Salon :

Il semble que choisir notre capacité générative et notre conscience du futur nécessiteraient de sortir de tout contexte. Est-ce exact ?

Gary:

Si tu te définis comme une femme, est-ce un contexte ? Oui, ça en est un. Cela crée les paramètres de la façon dont tu abordes toutes les choses et toutes les personnes. Combien de ce que tu as appris sur le fait d'être une femme indique que tu es censée être un soutien essentiel, l'épine dorsale d'une réalité et non la créatrice d'une réalité ? Est-ce vrai ? Ou est-ce que tu as accepté comme une vérité qui te limite ?

Tout ce que tu as accepté comme vérité sur ce qu'est être une femme, une féministe et une personne féminine qui n'est pas vrai, veux-tu le retourner à l'envoyeur avec la conscience attachée ? Right and Wrong, Good and Bad, POD and POC, All Nine, Shorts, Boys and Beyonds.

Par les choix que tu fais, tu crées un futur différent

Participante du Salon :

Récemment, je regardais Jane Eyre et j'ai commencé à pleurer à la fin. J'ai compris que ce n'était pas ce que j'attendais pour M. Rothschild. Ça ressemblait plus à toutes les fois où je me suis mise en couple, mon attente était d'avoir de l'intimité avec cette personne, avec toutes choses et tous les gens. J'ai vu à quel point je recherche l'intimité. Est-ce qu'en allant dans le sens de cette énergie, je crée un futur différent ?

Gary :

Oui. Cette réalité n'est pas basée sur une intimité de possibilités. Cette réalité est basée sur la distance que nous pouvons créer entre nous pour être sûrs de ne jamais être suffisamment proches pour créer et générer vraiment quelque chose qui changerait tout ce qui est autour de nous de façon dynamique.

Participante du Salon :

Est-ce que suivre le fil de l'énergie de là où j'ai cherché l'intimité pourrait créer un futur différent ?

Gary :

Oui, tout à fait. Par les choix que tu fais, tu crées un futur différent. C'est ce que tu peux faire. C'est la façon dont tu peux créer un futur qui n'existe pas ici.

> Quelle stupidité utilises-tu pour éviter le futur que tu pourrais créer et choisir choisis-tu ? Tout ceci, un dieulliard de fois, vas-tu le détruire et le décréer en totalité ? Right and Wrong, Good and Bad, POD and POC, All Nine, Shorts, Boys and Beyonds.

Tu peux créer un futur différent par les choix que tu fais. C'est plus facile pour les femmes que pour les hommes parce que les hommes ont appris qu'ils sont censés maintenir ce qui est. Ils sont censés travailler et tout arranger ; ils ne sont pas censés changer les choses. Tu as appris qu'au minimum, tu devrais changer ta robe. C'est une façon complètement différente de fonctionner.

Quand quelque chose ne se passe pas comme tu le pensais, tu te mets à le juger. Mais si tu es prête à créer le futur, tu ne peux pas prédire comment les choses vont se passer. Ce n'est pas une structure de probabilités. C'est un système de possibilités. Nous essayons d'éviter de perdre en créant les probabilités de ce qui va être gagnant ou perdant. Est-ce que cela crée ? Non. Cela maintient seulement. C'est ce que les hommes ont appris à faire – maintenir, basé sur la probabilité « si je ne parle pas, les femmes ne me haïront pas. Si je ne fais pas d'erreurs, les femmes ne seront pas en colère après moi. Si je ne fais pas cela de travers, les femmes seront contentes de moi. » Les hommes fonctionnent à partir d'une structure de niveau de probabilité démente, cimentée dans cette réalité avec une telle intensité que, rarement, ils se trouvent en position de vrai choix. Mais quand ils choisissent cela, comme pour vous, ils peuvent créer une possibilité différente.

C'est un choix, puis un autre

Participante du Salon :

Est-ce que tu dis que je ne dois pas créer tout le truc en un jour ? C'est un choix, puis un autre et un autre ?

Gary :

Oui c'est un choix. C'est choisir d'entendre quand tu ne veux pas entendre. Choisir cette chose-là qui te ronge jusqu'à ce que tu la choisisses. Être consciente de ce dont tu es consciente, même si tu ne veux pas être consciente à quel point tu es consciente. Tu sais que tu dois le faire. Tu sais que tu peux. Tu sais que quelque chose est possible. Quels sont les autres choix ?

> Quelle actualisation physique d'une réalité totalement différente et d'un futur totalement différent es-tu maintenant capable de générer, créer et instituer ? Tout ceci, un dieulliard de fois, vas-tu le détruire et le décréer en totalité ? Right and Wrong, Good and Bad, POD and POC, All Nine, Shorts, Boys and Beyonds.

Tu peux avoir une réalité différente

Participante du Salon :
Je me suis réveillée avec la question « et si aujourd'hui était différent ? ».

Gary :
Et si aujourd'hui était différent de tout ce que je n'ai jamais imaginé ? Choisis de créer quelque chose qui est vraiment un futur. Cela créera quelque chose de différent de tout ce qui n'a jamais existé ici auparavant. Actuellement, tout est fait pour détruire la Terre.

Participante du Salon :
Depuis mon enfance, à chaque fois que j'ai essayé de créer une réalité différente, on m'a traitée de stupide.

Gary :
Comprends-tu que tu es une de ces personnes qui pourrait créer un futur différent si tu le choisissais ? Tu pourrais créer un futur différent pour les gens dans ta vie par les choix que tu fais quand tu es avec eux. Chaque choix que tu fais peut créer un futur différent que ce que tu crois être en train de créer. Sors-toi de cette réalité et commence à saisir que tu peux avoir une réalité différente, une qui est à toi, indépendamment de ce que chacun pense. Il y a toujours une certaine forme de jugement. Il y a toujours quelqu'un pour penser que tu es

stupide. Mais, indépendamment de ce que chacun pense, il y a un futur différent.

La définition est le destructeur

Participante du Salon :

Tu parles de créer un futur qui est indéfinissable et tu nous demandes d'être indéfinissables.

Partout où il y a une définition, est-ce là où le destructeur arrive dans la création pour la défaire ?

Gary :

Oui. Partout où tu essaies de définir ce qu'est la création du futur, tu détruis le futur en faveur d'une version différente du présent.

Si tu pouvais ne pas définir ce que tu pensais être une bonne chose pour le futur, aurais-tu à créer ce qui créerait un futur qui serait plus grand que ce que tu savais être possible ? Et si le choix qui t'était offert pour la création du futur n'était pas ce que tu pensais être, mais était plus grand que ce qu'il pouvait être ? Si tu définis que créer une réalité future grandiose crée cent millions de dollars, alors tu as défini cela comme étant un futur grandiose. Et si c'était un futur limité et non pas un futur grandiose ? Et si c'était cela qui te bloquait et non ce qui créé pour toi ?

Quel est mon objectif ici sur la planète Terre ?

J'ai créé Access Consciousness au-delà de ce qu'aucun dans cette réalité disait être possible. Depuis le tout début, tout le monde me disait que j'avais tort. Tout ce que je faisais n'allait pas. La façon de le faire n'allait pas. Sa structure n'allait pas. Le système que je choisissais n'allait pas. Je ne faisais pas ce qu'il fallait pour créer le culte parfait. Je ne le créais pas de façon qui ferait que tout le monde viendrait et resterait. Mais ce n'était pas mon objectif.

Tu dois commencer à explorer cela :

- Quel est mon objectif ici sur la planète Terre ?
- Est-ce que je veux avoir une relation, une famille et vivre heureux/heureuse pour toujours, selon le « vivre heureux/heureuse pour toujours » de la réalité des autres ?
- Ou est-ce que je veux créer quelque chose de différent ?
- Qu'est-ce qui marcherait vraiment pour moi, qui ne marcherait pas forcément pour quelqu'un d'autre ?

Tu as à ta disposition une capacité de créer le futur que personne d'autre ne peut voir, que personne d'autre ne peut être, que personne d'autre ne peut choisir et qui n'aura jamais de valeur pour personne d'autre – mais en aura toujours pour toi. Une possibilité différente existe ici. Mais tu dois la choisir.

Tu dois voir ta capacité en tant que la femme que tu es. Tu as la capacité de créer un futur qui n'a jamais existé. C'est ce que tu es venue faire ici. C'est pour cela que tu es là. C'est ce que tu sais être possible. C'est ce que tu n'as pas encore choisi d'être et de faire. Tu as essayé de choisir selon ce qui est bien d'après la version de cette réalité.

Et si c'était le moindre de toi et non le meilleur de toi ? Tu essaies toujours de voir le meilleur de toi comme si le moindre de toi était le meilleur de toi. Ça ne l'est pas. Il y a tellement plus de toi à ta disposition. Je suis désolé de ne pas pouvoir tout te donner d'un coup dans cette téléclasse.

Participante du Salon :

Peux-tu parler de la différence entre ce qui a de la valeur et ce qui est important ?

Gary :

Tu donnes aux choses une valeur selon les réalités des autres, parce que ce que les autres définissent comme étant important, est ce que tu penses que tu es censée faire. Ce qui est le moins important à tes yeux est ce qui a le plus de valeur chez toi.

Le futur basé sur la propagation de l'espèce ne crée pas la réalité au-delà de cette réalité. Il crée cette réalité encore et toujours comme si tu allais obtenir un résultat différent. Est-ce que tes enfants vont mieux s'en sortir que toi ? D'après ma propre expérience, je dirais non. Tes enfants seront ce qu'ils sont. Tu ne peux pas attendre d'eux de mieux s'en sortir que toi. Tu peux seulement t'attendre à ce qu'ils soient qui ils sont. S'ils arrivent à mieux s'en sortir que toi, c'est génial.

Participante du Salon :

Mais, pour moi, mes enfants sont meilleurs que moi.

Gary :

Non. Tu les juges comme étant meilleurs que toi. C'est différent. Tu essaies de les voir comme étant meilleurs que toi plutôt que de reconnaître le cadeau que tu leur as fait – la capacité de choisir quelque chose qui pourrait être possible. Cela ne les rend pas meilleurs que toi. Cela les rend différents de toi parce que personne ne t'a pas appris cela. Tu as acquis cela par toi-même.

A quoi cela ressemblerait-il si tu étais le cadeau qui a fait que leur vie est meilleure au lieu de penser qu'ils sont le cadeau qui rend la tienne meilleure ?

Quel genre de futur essaies-tu de créer ?

Merci, Mesdames. Au plaisir de vous parler la semaine prochaine.

7
Ouvrir aux autres le champ des possibles

La véritable bienveillance n'est pas de tout faire pour les autres.
C'est de leur ouvrir le champ des possibles.

Gary :
Bienvenue, Mesdames. J'aimerais commencer par quelques questions.

Qu'est-ce qui permettrait que tout soit traité avec aisance ?

Participante du Salon :
Mon fils adoptif de douze ans a le syndrome d'alcoolisation fœtale, TDAH et une instabilité émotionnelle. Je suis mère célibataire et j'ai galéré avec lui et cela m'a occasionné beaucoup de stress. Récemment, il a été viré de son programme de soutien scolaire. Cela lui a donné un prétexte pour vivre avec son père. J'ai pensé que peut-être il avait besoin d'une autre sorte de discipline que celle que je lui donnais et il avait mentionné à plusieurs reprises qu'il voulait vivre avec son père. Pourtant, après avoir pris sa décision, il s'est senti abandonné par moi.

Gary :
Cela s'appelle la manipulation, ma chère, ce n'est pas la réalité.

Participante du Salon :
La plupart du temps, il a l'air de se faire plutôt bien à la vie avec son père. Il est à seulement quinze minutes et je le vois

régulièrement. Après tous ces évènements, j'ai participé à quelques classes d'Access Consciousness et, parfois, je me sens coupable, car j'apprends des outils qui aident ma relation avec lui, mais maintenant, j'ai moins accès à lui. Le sentiment de culpabilité a diminué au cours des derniers six mois, mais il se passe toujours des choses qui me font le ressentir. Par exemple, j'ai récemment appris de ma fille de quinze ans que son père raconte aux gens que j'ai abandonné notre fils.

Gary :

Tu n'as pas abandonné ton fils. C'est comme ça que le père veut se faire passer pour quelqu'un de bien et toi, quelqu'un de mauvais. Il essaie de se rendre meilleur que toi ; il essaie d'entrer en compétition avec toi pour prouver qu'il est un bon parent et toi, un mauvais parent. Au bout du compte, cela ne va pas bien se dérouler pour lui, mais cela va marcher pour toi si tu ne te laisses pas avoir.

Participante du Salon :

Je sais que ce qu'il dit n'est pas vrai, mais cela m'embête. Je m'accroche à ma culpabilité ou à l'impression de n'en faire pas assez même si je suis toujours active dans la vie de mon fils et je continue à faire des choses qui, je pense, lui seront bénéfiques. J'ai une conscience nouvelle accrue des capacités qu'il a. Je me demande : « Quelle synthèse énergétique de communion puis-je être pour être le parent dont mes enfants ont besoin ? »

Gary :

Non, non, non. Tu dois demander : « Quelle synthèse énergétique de communion puis-je être pour permettre à tout cela de se passer avec une aisance totale ? N'adopte pas le point de vue que tu essaies de combler les besoins de tes enfants. Si tu adoptes ce point de vue, tu es déjà parvenue à la conclusion, décision et jugement de qui ? De toi !

Tu ne dois jamais réclamer ce que tes enfants ont besoin que tu sois, parce que les enfants demandent toujours quelqu'un qui fera tout ce qu'ils veulent sans qu'ils aient à fournir un seul gramme de conscience. Ne demande pas ce que tu pourrais être pour tes enfants. Demande : « Qu'est-ce qui permettrait de gérer tout cela avec aisance ? »

Véritable attention bienveillante vs prendre soin des autres

Participante du Salon :
Merci. Je dirais qu'avec cette nouvelle situation, j'ai créé une réalité bien meilleure avec ma fille. Elle est beaucoup plus heureuse et est une ado plus engagée qu'elle ne l'était il y a un an.

Gary :
Oui, parce que ton fils n'est plus là pour prendre toute l'énergie.

Participante du Salon :
On me dit que mon fils s'en sort plutôt bien et qu'il est dans la meilleure école du quartier pour les enfants aux besoins éducatifs spéciaux. Son père travaille là-bas aussi. Alors, quelle stupidité continue à me faire sentir coupable et sensible aux piques émotionnelles que son père m'envoie en disant que je l'ai abandonné.

Gary :
Tu ne l'as pas abandonné, ma douce. Tu n'as pas laissé tomber. Tu es toujours là pour lui. Tu n'as rien abandonné. Tu es quelqu'un qui se soucie de l'autre.

Combien parmi vous, les femmes, ne veulent pas reconnaître à quel point vous vous souciez des autres ? Tout ce que vous avez fait pour nier votre bienveillance, allez-vous le détruire et le décréer en totalité ? Right and Wrong, Good and Bad, POD and POC, All Nine, Shorts, Boys and Beyonds.

Reconnaissez que ce comportement attentionné authentique fait partie de vous ; il ne s'agit pas de prendre soin des autres. Si vous reconnaissez que vous êtes les créatrices du futur et que vous êtes disposées à le faire à partir d'un sentiment de souci des possibilités du futur, des choix du futur, vous ne serez pas happées dans les « je dois m'occuper de », « je dois faire-faire-faire », « je dois me sacrifier pour les hommes », « je dois me saboter ». Rien de cela ne se produira.

Prendre soin de est une invention qui dit que si tu fais quelque chose pour les autres, tu prends soin d'eux. C'est une invention. Elle dit que ce que tu fais pour les autres équivaut à prendre soin d'eux. Prendre soin dans cette réalité, c'est « je prends soin d'eux ; donc, cela prouve que j'ai de l'intérêt pour eux. » Tu fais tout pour quelqu'un pour prouver que tu éprouves de la bienveillance plutôt que de réaliser ce que prendre soin des autres signifie réellement.

La bienveillance authentique peut être : « Tu recommences encore une fois et je te tue . » Parfois, prendre vraiment soin de l'autre, c'est l'interrompre et ne pas l'encourager, quelle que soit la situation. À un moment donné, mon fils cadet buvait beaucoup et quand il buvait, il devenait vraiment odieux. Prendre soin de lui a consisté à lui dire : « Ne t'approche pas de moi quand tu as bu parce que je ne te supporte pas. »

Du coup, il a réduit la boisson. Il a laissé tomber en grande partie et il a repris sa vie en mains. Ma façon d'exprimer ma bienveillance envers lui était de lui dire : « Ce n'est pas O.K. quand tu bois parce que tu deviens un enfoiré. Ne bois pas quand tu es dans mes parages. »

Il m'a dit : « Papa, et ton laisser-être dans tout cela ? »

J'ai répondu : « C'est du laisser-être, dans la mesure où : a) Je ne t'ai pas dénoncé à la police. b) Je ne t'ai pas tué. et c) J'ai supporté ta connerie assez longtemps. Maintenant que j'ai dépassé ça, tu dois changer. »

Parfois, demander à quelqu'un de changer est de la bienveillance. Nous avons tous des signes, sceaux, emblèmes et significations de ce qu'est la bienveillance, sans aucun d'eux ne soit de la vraie bienveillance.

> Quelle stupidité utilises-tu pour créer les signes, sceaux, emblèmes et significations de la bienveillance comme étant le tort, le doute, la stupidité et l'insanité que tu choisis ? Tout ceci, un dieulliard de fois, vas-tu le détruire et le décréer en totalité ? Right and Wrong, Good and Bad, POD and POC, All Nine, Shorts, Boys and Beyonds.

La bienveillance véritable n'est pas de tout faire pour les autres. C'est d'ouvrir aux autres le champ des possibles. Tu as appris que de tout faire pour quelqu'un prouve que tu as de l'intérêt pour cette personne. Mais pourquoi devrais-tu prouver que tu as de l'intérêt ? Nous ne considérons pas la bienveillance comme le fait d'ouvrir aux autres le champ des possibles parce que nous apprenons qu'afin de prouver notre bienveillance, nous devons faire x, y, z et rien de cela n'a à voir avec le choix véritable ou la vraie possibilité.

Tu dois reconnaître ce qui est

Participante du Salon :
Pouvons-nous dire la même chose de l'amour, comme dans « si tu m'aimes, feras-tu cela ? ».

Gary :
C'est juste de la manipulation. Une femme dans Access Consciousness m'a dit une fois : « J'aimerais avoir une relation

avec toi mais je ne pourrais pas avoir une relation avec Dain parce qu'il me ferait du mal. » J'ai fait part à Dain de son point de vue.

Après cela, ils se sont mis ensemble. Elle a commencé à lui faire des choses moches et méchantes et il ne pouvait pas répliquer parce qu'il avait à cœur de prouver qu'il ne lui ferait pas de mal. Elle l'a presque tué !

Participante du Salon :

Alors, en adoptant le point de vue « je ne peux pas la blesser », il a fait tout ce qu'il pouvait pour ne pas la blesser, y compris se tuer lui-même ? ».

Gary :

Oui, et cela ne va pas créer de possibilité. Tu dois reconnaître ce qui est, plutôt que de voir ce que tu penses être.

Le champ des possibles est un espace où tu reconnais ce qui est réellement possible, ce qui est toute l'idée de créer le futur. J'ai parlé de cela lors de notre dernière téléclasse. Les femmes pensent que créer des enfants ou être mère, c'est créer le futur. Ce n'est pas cela. Créer le futur, c'est reconnaître que les choix que les gens font sont les seules choses qui créent la possibilité.

Participante du Salon :

On m'a appris que le futur est ce qu'il est et que je ne peux pas le changer.

Gary :

Il ne s'agit pas de changer le futur : il s'agit de le créer.

Participante du Salon :

C'est un blocage pour moi. On ne m'a jamais dit que le futur est une création. On m'a appris qu'il est ce qu'il est.

Création et invention

Gary :

Une partie du problème, c'est qu'on nous apprend à créer une réalité visuelle de quelque chose et nous restons coincés dans l'idée que la création et l'invention sont la même chose.

Participante du Salon :

Quelle est la différence ?

Gary :

Voici la meilleure façon dont je peux le décrire : un jour, j'étais en Amérique latine et je regardais la télévision. Tout était en espagnol et je ne comprenais pas tout. Ils parlaient de séduction et de passion et, pour représenter la passion, ils montraient une petite culotte qui tombait sur les chevilles de quelqu'un. La personne, qui avait de grands pieds, portait des chaussures de tennis et des chaussettes basses. Cela aurait pu être le string d'un homme ou d'une femme, mais quoi qu'il en soit, il n'y avait aucune passion là-dedans. C'était supposé être une représentation visuelle de la passion. C'était une invention.

Participante du Salon :

Peux-tu parler des représentations visuelles que nous inventons ?

Gary :

Combien de fois tu dis : « Je dois voir à quoi cela va ressembler » ou « Je dois voir comment cela va se passer » ? C'est comme si tu pensais que si tu pouvais avoir la représentation visuelle de comment quelque chose va marcher, tu peux la faire apparaître.

Participante du Salon :

Tu sais où ça m'a amenée, Gary ? Au visuel. Je vois mon canapé. Je rends ce canapé si solide que je l'invente. Si je n'utilisais pas ce visuel, je pourrais changer l'énergie de ce canapé alors que je suis assise dessus maintenant.

Gary :

C'est probablement vrai. Quand tu essaies de faire quelque chose à partir de la représentation visuelle, tu ne peux voir que ce à quoi cette chose ressemble – et non ce qu'elle est.

Participante du Salon :

C'est comme ça que je vois toute cette réalité. J'utilise le visuel. Je fonctionne comme cela et j'aimerais qu'il se passe quelque chose de différent.

Gary :

Alors, quelle part de cette réalité as-tu inventée comme étant réelle qui, en fait, ne l'est pas ?

Participante du Salon :

La totalité.

Gary :

J'ai évoqué le fait que les pensées, sentiments, émotions, sexe et non-sexe sont les harmoniques basses du percevoir, savoir, être et recevoir. Nous apprenons à inventer les émotions pour des choses qui ne sont pas réelles. Comment ce serait si tu n'essayais pas d'inventer ces choses ?

> Quelle stupidité utilises-tu pour inventer les signes, sceaux, emblèmes et significations de la bienveillance choisis-tu ? Tout ceci, un dieulliard de fois, es-tu prête à le détruire et à le décréer en totalité ? Right and Wrong, Good and Bad, POD and POC, All Nine, Shorts, Boys and Beyonds.

Tu inventes des pensées, sentiments, émotions, le sexe et le non-sexe afin de te conformer à cette réalité. Je viens juste de parler à une femme qui se sent coupable de ne pas être une bonne mère pour son fils. En fait, es-tu une mère ? Ou es-tu un être infini qui a inventé que ces enfants sont liés avec toi ? Toute relation est une invention, non une création. Quand tu passes de l'invention à la création, tu ouvres la porte au possible. L'invention, d'autre part, crée la conclusion.

Quelle stupidité utilises-tu pour inventer la mère, le père, le fils, le Saint-Esprit, la fille et toute relation choisis-tu ? Tout ceci, un dieulliard de fois, vas-tu le détruire et le décréer en totalité ? Right and Wrong, Good and Bad, POD and POC, All Nine, Shorts, Boys and Beyonds.

Participante du Salon :

Cela dégage immédiatement beaucoup de jugements de nous-mêmes.

Gary :

Oui, parce que chaque invention est conçue pour conclure quelque chose. Et qu'est-ce que tu conclus le plus souvent ? A quel point tu as tort. Combien tu mérites d'être jugée. Comment tu as fait une erreur.

Participante du Salon :

Oui, combien je ne suis pas assez bien.

Gary :

Alors, combien de tout ce que tu essaies de faire passer pour nul est une invention totale ? Tout, une partie ou la totalité ?

Participante du Salon :

La totalité.

Gary :

Tout ceci, un dieulliard de fois, vas-tu le détruire et le décréer en totalité ? Right and Wrong, Good and Bad, POD and POC, All Nine, Shorts, Boys and Beyonds.

Participante du Salon :

Est-ce de là que vient « la nécessité est la mère de l'invention » ?

Gary :

Oui. Parce que nous essayons toujours d'inventer comment nous pouvons nous conformer.

Participante du Salon :

Nous nous rendons nécessaires.

Gary :

Oui. Si tu n'étais pas nécessaire, qu'est-ce que tu pourrais faire ou être que tu n'as pas encore été prête à faire ou à être ?

Participante du Salon :

Alors la façon de se sortir de l'invention d'être mère ou d'être parent est d'être totalement présente, d'être là avec ce qui se passe ?

Gary :

Si tu étais vraiment là, pourrais-tu être consciente des possibles et des choix qui pourraient être disponibles pour créer les possibles ? Cela pourrait-il être plus grand que ce que tu choisis pour l'instant ?

Participante du Salon :

Bien plus grand.

Gary :

C'est pour cela que tu veux aller dans cette direction.

Tu dois être l'énergie qui dévoile les possibilités

Participante du Salon :

Qu'en est-il des enfants et des gens autour de toi qui ne peuvent pas voir ce que toi tu vois et qui se prennent au piège de leurs jugements ?

Gary :

Ils ne peuvent se prendre au piège de leurs jugements que si tu n'es pas disposée à créer le futur. Tu dois être l'énergie qui dévoile les possibilités qui leur fournira les choix qui peuvent créer et générer les possibilités. Alors une réalité différente voit le jour.

Tout ceci, un dieulliard de fois, vas-tu le détruire et le décréer en totalité ? Right and Wrong, Good and Bad, POD and POC, All Nine, Shorts, Boys and Beyonds.

Quelle partie de ce que tu considères être la relation à tes parents est basée sur une réalité visuelle totalement inventée ?

Participante du Salon :

La totalité.

Gary :

Tout ceci, un dieulliard de fois, vas-tu le détruire et le décréer en totalité ? Right and Wrong, Good and Bad, POD and POC, All Nine, Shorts, Boys and Beyonds.

Quels aspects du sexe et de la copulation sont basés sur des inventions visuelles ?

Participante du Salon :

Mon Dieu, tous les aspects !

Gary :

Tout ceci, un dieulliard de fois, vas-tu le détruire et le décréer en totalité ? Right and Wrong, Good and Bad, POD and POC, All Nine, Shorts, Boys and Beyonds.

Dans quoi vis-tu ? La réalité ou l'illusion ?

Je regardais une émission télé où une femme avec un verre de champagne était assise sur un lit recouvert de pétales de rose. Son amant entra avec un pistolet dans sa poche. Il était en colère après elle et prêt à lui faire sauter la cervelle. C'est un exemple de l'invention des relations, du sexe, des sentiments et de l'amour dans ta vie. Ils inventent l'illusion de ta vie et non sa réalité. Dans quoi vis-tu ? La réalité ou l'illusion ?

À quel point as-tu inventé l'illusion de ta vie qui, en fait, ne marche pas ? Tout ceci, un dieulliard de fois, vas-tu le détruire et le décréer en totalité ? Right and Wrong, Good and Bad, POD and POC, All Nine, Shorts, Boys and Beyonds.

Participante du Salon :

Puis-je utiliser la réalité visuelle à mon avantage ?

Gary :

Tout ce que tu as à faire, c'est de demander :
- ▸ Quelle part de ceci est réelle ?
- ▸ Quelle part de ceci est une invention ?

Examine tes relations actuelles. Ta relation avec ton fils. Dans cette relation, qu'est-ce qui est réel et qu'est-ce qui est une invention ?

Participante du Salon :

Rien de cela n'est réel. C'est entièrement une invention.

Gary :

Tout ce que tu as fait pour inventer la relation, vas-tu le détruire et le décréer en totalité ? Right and Wrong, Good and Bad, POD and POC, All Nine, Shorts, Boys and Beyonds.

Si tu inventes tes relations, la véritable bienveillance est-elle alors disponible ?

Participante du Salon :

Non.

Gary :

Pourquoi ?

Participante du Salon :

Parce qu'il n'y a pas de conscience et pas de choix. Il n'y a rien de réel là.

Gary :

Oui, la véritable bienveillance repose sur la conscience. Et non sur l'invention visuelle.

Que voudrais-tu créer comme futur ?
Participante du Salon :

Waouh, comment fait-on pour arriver là, Gary ?

Gary :

C'est vers cela que je m'efforce de vous guider. La première étape, c'est de réaliser que tu es la créatrice de ton futur – et ce n'est pas en ayant un bébé que tu y parviens. Comment ce serait pour toi si tu étais prête à percevoir, savoir, être et recevoir à quoi cela ressemblerait-il de créer le futur ?

> Quelle actualisation physique de la créatrice du futur suis-je maintenant capable de générer, créer et instituer ? Tout ce qui ne permet pas cela, un dieulliard de fois, je le détruis et le décrée en totalité. Right and Wrong, Good and Bad, POD and POC, All Nine, Shorts, Boys and Beyonds.

S'il vous plaît, Mesdames, mettez cela en boucle et écoutez-le non-stop. C'est vers là qu'il vous faut aller si vous voulez créer un monde différent.

Participante du Salon :

Merci Gary. C'est tellement libérateur. Je réalise que je me demandais ce que les gens faisaient et je me posais des questions du type « que fait cette personne comme travail ? Comment font ces gens pour survivre à ce qu'ils font dans la vie ? ». Je vois que je dois créer ma propre réalité.

Gary :

La plupart des gens dans le monde inventent leur vie. Quelle fraction de la vie que tu as vécue jusqu'à aujourd'hui est une invention – et non une création ?

Tout ce que tu as fait pour créer l'invention, vas-tu le détruire et le décréer en totalité ? Right and Wrong, Good and Bad, POD and POC, All Nine, Shorts, Boys and Beyonds.

Comment fais-tu pour créer vraiment ? Tu commences avec l'énergie de ce que tu aimerais que ta vie soit. Soit. Et non ce que tu aimerais faire. Ce que tu aimerais qu'elle soit. Et tu commences à la créer en amenant l'actualisation physique de l'énergie que tu as pu percevoir qu'il est en fait possible de choisir. C'est là que les possibles et le choix commencent à entrer dans l'équation.

Participante du Salon :

Je commence à voir ou à être cette énergie. Maintenant, je voudrais en savoir plus sur la phase numéro deux, amener l'actualisation physique.

Gary :

J'aimerais parler un peu plus de comment, en tant que femmes, vous êtes les créatrices du futur. Les hommes sont ceux qui préparent le nid pour le moment présent et en sont les créateurs. Les hommes essaient de résoudre tous les problèmes pour que tout soit facile. Ils veulent créer une situation où existe le sens d'un nid des possibles. C'est le sens de la paix qu'ils veulent créer.

Participante du Salon :

Tout à l'heure, tu as demandé : « Que faudrait-il pour que vous ayez la joie de l'incorporation en tant que femme ? » J'ai dit : « Je ne sais même pas ce que cela veut dire d'aider les femmes à réaliser cela. »

Gary :

C'est ce que j'essaie de faire. Tu ne peux pas vivre la joie de l'incorporation si tu ne réalises pas que tu es la créatrice du futur. C'est ce que vous, en tant que femmes, avez accepté comme mission en venant ici, être les créatrices du futur et après, vous avez réduit cela à l'harmonique basse d'avoir un enfant.

Demandez :

- ▸ Qu'est-ce que j'aimerais créer comme futur ?
- ▸ Quelles possibilités et choix apparaîtront comme l'actualisation physique basée sur le futur que je suis prête à créer et à générer ?

Participante du Salon :

Tu dis souvent « créer un futur » et moi, j'utilise le terme « créer le futur ».

Gary :

Quand tu utilises « le futur », tu essaies de définir le futur, ce qui n'est pas possible. Futur renvoie à une multiplicité de possibilités et de choix qui peuvent créer et générer quelque chose de plus grand que ce que nous connaissons.

Participante du Salon :

Donc, dès que je dis : « Le futur », je sais que je me coince avec quelque chose ?

Gary :

Quand tu dis : « Le futur », c'est comme s'il n'y en avait qu'un.

Participante du Salon :

C'est comme s'il était défini.

Gary :

C'est en partie ce qu'on nous a poussé à croire – qu'il n'y a qu'un futur pour chacun d'entre nous, comme si nous n'avions qu'un seul destin et que tout était prédéterminé. Est-ce une réalité ou une invention ?

Participante du Salon :

C'est une invention.

Gary :

Combien de votre destin a été inventé – et non pas créé ? Tout ceci, un dieulliard de fois, vas-tu le détruire et le décréer en totalité ? Right and Wrong, Good and Bad, POD and POC, All Nine, Shorts, Boys and Beyonds.

Le choix est la source primordiale de création

Participante du Salon :

Si nous choisissons de créer au-delà de l'illusion de l'invention et au-delà de cette réalité, cela nous débarrasse-t-il de tous nos serments et vœux du passé ?

Gary :

Oui. Le choix est la source primordiale de création ici, mais nous devons le reconnaître. Nous continuons à considérer ce que nous devons faire correctement pour avoir l'impression que les choix que nous faisons sont les meilleurs et les bons choix, les choix qui sont à faire, seront ou devraient être, plutôt que ce que nous créons avec le choix que nous faisons aujourd'hui.

Quand vous faites un choix, demandez : « Quelle réalité vais-je créer en faisant ce choix ? »

C'est ma base de fonctionnement. Très souvent, quand je n'ai aucune idée de ce qui se passe, je demande : « Est-ce que je choisis ça ? » Oui. Est-ce que je sais pourquoi je choisis ça ? Non. Est-ce que je sais si mon choix va créer quelque chose ? Oui. Est-ce que je sais ce que cela va créer ? Non.

Je suis prêt à être le créateur du futur ainsi que le créateur du présent qui crée de l'aisance. Je suis prêt à être l'homme et la femme ; je ne cherche pas à n'être que l'un ou l'autre. J'espère que certaines d'entre vous seront prêtes à saisir aussi cette possibilité.

Participante du Salon :

Quand les gens te prennent ou te volent quelque chose, est-ce que tu continues à évoluer dans ta réalité et à créer ton futur ?

Gary :

Les gens peuvent-ils réellement te voler quelque chose ou se coupent-ils de leur future possibilité ? Quand les gens te volent quelque chose, ce qu'ils font, en vérité, c'est voler leur propre possibilité future. Ils arrêtent tout ce qui aurait pu être créé et généré à cause de et avec toi.

Sur quoi la valeur de l'argent est-elle fondée ? Pourquoi ne regardez-vous pas ce que les gens créent ? Je regarde la façon dont les gens essaient de créer leur vie et je demande :

- En quoi cela a-t-il de la valeur ?
- Comment cela va-t-il marcher ?
- Que va-t-il se passer ici ?

Participante du Salon :

Gary, c'est comme cela que tu dis fonctionner, mais tu existes dans une autre réalité.

Gary :

Ma réalité, c'est de créer le futur, les choix, les possibilités, l'aisance et le confort dans cette réalité. Ma réalité comprend tout cela. Et si vous étiez prêtes à être les créatrices de votre futur en demandant : « En faisant ce choix, quel futur vais-je créer ? »

Le futur ne va peut-être pas ressembler à ce que vous aviez imaginé. Vous devez enlever l'argent et les autres choses de l'équation. Vous devez demander :

- Qu'est-ce que ce choix va créer comme possibilité future ?
- Quels choix vont être rendus possibles pour moi et pour tous les autres du fait de mon choix ?

Je ne considère jamais ce que je choisis comme un achèvement de quoi que ce soit. Je fais un choix et cela ouvre les portes à d'autres possibilités pour des tas de personnes.

Est-ce que vous commencez à comprendre à quel point la bienveillance véritable et le futur sont liés ?

Participante du Salon :

Je ne te suis pas vraiment.

Gary :

Dis-moi ce que tu as compris.

Participante du Salon :

Je comprends que mes choix créent un futur que je sache ou non quel est ce futur.

Gary :

Tu dois demander : « Quel futur vais-je créer en faisant ce choix aujourd'hui ? » Tu ne peux pas ne pas faire ça.

« Je veux cela maintenant »

Participante du Salon :

J'ai été très frustrée ces dernières semaines.

Gary :

C'est quoi la frustration ? La frustration, c'est que tu as décidé que tu as besoin d'un résultat particulier et tes choix ne créent pas cela. Quand tu décides que tu as besoin d'un résultat particulier, tu lui inventes une chronologie. « Je veux cela maintenant. Je veux cela la semaine prochaine. » Tu mets le temps dans l'équation de ce que ton choix va créer – et tu ne peux pas faire cela.

Tu arrêtes l'énergie qui va créer le choix et la possibilité. Tu arrêtes le futur en faveur du maintenant que tu penses devoir arriver. Le maintenant, ce n'est pas seulement aujourd'hui ; le maintenant, c'est aussi la semaine prochaine ou le mois prochain. Tu dois être prête à créer le futur qui va au-delà de ta propre durée de vie. C'est cela le futur que tu dois être prête à créer.

Participante du Salon :

Je ne trouve pas beaucoup de sens à cela, donc je ne sais pas ce qu'est le futur.

Gary :

Avez-vous déjà entendu le commandement « aucune forme, aucune structure, aucune signification » ?

Participante du Salon :

Oui, c'est comme si je marchais autour et je m'évanouissais dans le néant.

Gary :

Et pour quelle raison cela serait-il mal ?

Participante du Salon :

Parce que je ne suis pas présente, vivant une vie facile ou luxueuse ou créant une vie quelque part.

Gary :

C'est une conclusion ; ce n'est pas une question. Tu as déjà décidé qu'un futur ressemble à X, Y ou Z, ce qui signifie que c'est une invention. Tu essaies de voir à quoi ça peut ressembler, ce qui est entièrement une invention.

> Tout ce que tu as fait pour inventer tout cela, vas-tu le détruire et le décréer entièrement ? Right and Wrong, Good and Bad, POD and POC, All Nine, Shorts, Boys and Beyonds.

Pourquoi devrais-tu te soucier de cette réalité ? Essaies-tu de t'inventer en train de travailler dans cette réalité, en train de t'intégrer dans cette réalité, en train de fonctionner dans cette réalité ?

Participante du Salon :

Oui.

Gary :

> Tout ceci, un dieulliard de fois, vas-tu le détruire et le décréer en totalité ? Right and Wrong, Good and Bad, POD and POC, All Nine, Shorts, Boys and Beyonds.

Dans quelle mesure ton dysfonctionnement avec ta famille et ton mari est une complète invention ?

Participante du Salon :

La totalité. Mais qu'est-ce que je fais de cela ?

Gary :

Ne ressors pas la rengaine du mais ! À chaque fois que tu dis « mais », tu te remets la tête dans le cul.

> Tout ceci, un dieulliard de fois, vas-tu le détruire et le décréer en totalité ? Right and Wrong, Good and Bad, POD and POC, All Nine, Shorts, Boys and Beyonds.

Tu penses que « qu'est-ce que je fais de cela ? » est une question. Ce n'est pas une question ; c'est une conclusion que tu ne sais pas quoi faire. Tu conclus que tu n'as aucune idée d'où tu vas – mais tu ne crées pas un futur basé sur le savoir de la direction à prendre, le percevoir de la direction à prendre ou le conclure de la direction que tu prends. Tu crées un futur sur la base du recevoir ce qui arrive dans ta vie et en reconnaissant les choix que tu fais, les possibilités que tu crées, les questions qui manifestent et la contribution qui existera si tu ne tires pas de conclusion.

Le problème de vivre dans le présent

Participante du Salon :

Est-ce un piège pour moi de penser que vivre dans le présent, c'est tout ce qui est ? Je me suis concentrée à vivre dans le présent et à poser des questions qui pourraient m'assister dans un futur immédiat, mais je n'envisage pas l'au-delà de l'immédiat.

Gary :

Oui. Est-ce cela qu'on t'a enseigné et imposé comme point de vue dans cette réalité ?

Participante du Salon :

Oui.

Gary :

Est-ce vrai et réel ou est-ce une invention ?

Participante du Salon :

Une invention.

Gary :

Toutes les inventions que tu as créées avec cela, vas-tu les détruire et les décréer en totalité ? Right and Wrong, Good and Bad, POD and POC, All Nine, Shorts, Boys and Beyonds.

Participante du Salon :

Est-ce que nous sommes nombreuses à être empêtrées là-dedans ? J'ai été éduquée comme cela.

Gary :

Et ça a marché ?

Participante du Salon :

J'imagine que ça a marché jusqu'à présent, mais maintenant que tu en parles, ça le fait voler en éclats.

Gary :

Vivre dans le présent et être centré sur le moment présent fonctionne jusqu'à un certain point – mais fonctionner jusqu'à un certain point, ce n'est pas créer une réalité future. Tu as avalé le point de vue que créer le moment présent est la seule chose valable. Vivre dans le moment présent est fait pour te donner l'impression que tu dois obtenir ce que tu veux immédiatement. Vivre dans le présent, c'est « cela va me donner le résultat que je veux demain ». Il ne s'agit pas de la question « qu'est-ce que cela va créer à la longue ? », mais de « qu'est-ce que cela va créer et générer dans le futur ? ».

J'ai toujours envisagé tous mes choix sur la base de la création et de la génération du futur. Curieusement, il y a quelques années, je me suis intéressé aux chevaux costaricains. J'ai commencé à les acheter et à les élever et puis j'ai commencé à en avoir beaucoup trop. J'ai pensé « je dois les vendre, je dois en faire quelque chose. » Et puis, coup de chance, j'ai compris : « Waouh, j'ai tous ces chevaux costaricains aux États-Unis et tous ces gens qui vont aller au Costa Rica ces prochaines années pour vivre des aventures à cheval avec des chevaux costaricains. Après les avoir montés, ils voudront avoir des chevaux costaricains aux États-Unis et je les aurai pour eux. » Je n'ai pas commencé avec le point de vue de « c'est comme cela que je vais créer un futur », mais je réalise que les chevaux costaricains ont été une création du futur pour moi. Je n'avais aucune idée de comment je créais un futur. Ce n'est que maintenant que je vois comment cela va marcher.

Croire en toi en tant que créatrice de ton futur

Participante du Salon :

Cela nécessite de la confiance de ta part, n'est-ce pas ? Confiance en l'univers ou confiance en l'énergie ?

Gary :

Non, c'est de te faire confiance en tant que créatrice de ton futur. Si tu ne te vois pas en tant que créatrice du futur, tu deviens alors une épave flottante dans la rivière de la réalité des autres.

Participante du Salon :

Je crois que c'est là mon problème.

Gary :

> Combien d'entre vous ont inventé que vous ne pouvez pas vous faire confiance ? Tout ceci, un dieulliard de fois, allez-vous le détruire et le décréer en totalité ? Right and Wrong, Good and Bad, POD and POC, All Nine, Shorts, Boys and Beyonds.

Il y a des gens qui disent : « Je vais créer ceci et ça va être super. » Est-ce de la création, génération ou de l'invention ?

Participante du Salon :

C'est plus de l'invention. Pour que ce soit de la création, tu dois aussi maintenir ta conscience.

Gary :

J'ai rencontré l'architecte qui fait les plans du lieu d'accueil que nous essayons de créer au Costa Rica. Je lui ai dit : « Créer cela d'un point de vue contemporain, c'était génial, mais dans dix ans, ce sera obsolète. Je veux créer quelque chose de suffisamment classique et traditionnel pour que, dans 100 ans, les gens reconnaissent encore sa valeur. »

L'architecte a dit : « Quoi !? »

Je lui ai dit : « Je ne crée pas cela pour que cela s'effondre demain. Je crée cela pour que ce soit là dans 100 ans et que les gens en reconnaissent la valeur. »

L'architecte a dit : « Oh ! » C'était, pour lui, une réalité complètement différente, parce les gens aujourd'hui ne construisent pas pour le futur. Ils construisent pour quelque chose qui leur rapportera de l'argent tout de suite. C'est pour maintenant. Tout est fait pour vivre maintenant et non pas dans ce qui pourrait créer une possibilité durable.

C'est intéressant que tout le monde parle de projets et constructions durables. Ils affichent ces soi-disant labels écolos et quatre-vingt-dix pour cent de cela n'est pas écolo. Ce n'est pas durable et dans 100 ans, cela n'existera plus.

Faire confiance à la conscience que tu es vraiment

Participante du Salon :

Tu as parlé de confiance. C'est quoi la confiance ? Pour moi, la confiance, c'est plutôt un jugement ou une limitation.

Gary :

La confiance, ce n'est pas la foi aveugle. La confiance, c'est de savoir que les gens vont faire exactement ce qu'ils vont faire. Ils le feront s'ils choisissent de le faire.

Participante du Salon :

Alors la confiance, c'est le savoir ? C'est l'être ?

Gary :

La confiance se rapporte au savoir et au recevoir.

Participante du Salon :

C'est plus léger que juste la confiance en moi.

Gary :

Pourquoi aurais-tu confiance en toi ? Tout ce que tu as fait jusqu'à présent, c'est de te bousiller aussi souvent que possible. Au lieu de cela, si tu étais prête à faire confiance à la conscience que tu es vraiment ? Et si tu étais prête à faire confiance à ta capacité de percevoir, savoir, être et recevoir ?

> Tout ce qui ne permet pas à ceci de se faire jour, un dieulliard de fois, vas-tu le détruire et le décréer en totalité ? Right and Wrong, Good and Bad, POD and POC, All Nine, Shorts, Boys and Beyonds.

Mets ceci en boucle :

> Quelle actualisation physique de la conscience totale du percevoir, savoir, être et recevoir en totalité comme étant la confiance en la conscience que je suis vraiment, suis-je maintenant capable de générer, créer et instituer ? Tout ce qui ne permet pas à cela de se faire jour, un dieulliard de fois, vas-tu le détruire et le décréer en totalité ? Right and Wrong, Good and Bad, POD and POC, All Nine, Shorts, Boys and Beyonds.

La richesse veritable

Participante du Salon :

Gary, à quoi dois-je renoncer à propos de l'argent ?

Gary :

Tu dois renoncer à l'idée que tu peux le contrôler. Si tu reconnais que tu es capable de créer le futur, en vérité, créerais-tu un futur dans lequel tu n'aurais pas d'argent ?

Participante du Salon :

(rires)

Gary :

Je prends ça pour un non. Tu ne créerais pas un monde sans argent. Ce n'est pas une réalité pour toi. Tu vas créer un monde avec suffisamment d'argent pour faire ce que tu as besoin de faire, quand tu as besoin de le faire et là où tu as envie de le faire.

Voici un exemple tiré de ma propre vie. Je gagne près de cinq millions de dollars par an avec toutes les choses que je fais. Et je me balade en disant : « Je n'ai pas d'argent du tout. Pourquoi ces gens m'utilisent-ils et me prennent des trucs ? »

Mon amie Claudia m'a dit : « Mais Gary, tu es riche. »

J'ai répondu : « Non, je ne suis pas riche ! »

- Si, tu es riche.

- Non, je ne le suis pas. Je n'ai pas de liquidités.

- Et tout ce que tu possèdes, ça représente combien d'argent ?

- Ça ne compte pas. Je n'ai pas de liquidités !

- Elle a dit : « Mec, tu es riche. »

J'ai dit : « Ça ne peut pas être vrai. Je suis juste un gars ordinaire. »

Quand j'ai finalement regardé cela en face, je me suis dit : « Oui, je suis riche. » J'ai réalisé le point de vue que j'avais que si je n'étais pas riche, les gens ne profiteraient pas de moi, ce qui veut dire que je me suis empêché d'avoir des liquidités pour ne pas devenir riche. Je ne considérais pas les choses matérielles comme de la richesse et, du coup, je ne voyais pas le fait que je pouvais être riche ou que j'étais riche. J'essayais de me faire pauvre.

En tant qu'être, je suis plus riche que tous ceux que je connais, en matière de conscience, de bienveillance, de gentillesse et de don que je reçois de chacun chaque jour. Et le cadeau que cet univers est pour moi à chaque instant.

> Quelle stupidité utilises-tu pour inventer le manque de richesse choisis-tu ? Tout cela, un dieulliard de fois, vas-tu le détruire et le décréer en totalité ? Right and Wrong, Good and Bad, POD and POC, All Nine, Shorts, Boys and Beyonds.

La richesse véritable dans ce monde est la capacité d'avoir la possibilité et le choix. C'est ça la vraie richesse – et non ce que tu peux dépenser. L'idée que la richesse est quelque chose que tu peux dépenser est comme baisser ta culotte pour prouver que tu es passionnée. C'est l'invention visuelle.

> Combien d'argent n'as-tu pas dans ta vie du fait de l'invention visuelle de la richesse que tu ne peux pas imaginer être ? Tout ceci, un dieulliard de fois, vas-tu le détruire et le décréer en totalité ? Right and Wrong, Good and Bad, POD and POC, All Nine, Shorts, Boys and Beyonds.

Confiance en soi

Participante du Salon :

J'aimerais aborder un sujet légèrement différent. La confiance en soi ou le manque de confiance en soi. Est-ce une énergie ? Est-ce une mentalité ? On m'a accusée de manquer de confiance en moi et je ne suis pas sûre d'être d'accord avec cela.

Gary :

Les gens ne t'accusent que des choses qu'ils font eux-mêmes. Tu as entendu parler de cela ?

Participante du Salon :

Oui et je pense que je suis en accord avec cela.

Gary :

Non, tu inventes que tu dois être en accord avec cela. Tu inventes cela parce que tu penses que si quelqu'un le dit, ce doit être vrai.

> Tout ceci, un dieulliard de fois, vas-tu le détruire et le décréer en totalité ? Right and Wrong, Good and Bad, POD and POC, All Nine, Shorts, Boys and Beyonds.

Participante du Salon :

Alors, c'est quoi la confiance en soi ? Est-ce que c'est juste croire en soi ? Si c'est juste une croyance, ça n'a aucun sens. Les croyances n'ont aucun sens.

Gary :

Pourquoi te préoccupes-tu de la personne qui t'a dit cela ?

Participante du Salon :

C'est quelqu'un qui - j'ai décidé - est proche de moi.

Gary :

Ah bon. En d'autres mots, parce que tu aimes bien cette personne, tu la laisses te maltraiter.

Participante du Salon :

Ah, d'accord. Alors, est-ce que je lâche prise et je dis : « Cela n'a pas d'importance pour moi » ?

Gary :

Oui. D'abord, est-ce réel ? – ou est-ce que tu essaies d'inventer cela comme étant réel parce que tu aimes bien cette personne ?

Participante du Salon :
J'essayais de comprendre son point de vue.

Gary :
Mon point de vue est que ce n'est pas parce que je t'aime bien que tu ne peux pas être une connasse. Quand tu es une connasse, tu es une connasse. Ni plus ni moins.

> Tout ceci, un dieulliard de fois, vas-tu le détruire et le décréer en totalité ? Right and Wrong, Good and Bad, POD and POC, All Nine, Shorts, Boys and Beyonds.

Participante du Salon :
J'aime voir des spectacles avec des stars parce que j'aime les voir exprimer leurs talents. Est-ce que j'ai mal identifié et mal appliqué cela parce qu'elles ont confiance en elles, elles expriment leurs talents ? Ou de quoi ai-je conscience quand je les regarde, si ce n'est pas au sujet de la confiance en soi ?

Gary :
Marilyn Monroe exprimait ses talents. Est-ce qu'elle avait confiance en elle ?

Participante du Salon :
Le Non est plus léger.

Gary :
C'est exact. Elle n'avait pas confiance en elle. Elle pensait que si elle continuait à en rajouter comme elle en rajoutait, finalement, quelqu'un l'aimerait. Ce n'est pas avoir confiance en soi. Est-ce que tu inventes ces gens qui te disent que tu as tort comme une preuve d'amour ?

Participante du Salon :
Oui est plus léger.

Gary :

Tout ceci, un dieulliard de fois, vas-tu le détruire et le décréer en totalité ? Right and Wrong, Good and Bad, POD and POC, All Nine, Shorts, Boys and Beyonds.

Participante du Salon :

Dans cette réalité, quand tu as de la vulnérabilité dans la voix ou dans ta présence, les gens peuvent supposer que c'est un manque de confiance en soi.

Gary :

Est-ce vraiment un manque de confiance – ou est-ce là ce que tu as inventé que tu ne peux pas te faire confiance ?

Participante du Salon :

Donc, tu dis que l'on se crée soi-même des petits pièges comme « je ne vais pas me faire confiance parce que je n'ai pas confiance en moi » et tous ces autres courants d'idées que l'on peut avoir.

Gary :

Voici un processus verbal que tu peux mettre en boucle :

> Quelle stupidité est-ce que j'utilise pour créer le manque de confiance en moi est-ce que je choisis ? Tout ceci, un dieulliard de fois, vas-tu le détruire et le décréer en totalité ? Right and Wrong, Good and Bad, POD and POC, All Nine, Shorts, Boys and Beyonds.

La seule personne qui sait ce qui est bien pour toi, c'est toi. Les gens peuvent te raconter tout et n'importe quoi et tu peux ne pas les croire. Je ne crois personne. Pourquoi ? Ils ne peuvent voir que les choses qu'à partir de leur point de vue limité.

Personne ne peut te voir à part toi

Participante du Salon :

À quel moment, Gary, quand rien ne change en cours de route, y aura-t-il un changement majeur à partir duquel je pourrais me détacher de l'importance donnée à ce que les autres disent et à ce que j'en pense ?

Gary :

Pourquoi le fait de penser à ce qu'ils disent semble avoir de la valeur pour toi ?

Participante du Salon :

Je me demande s'ils ont raison.

Gary :

Tu veux dire que tu préférerais douter de toi plutôt que de croire en toi ?

Participante du Salon :

Waouh, oui.

Gary :

Ce n'est pas ton heure de gloire, ma chère.

> Tout ceci, un dieulliard de fois, vas-tu le détruire et le décréer en totalité ? Right and Wrong, Good and Bad, POD and POC, All Nine, Shorts, Boys and Beyonds.

La première chose que tu dois reconnaître, c'est que personne ne peut te voir, à part toi-même. Personne ! Tu es la seule personne à avoir toutes les pièces du puzzle de ta réalité. Tu es la seule à avoir toutes les pièces de la conscience. Tu es la seule qui peut voir tous les aspects de qui tu es. Si tu continues à croire que les autres peuvent voir certaines parties de toi, tu ferais mieux de te mettre un pistolet dans la bouche et de te tirer une balle. C'est ce que tu fais à chaque fois que tu adoptes le point de vue de quelqu'un d'autre à propos de toi. Tu te mets une balle dans la tête. Une chose que je sais, c'est que ce que les gens peuvent voir, c'est une partie de moi qui correspond à ce qu'ils veulent croire être la réalité.

Participante du Salon :

O.K., je vois.

Gary :

C'est tout ce qui existe pour eux. Alors, peux-tu leur faire confiance ?

Participante du Salon :

Non.

Gary :

Alors pourquoi tu continues à leur faire confiance plutôt qu'à te faire confiance ? Il s'agit de te faire confiance.

Participante du Salon :

O.K., je comprends ça.

Gary :

Tout ce que tu as fait pour inventer que tu peux faire confiance aux autres plutôt qu'à te faire confiance, toi qui peux te voir entièrement, un dieulliard de fois, vas-tu le détruire et le décréer en totalité ? Right and Wrong, Good and Bad, POD and POC, All Nine, Shorts, Boys and Beyonds.

Participante du Salon :

Merci, Gary !

Gary :

Merci à toutes d'être aussi incroyables que vous l'êtes. Prenez soin de vous. Salut.

8
Créer la paix au lieu de la guerre

Les choses ne changent pas dans cette réalité parce que nous nous battons contre ce qui est, comme si cela allait créer la paix. Je veux que vous compreniez que cette façon de faire actuelle sur cette planète crée un problème. Tant que nous gardons les rôles des hommes et des femmes inversés, nous maintenons le conflit.

Gary :

Bonjour Mesdames.

L'inversion des rôles des hommes et des femmes

Je vais parler du fait que, sur cette planète, les femmes sont censées être les pacifistes et les hommes, les guerriers quand, en fait, c'est l'inverse. Les rôles sont inversés. En réalité, les femmes sont les guerrières et les hommes, les pacifistes.

Les hommes ont appris qu'ils sont censés être les agresseurs, ils sont censés aller travailler et ils sont censés mourir face au canon. Les choses vont mal sur cette planète parce que les hommes essaient de se battre pour la paix. A travers toute l'histoire, nous avons fait la guerre pour créer la paix.

Si nous voulions créer la paix au lieu de la guerre et que nous laissions les femmes se battre pour le futur, nous serions en bien meilleure posture. Si tu inventais une réalité féminine, détruirais-tu les choses pour créer le futur − ou est-ce que tu créerais quelque chose de différent ? Tu créerais quelque chose de différent ! Tu ne te battrais pas contre quelque chose : tu te battrais pour le futur.

Les choses ne changent pas dans cette réalité parce que nous nous battons contre ce qui est, comme si cela allait créer la paix. Je veux que vous compreniez que cette façon de faire sur cette planète crée un problème. Tant que nous gardons les rôles des hommes et des femmes inversés, nous maintenons le conflit. Tu dois commencer à envisager les choses différemment.

> Quelle stupidité utilises-tu pour créer l'invention de la réalité féminine que tu choisis ? Tout ceci, un dieulliard de fois, vas-tu le détruire et le décréer en totalité ? Right and Wrong, Good and Bad, POD and POC, All Nine, Shorts, Boys and Beyonds.

> Quelle stupidité utilises-tu pour créer l'invention de la réalité masculine que tu choisis ? Tout ceci, un dieulliard de fois, vas-tu le détruire et le décréer en totalité ? Right and Wrong, Good and Bad, POD and POC, All Nine, Shorts, Boys and Beyonds.

L'inversion des rôles masculins et féminins te met dans un état de conflit permanent avec ce qui est vrai pour toi, ce qui signifie que tu dois chercher l'approbation de quelqu'un d'autre. Tu dois inventer qui ou ce que tu es, au lieu d'être qui ou ce que tu es. Tu dois faire attention à ce que les autres te voient, parce que s'ils te voient, peut-être que tu peux te voir, toi. Sauf que cela ne marche pas vraiment. Voir quelque chose est une invention.

> Quelle stupidité utilises-tu pour créer l'invention de la réalité féminine choisis-tu ? Tout ceci, un dieulliard de fois, vas-tu le détruire et le décréer en totalité ? Right and Wrong, Good and Bad, POD and POC, All Nine, Shorts, Boys and Beyonds.

> Quelle stupidité utilises-tu pour créer l'invention de la réalité masculine choisis-tu ? Tout ceci, un dieulliard de fois, vas-tu le détruire et le décréer en totalité ? Right and Wrong,

Good and Bad, POD and POC, All Nine, Shorts, Boys and Beyonds.

Participante du Salon :

Quand j'étais enfant, je savais qui étaient les hommes. Ils étaient les professeurs. Ils avaient un futur défini en tant que professeur et présentaient des projets. Les femmes n'avaient presque aucune identité. Elles étaient juste femmes de professeurs et n'avaient pas de futur.

Votre combat, c'est de créer un futur

Gary :

Les femmes avaient bel et bien un futur, mais leur futur était dicté par celui de leur mari. Tu ne l'as probablement pas remarqué à l'époque, mais j'ai remarqué plus tard dans ma vie que les femmes avaient une mission – et qu'elles allaient se battre contre les autres plutôt que de se battre pour créer un futur. Malheureusement, c'est comme cela que les gens fonctionnent. Ce n'est pas le meilleur choix, mais c'est ce qu'ils choisissent.

Si vous, Mesdames, reconnaissiez que votre combat est de créer un futur – et non de vous battre contre qui que ce soit –, vous pourriez arrêter de vous battre les unes contre les autres. C'est l'une des choses les plus dures, les gens qui se battent les uns contre les autres. Attends un peu, cette femme n'est pas ton ennemie, mais tu en as fait ton ennemie. Est-ce parce qu'elle est une salope et que tu n'en es pas une ?

Participante du Salon :
Exactement.

Gary :

Soyons vrais là – nous sommes tous des salopes, nous sommes tous des salauds, nous sommes tous des enfoirés. Pourquoi ne regardes-tu pas en face ce qui est, plutôt que ce que quelqu'un dit qui devrait être. C'est là que cela doit changer. Si vous, Mesdames, commencez à vous battre pour créer le futur au lieu de vous battre contre ce qui est, ce monde peut changer. Vous avez la capacité de le faire.

Participante du Salon :

Peux-tu m'aider en cela ? À quoi ça ressemble de créer un futur ? En Australie, je fais souvent l'expérience du truc de mec, le truc du monde de l'homme, où il y a la dureté et une incapacité à laisser la place à la gentillesse et à la bonté. Je pense que les femmes agissent comme des boucliers et adoptent une identité pour y correspondre. Je pense que quand on laisse la place à la douceur, à la gentillesse et à la bonté, cela fait peur aux gens, ils se sentent menacés.

Gary :

Est-ce que cela leur fait peur ou est-ce que cela menace leur réalité ?

Devenir la femme guerrière

Si tu essaies d'être douce, tu menaces leur réalité. Si tu commençais à te battre pour créer le futur, tu serais prête à te battre pour ce que serait vraiment le futur, ce qui signifierait qu'au lieu de devenir un bouclier, tu deviendrais la femme guerrière. Tu dirais des trucs comme : « Répète-le seulement une fois, connard, et je te coupe les testicules immédiatement. »

Participante du Salon :
Est-ce ce qu'il faut faire ?

Gary :

Oui, c'est ce que tu fais si tu es prête à te battre pour créer une réalité différente. Pourquoi n'es-tu pas toi au lieu d'être l'être sensible que tu essaies d'être ? En disant ce qui est, au lieu de te battre contre cela.

Une dame m'a dit : « Je veux dire aux gens ce qui est franchement. »

Ce n'est pas ce que tu dois faire. Tu ne veux pas dire aux gens ce qui est franchement. Les guerriers attendent le moment opportun pour insérer le couteau qui créera une ouverture pour une possibilité différente en tant que futur. Tu penses que tu dois être agressive ou faire quelque chose qui n'est pas nécessaire. Se battre pour quelque chose est différent de se battre contre quelque chose.

Pour l'instant, la plupart d'entre vous essayent de se battre contre l'animosité qui existe entre les hommes et les femmes – parce qu'il y a peu d'hommes qui apprécient les femmes et peu de femmes qui apprécient les hommes. Est-ce que cela fait de ce qui se passe quelque chose de bien ou mal – ou cela crée-t-il une ouverture pour une possibilité différente ?

Participante du Salon :
Gary, explique ce que tu veux dire par « cela créera une ouverture pour une possibilité différente. » A quoi cela ressemblerait-il ? Comment ferais-tu cela ?

Gary :
Si tu devais apprécier ton glandeur de fils pour le glandeur paresseux qu'il est, tu t'assiérais et ferais une petite sieste. Cela changerait-il ta relation avec lui ?

Participante du Salon :
Absolument. Ça changerait tout.

Gary :
C'est là que tu attends l'ouverture qui te permet d'insérer quelque chose pour créer un futur différent. Tu ne peux pas forcer les gens à faire les choses comme tu voudrais qu'ils le fassent. Crois-moi. J'ai essayé et j'ai échoué misérablement – et pas qu'une fois. Je sais très bien échouer.

Participante du Salon :

Excellent ! Quelles questions peut-on poser pour avoir la prise de conscience du moment où le faire ?

Gary :

Et si tu utilisais : « Quelle énergie, espace et conscience puis-je être pour être la guerrière que je suis vraiment » ?

Une guerrière sait comment faire ce truc. Une guerrière est prête à se battre au bon moment. Elle attend une ouverture pour asséner le coup qui va créer une scène différente, un élément différent de la bataille. Si tu essaies de te battre tout le temps, c'est comme si tu hurlais en vain. Est-ce que cela fonctionne ?

Participante du Salon :
Non !

Se battre pour et se battre contre

Gary :

Si tu commences à inviter la paix à émaner de l'homme au lieu d'essayer d'en faire une personne contre qui tu dois te battre, une possibilité différente peut se faire jour.

Tu peux te battre contre ou te battre pour. La plupart des femmes, quand elles ont des enfants, sont prêtes à se battre pour protéger leurs enfants. Est-ce se battre pour ou contre ?

Participante du Salon :

Se battre contre.

Gary :

Oui. Si vous vous battiez pour eux, vous essaieriez de comprendre ce que vous pourriez faire, dire ou être qui leur donnerait tout ce qu'ils requièrent.

Participante du Salon :
Et comment l'aisance entre-t-elle en jeu dans tout cela ?

Gary :
L'aisance vient quand tu es prête à te battre de cette façon.

Possibilités et choix

Participante du Salon :
Qu'y a-t-il au-delà de la bataille ?

Gary :
Le choix. Si tu te bats pour quelque chose, tu te bats pour créer un futur. Tu es prête à envisager chaque choix qui est à ta disposibilité à chaque instant. La difficulté est que nous avons été entraînés à croire qu'il n'y a que deux choix – et ce n'est pas vraiment la vérité.

Tu as appris que si tu faisais le bon choix, tu obtiendrais les résultats que tu désires. Mais ce n'est pas de cela dont il s'agit. Tu dois voir les possibilités des choix et comment ils peuvent créer et générer quelque chose de différent. C'est très différent d'essayer de créer une option à deux ou trois choix.

Réfléchis à cela maintenant : tu veux créer un futur dans lequel, dans trois ans, ta vie sera meilleure et plus expansive que ce que tu n'as jamais pu croire possible. Maintenant, combien de choix et de possibilités as-tu créés là, juste en y pensant ? Des centaines, des milliers ou des millions ?

Participante du Salon :
Oui, des milliers, beaucoup.

Gary :
Beaucoup, beaucoup, beaucoup. Juste là, tu viens de créer 100,000 choix – et chacun d'entre eux peut être choisi pour créer une légère variante dans le futur que tu vas créer. Quand tu commences à te battre pour créer un futur, tu regardes comment chaque choix

que tu fais crée un futur. Tu te dis : « Oh, je vais prendre celui-ci au lieu de celui-là parce que ce dernier crée moins de futur que le premier. » Et tu commences à voir le futur et ce qui va être créé. Tu dois apprendre à commencer ce processus. C'est quelque chose que tu dois apprendre. Cela ne marche pas automatiquement.

Si nous fonctionnons à partir de la possibilité au lieu des autres choses, une ère totalement nouvelle s'ouvre à nous.

Participante du Salon :
Comment faire cela ?

Gary :
Ce n'est pas un comment. Tu commences avec : mon boulot, c'est d'être une guerrière et de me battre pour la création du futur. Quand tu commences à fonctionner à partir de cela, tu vas arrêter de penser à la fois où quelqu'un t'a insultée ou pas. Tu diras : « Désolée, l'insulte ne sert à rien ; je dois juste te tuer. O.K., salut ! »

Participante du Salon :
Peux-tu expliquer en quoi la bataille et le choix se jouent ensemble et à quoi ça ressemble, pragmatiquement ?

Gary :
Disons que tu as 500,000 dollars. Tu as le choix de te battre pour créer le futur, donc quel futur aimerais-tu avoir ? Si tu essaies de protéger cet argent pour ne pas le perdre, tu te bats pour le futur ou contre le futur ?

Participante du Salon :
Contre.

Gary :
Tu dois demander : « Quels choix ai-je là, qui vont générer et créer le futur que j'aimerais vraiment avoir ? » Puis tu commences à voir comment tu peux donner vie à ce futur.

Participante du Salon :

O.K., c'est là que l'aisance entre en jeu.

Conquérir

Participante du Salon :

Pourrais-tu s'il te plaît parler plus en détail de comment conquérir et donner des exemples pragmatiques de comment ça marche ?

Gary :

La première étape du conquérir est de reconnaître quand tu es la guerrière qui va se battre pour la création d'un futur. Si tu pars au combat pour la création d'un futur, tu seras prête à conquérir l'homme s'il est quelqu'un que tu veux dans ton futur ou s'il est celui qui créera le futur pour toi.

J'ai parlé à une jeune dame récemment. Elle est très jeune et très jolie. On lui a présenté un homme légèrement plus âgé qu'elle qui a un peu de ventre et qui n'a pas la beauté parfaite.

Elle a dit : « Oh, je ne sais pas si je veux sortir avec lui. »

Je lui ai répondu : « Tu sais quoi ? N'as-tu pas demandé d'avoir quelqu'un qui t'idolâtre ? »

Elle a dit : « Oui, mais il n'est pas beau. »

Je lui ai dit : « Un bel homme ne va jamais t'idolâtrer : il veut seulement être idolâtré lui-même. »

Elle a dit : « Quoi ? »

Je lui ai dit : « Chaque bel homme de ce monde veut être idolâtré parce qu'il pense que c'est son dû. Ce que tu cherches, c'est quelqu'un qui va t'idolâtrer et t'aimer totalement. Cet homme a l'âge idéal, il n'est pas trop beau, pas moche non plus et il va t'adorer totalement. Tu peux voir ça comme une possibilité. »

Elle a répondu : « O.K. »

Je lui ai dit : « Tu n'as pas besoin de l'épouser et d'avoir des enfants avec lui. Tout ce que tu dois faire, c'est de reconnaître qu'il est un pas dans cette direction où tu souhaites avoir quelqu'un qui t'adore. Peut-être qu'il va te présenter quelqu'un qui va t'adorer encore plus. Qui sait ? Tu dois être prête à voir cela comme moyen de créer un futur. »

Ou disons que tu es avec un homme qui essaie de te rafistoler. Les hommes qui essaient de te rafistoler ont décidé qu'une fois ceci fait, tu seras la bonne personne pour eux. Si c'est ce qui se passe dans ta vie, tu peux avoir envie de leur dire : « Merci infiniment pour ce que tu es prêt à faire pour moi. Allons faire les magasins. » Emmène-le pendant six heures faire les magasins et ce sera la dernière fois qu'il essaiera de faire quoi que ce soit pour toi. Six heures de douleur et de souffrance pour toi afin de créer six heures de douleur et de souffrance pour te débarrasser de lui. C'est cela conquérir la situation – c'est savoir ce que tu as à faire.

J'aimerais qu'un homme me séduise pour une fois dans ma vie !

Participante du Salon :

Les choses ont véritablement changé pour moi depuis que j'ai fait les classes de Niveaux 2 et 3 et différentes téléclasses avec toi. Je suis passée d'une libido zéro à être excitée tout le temps. Je pense constamment au sexe et, en particulier, avec Gary et Dain et d'autres hommes qui savent jouer avec une femme de manière sexuelle-sensuelle. Je suis mariée et je ne désire pas coucher avec mon mari parce qu'il est le genre d'homme énergique et rapide que l'on voit dans les pornos. J'aimerais qu'un homme me séduise pour une fois dans ma vie !

Gary :

Répète ceci :

> Quelle énergie, espace et conscience mon corps et moi pouvons être qui nous permettraient d'être complètement séduits et saturés de sexe pour toute éternité ? Tout ce qui ne permet pas cela, un dieulliard de fois, vas-tu le détruire et le décréer en totalité ? Right and Wrong, Good and Bad, POD and POC, All Nine, Shorts, Boys and Beyonds.

Participante du Salon :

Comment enseigner à mon mari à être lent, sensuel, nourricier et toutes ces bonnes choses ? Ça a toujours été un défi pour moi de demander ce que je désire.

Gary :

Tu pourrais te procurer le livre « Le sexe n'est pas si compliqué », le mettre dans les toilettes et faire comme si tu le lisais. Comme cela, quand il ira aux toilettes, il le prendra et commencera à le bouquiner. S'il commence à passer de plus en plus de temps aux toilettes, tu auras bientôt ce que tu veux. »

Vivre pour les autres

Participante du Salon :

Depuis mon enfance jusqu'à récemment, j'ai été un parent émotionnellement parlant pour mes parents. J'ai essayé de les protéger et de m'en occuper.

Gary :

Jusqu'à récemment ? Tu le fais encore. C'est la raison pour laquelle tes parents t'ont eue. Ils voulaient quelqu'un qui s'occuperait d'eux pour leur rendre la vie belle et réelle. Ils t'ont choisie pour avoir quelqu'un qui s'occuperait d'eux parce qu'ils ne peuvent prendre soin d'eux-mêmes. Tu étais censée tout faire pour eux. Ils ne pouvaient prendre soin de toi, car ils essayaient de faire en sorte que ce soit toi qui prennes soin d'eux.

> Partout où tu n'as pas été prête à percevoir, savoir, être et recevoir cela, vas-tu le détruire et le décréer en totalité ? Right and Wrong, Good and Bad, POD and POC, All Nine, Shorts, Boys and Beyonds.

Voici un processus que beaucoup d'entre vous ont besoin de faire tourner. Cela vient suite à la lecture des questions que vous m'avez envoyées. Je veux que vous utilisiez cela :

> Quelle stupidité est-ce que j'utilise pour créer l'invention des choses requises et des prérequis de la façon de vivre des autres, de leur part et pour eux est-ce que je choisis ? Tout ceci, un dieulliard de fois, es-tu prête à le détruire et à le décréer en totalité ? Right and Wrong, Good and Bad, POD and POC, All Nine, Shorts, Boys and Beyonds.

Participante du Salon :

Est-ce que cela a à voir avec le fait de demander l'autorisation ?

Gary :

Non. Tu crois que cela a à voir avec le fait de demander l'autorisation. Si tu cherches à obtenir l'approbation, tu n'es pas prête à te reconnaître, toi. C'est reconnaître que tu es la guerrière qui se bat pour la création du futur. Si tu commences à fonctionner à partir de là, tu te sentiras encore plus toi-même que tu ne l'as jamais été. L'inversion des rôles masculins et féminins te met en position de conflit permanent avec ce qui est vrai pour toi, ce qui signifie que tu dois chercher l'approbation de la part de quelqu'un d'autre. Tu dois t'assurer qu'un autre te voit parce que s'il te voit, peut-être que tu peux te voir toi-même. Sauf que cela ne fonctionne pas bien. Voir quoi que ce soit est une invention.

> Tout ceci, un dieulliard de fois, vas-tu le détruire et le décréer en totalité ? Right and Wrong, Good and Bad, POD and POC, All Nine, Shorts, Boys and Beyonds.

Représentations visuelles et inventions

Participante du Salon :

Peux-tu expliquer davantage en quoi le fait de voir est une invention ?

Gary :

Lors de notre dernier appel, j'ai parlé de la fois où je regardais la télévision. Le visuel pour la passion était quelqu'un qui laissait sa culotte tomber par terre. C'était censé représenter la passion. Ce n'était pas la passion, c'était une culotte tombant par terre. Nous adoptons le point de vue que la représentation visuelle du monde est la vérité de ce monde.

> Quelle stupidité utilises-tu pour créer l'invention de la réalité visuelle comme la vraie réalité de cette réalité choisis-tu ? Tout ceci, un dieulliard de fois, vas-tu le détruire et le décréer en totalité ? Right and Wrong, Good and Bad, POD and POC, All Nine, Shorts, Boys and Beyonds.

Tu essaies de voir les choses de la manière dont les autres les représentent visuellement. Prends un intellectuel dans la ville de New York. Il déblatèrera sur le sens d'une phrase tirée d'un livre. Il fera toutes sortes d'hypothèses sur ce qu'est censé être le point de vue de l'auteur. Si tu regardes la phrase dont il parle, ce sera clair dans 90 % des cas que ce que l'intellectuel a trouvé était ce qu'il essayait de voir. C'est à dire une invention et non une réalité. C'est ce que nous faisons aussi dans notre monde. Nous essayons d'inventer quelque chose qui n'est pas.

Participante du Salon :

Quand j'étais enfant, j'avais du mal à comprendre cela.

Gary :

C'est parce que tu savais que c'était une invention, mais les gens te disaient que c'était la réalité. Les gens créent des inventions comme si c'était des réalités. As-tu déjà remarqué que quand les gens parlent, on dirait qu'ils récitent les dialogues d'un film ? Ils prononcent leurs répliques qui ne correspondent absolument pas à qui ils sont. Tu sais que c'est pour eux une réalité inventée. C'est une représentation visuelle de ce qu'ils pensent qu'ils sont censés être et non une perception consciente de qui ils sont.

> Quelle stupidité utilises-tu pour créer l'invention de la réalité visuelle comme étant la vérité de cette réalité comme étant la seule réalité que tu peux choisir, choisis-tu ? Tout ceci, un dieulliard de fois, vas-tu le détruire et le décréer en totalité ? Right and Wrong, Good and Bad, POD and POC, All Nine, Shorts, Boys and Beyonds.

Je te recommande de devenir maligne et de reconnaître là où tu as verrouillé des points de vue sur ce que tu es censée faire qui sont des inventions et non des créations. Si tu veux être la guerrière qui se bat pour la création du futur, tu dois te débarrasser de l'invention. Quelle part de ce que tu fais dans ta vie d'aujourd'hui avec tes relations relève d'inventions ? Beaucoup, un peu ou des mégatonnes ?

Participante du Salon :
Des mégatonnes.

Gary :

> Tout ceci, un dieulliard de fois, vas-tu le détruire et le décréer en totalité ? Right and Wrong, Good and Bad, POD and POC, All Nine, Shorts, Boys and Beyonds.

Dans quelle mesure ce que tu considères comme des problèmes de ces questions sont en fait des inventions ?

> Tout ce que tu as fait pour inventer cela, un dieulliard de fois, vas-tu le détruire et le décréer en totalité ? Right and Wrong, Good and Bad, POD and POC, All Nine, Shorts, Boys and Beyonds.

Tu dois être prête à voir quelle part de ta relation tu as inventée comme problème. Es-tu comme cette femme qui a dit qu'elle avait du mal à demander ce qu'elle veut au lit ? N'es-tu pas prête à perdre ton mari ? Si tu étais prête à perdre ton mari, cela créerait-il une possibilité différente pour toi qui te permettrait de lui demander ce que tu veux vraiment ? Apparemment, cela s'applique pour tout le monde dans cette classe.

Tout ceci, un dieulliard de fois, allez-vous le détruire et le décréer en totalité ? Right and Wrong, Good and Bad, POD and POC, All Nine, Shorts, Boys and Beyonds.

Participante du Salon :

Qu'est-ce qu'une invention ?

Gary :

L'invention, c'est ceci : allume la télé et regarde deux personnes qui s'embrassent. C'est censé représenter à quel point ils tiennent l'un à l'autre, à quel point ils se désirent. Est-ce la vérité ou est-ce une invention ? Toutes les pensées, sentiments, émotions, sexe et non-sexe sont des inventions.

Participante du Salon :

Je vois que tout est invention.

Gary :

Une grande partie en est, sauf quand tu crées vraiment un futur. Une part énorme de ce que tu as fait dans ta vie est une invention. Tu essaies d'inventer qui tu es. Tu essaies d'inventer ta situation financière. Tu essaies d'inventer tes relations et comment tout est censé apparaître aux autres. Cela concerne la façon dont les choses semblent être et non ce qu'elles sont. Tout est l'opposé de ce que cela semble être et rien n'est l'opposé de ce que cela semble être. Tout est invention.

Tout ceci, un dieulliard de fois, vas-tu le détruire et le décréer en totalité ? Right and Wrong, Good and Bad, POD and POC, All Nine, Shorts, Boys and Beyonds.

Participante du Salon :

Merci de cette téléclasse, Gary. Cette partie de ma réalité est comme une énergie périmée et, pourtant, il se passe beaucoup de choses ici et une possibilité nouvelle s'ouvre.

Gary :

C'est la raison pour laquelle j'essaie de vous faire reconnaître que vous inventez ce truc au lieu de créer. Si tu décides que tu es amoureuse de quelqu'un, est-ce une vérité, une création ou une invention ?

Participante du Salon :

Une invention.

Gary :

Oui, parce que c'est une pensée, un sentiment, une émotion.

Créer en partant du choix, de la possibilité, de la question et de la contribution

Participante du Salon :

Ce serait comment de créer alors ? Je ne comprends pas.

Gary :

Tu as créé à partir de l'invention. Tu n'as pas créé à partir du choix, de la possibilité, de la question ou de la contribution.

Participante du Salon :

Est-ce comme une énergie générative ?

Gary :

Quand tu fonctionnes à partir de l'énergie, c'est génératif et créatif. Commence à générer et à créer en étant une guerrière qui se bat pour la création du futur. Ressens littéralement la solidité dans l'énergie de « je suis une guerrière qui se bat pour la création du futur ». Il n'y a pas de doute dans ton univers quand tu dis cela. Tout d'un coup, le doute disparaît et tu sais quoi faire. Cela devient très pragmatique et fondateur. Tant que je vais dans cette direction, je sais où je vais.

Participante du Salon :

Comment devient-on la guerrière, la guérisseuse et la conquérante sans la maltraitance et au-delà d'elle ?

Gary :

Tu continues à regarder ce qui se passe sur la planète de la façon dont les hommes ont créé. C'est un problème parce qu'ils doivent aller à l'encontre de leur désir de paix pour créer la guerre et, pour y parvenir, ils créent la colère, la rage, la furie et la haine (qui sont tous des implants distracteurs) comme étant réelles afin de mener à bien leur mission d'être les conquérants et destructeurs du monde qu'ils pensent devoir être.

Si tu crées à partir d'une autre perspective, celle de « comment je peux développer cela et créer un futur ? », tu ne pratiqueras pas la destruction, la colère, la rage, la furie et la haine pour y parvenir. Tu pratiqueras la question, le choix, la possibilité et la contribution.

Participante du Salon :

Waouh, c'est cool. Merci.

N'exclus pas la colère

Participante du Salon :

J'écoutais le CD où tu parles de la non-exclusion – et de ne pas exclure la colère. Tu dis que la colère est un implant distracteur. Peux-tu parler davantage de cela, s'il te plaît ?

Gary :

Oui, la colère est un implant distracteur. La seule fois où la colère est réelle et non un implant distracteur, c'est quand quelqu'un te ment.

Tu dois inclure la colère comme faisant partie du spectacle. Ce n'est pas que tu doives inclure l'implant distracteur, mais tu dois être prête à inclure la colère au point de réaliser que quelqu'un l'utilise comme implant distracteur. Si tu essaies d'éliminer ou d'exclure les implants distracteurs, tu essaies de faire en sorte de ne pas les voir au lieu de voir quand ils sont présents.

Participante du Salon :

J'ai le point de vue que je hais me mettre en colère. Ça me rend dingue de me sentir en colère et je ne sais pas très bien où aller avec ça.

Gary :

Si tu inclus la colère, alors la colère peut être quelque chose qui vient comme un flash – et tu peux alors la dépasser. Ou bien quand ça flashe, tu peux demander : « Est-ce que cette personne m'a menti ? » Si tu obtiens un oui, la colère disparaît. Si tu refoules la colère, elle explose et cela te fait mal. Cela fait mal à ton corps et tu t'énerves de la ressentir. D'après ta description, on dirait que tu essaies de refouler ta colère et de ne pas la laisser sortir, du coup, quand elle vient, c'est une explosion géante, ce qui n'aide pas vraiment. Et ça fait mal.

Participante du Salon :

J'ai peur de ce qui va se passer avec cette colère envers mon fils si je ne la contiens pas.

Gary :

Tu dois inclure ta colère envers ton fils aussi et dire : « Si tu recommences, je te mets la tête dans les toilettes et je tire la chasse. » J'ai fait ça avec mon gosse aujourd'hui. Il m'appelle tout le temps pour demander : « Et si on allait boire un verre ensemble ou si on allait dîner ensemble ? » Il veut toujours qu'on se voie. Il m'aime incroyablement parce que je suis honnête avec lui. Aujourd'hui, je n'ai pas refoulé ma colère, je l'ai exprimée mais je n'ai pas explosé partout sur lui, ce que font beaucoup de gens.

Participante du Salon :

Alors, comment je fais ça ? Qu'est-ce que je dois demander avant d'exploser ?

Gary :

Quelle énergie, espace et conscience puis-je être qui me permettrait d'inclure ma colère dans ma réalité pour toute l'éternité ?

« Je ne suis qu'une petite fille naïve »

Participante du Salon :

Il y a quelque chose qui m'embête depuis un petit bout de temps et j'ai évité jusque-là de le révéler ou d'en discuter. Je pense avoir souvent choisi d'être aimable, joyeuse, ouverte sexuellement, encourageante et courageuse et bien plus encore, grâce à Access Consciousness et à toi, Gary. Il semble que tout cela amène les hommes et parfois leur partenaire à mal interpréter mes intentions et je perçois les projections, attentes, séparations, jugements et rejets. Je ne suis pas consciente de ce qui se passe.

Gary :

Être inconsciente, c'est être naïve. Ne pas recevoir les projections, attentes, séparations, jugements et rejets, c'est une façon de maintenir le « je ne suis qu'une petite fille naïve ». Cela te conduirait à faire des choses comme rire ou glousser au mauvais moment, faire des choses que tu ne veux pas faire et avoir des gens dans ta vie à qui tu ne sais pas dire non.

Quand tu n'es pas consciente de ce qui se passe, demande : « Quelle stupidité est-ce que j'utilise pour créer la naïveté que je choisis ? »

Tu vas devenir une guerrière pour la création d'un futur. Tu vas adopter un point de vue différent et tu n'auras plus à pouffer de rire pour arriver à tes fins.

A qui cela appartient ? Est-ce à moi ?

Participante du Salon :

Quand je suis consciente qu'un homme est attiré par moi, je me sens gênée. Parfois, je glousse ou je monte mes barrières ou je le drague en retour pour le faire se sentir mal ou gêné.

Gary :

As-tu déjà demandé : « À qui cela appartient ? »

Les hommes sont les êtres les moins sûrs d'eux-mêmes sur cette planète, Mesdames. Si vous ne vous sentez pas sûres de vous, il y a 99 % de chance qu'il s'agisse du point de vue d'un homme. Très peu d'hommes ont totalement confiance en eux. Ceux pour qui c'est le cas sont extrêmement intimidants pour tout le monde. Si tu es intimidée par quelqu'un, c'est probablement parce qu'il est bien dans sa peau et si tu ne te sens pas bien dans ta peau, c'est parce que tu es consciente – et non parce que tu as un problème. Je t'aime – et tu dois dépasser cela.

Participante du Salon :

Quelque part, j'ai gobé les projections, attentes, séparations, jugements et rejets de tout le monde comme s'ils étaient réels. Je me suis donné tort, j'ai rejeté la faute sur moi, je me suis sentie paralysée et j'ai monté mes barrières. J'aimerais plus de clarté avec tout cela.

Gary :

Waouh, quelle belle invention.

> Combien d'entre vous inventent vos façons de traiter les hommes, les femmes et les relations ? Tout ceci, un dieulliard de fois, allez-vous le détruire et le décréer en totalité ? Right and Wrong, Good and Bad, POD and POC, All Nine, Shorts, Boys and Beyonds.

Tu dois voir clairement le fait que 99 % de tout cela ne t'appartient pas. Tu dois commencer à poser la question « est-ce à moi ? ». Quand tu fais ça, tu vas découvrir que rien de tout cela n'est à toi. Le manque de confiance et tout le reste ne t'appartiennent pas. Le fait de ne pas vouloir être rejetée ne t'appartient pas. S'il te plaît, comprends que cela n'est pas à toi, ma douce. Ces points de vue ne sont pas les tiens.

Relations exclusives

Participante du Salon :

Merci de ces téléclasses. Je comprends que c'est vraiment O.K. d'avoir juste un amant. Il ne doit pas remplir tous les critères – et maintenant, j'ai une vie vraiment formidable.

Gary :

Oui, il vous faut avoir la conscience que vous n'avez pas besoin d'avoir une seule personne qui répond à tous vos désirs. Un être infini n'aurait-il qu'une seule personne dans sa vie ? Le principe des relations exclusives, c'est d'exclure tout le monde excepté l'élu et, en faisant ça, le plus souvent, tu t'inclus dans le « tout le monde ». Tu prends le chemin de t'exclure toi-même au lieu de reconnaître : « O.K., je m'inclus là-dedans. » Tu ne demandes pas :

- ▸ Qu'est-ce que j'aimerais vraiment avoir ?
- ▸ Qu'est-ce qu'il faudrait pour faire que ma vie soit fun ?

Tu ne dis pas : « Juste pour moi, juste pour le fun... à personne ! »

Être par opposition à faire
Participante du Salon :

J'ai besoin de clarification à propos d'être par opposition à faire. Je pense que j'essaie d'avoir du succès en faisant des trucs, mais je me sens inadéquate, sans succès et attachée à un résultat. Qu'est-ce qui se passe ? Peux-tu m'aider avec un déblayage que je peux utiliser ?

Gary :

> Quelle stupidité est-ce que j'utilise pour créer l'invention par le faire est-ce que je choisis ? Tout ceci, un dieulliard de fois, vas-tu le détruire et le décréer en totalité ? Right and Wrong, Good and Bad, POD and POC, All Nine, Shorts, Boys and Beyonds.

Tu saisis cela ? Tu inventes en faisant, comme si, en faisant, tu allais vraiment créer, ce qui n'est pas le cas.

Est-ce qu'on revient pour arranger les choses ?
Participante du Salon :

J'ai entendu dire que, souvent, nous nous réincarnions encore et encore pour nous retrouver avec certaines personnes. Quelle est ta perception à ce sujet ? Est-ce qu'on fait cela par goût aussi bien que pour saisir l'opportunité de lâcher les limitations que nous avons en rapport avec quelqu'un ?

Gary :

Non, généralement tu choisis les personnes avec qui tu as une limitation pour que tu puisses les tuer dans cette vie. Si tu es très attirée par quelqu'un ou si tu éprouves de la passion pour quelqu'un, généralement, cette passion est basée sur l'idée que, dans cette vie, tu dois tuer cette personne ou bien c'est elle qui doit te tuer.

Alors, est-ce qu'on revient pour arranger les choses ? Apparemment, non ! Quand j'étais dans ma période métaphysique, ils m'ont dit que l'on choisissait des gens pour lâcher nos limitations mais jusqu'ici, je n'ai pas trouvé que c'était vrai. Si tu as une relation explosive avec quelqu'un, c'est parce que vous vous êtes tués l'un l'autre à tour de rôle pendant des siècles et que vous cherchez à qui le tour cette fois.

Le coup de foudre

Participante du Salon :
Est-ce que le coup de foudre existe vraiment ?

Gary :
Oui, parce que tu as tellement de serments, vœux, allégeances, serments de sang, promesses et engagements d'autres vies que, quand tu tombes sur quelqu'un avec qui tu étais lié dans une autre vie, tu te souviens soudainement de tout cela. Ce n'est pas le physique de la personne qui crée cette réponse, mais sa forme énergétique. D'un coup, tu tombes amoureuse de la personne.

> Tous les serments, vœux, allégeances, serments de sang, promesses et engagements que tu as avec quiconque au travers de toutes vies, de toute vie qui existe encore, vas-tu les détruire et décréer tous ? Right and wrong, good and bad, POC and POD, all 9, shorts, boys and beyonds.

La bonne nouvelle, c'est que vous, vous vous êtes donnés à fond là-dedans. La mauvaise nouvelle, c'est que vous vous êtes donnés à fond là-dedans !

Les étiquettes limitent les possibilités

Participante du Salon :
J'ai fait une expérience un jour, pendant une journée, j'ai décidé de ne pas considérer mon petit ami comme mon petit

ami, mais comme un bon ami. Ce jour-là, j'ai remarqué que mon comportement envers lui était différent. L'interaction entre nous était beaucoup moins dans le contrôle et plus dans le jeu. Je suspecte que cela a quelque chose à voir avec le sens du mot petit ami. Peux-tu en parler ? Le sens des mots et les étiquettes ont-ils vraiment tant d'impact ?

Gary :

Oui. À chaque fois que tu mets une étiquette sur ce que quelqu'un est pour toi, tu ne peux pas ouvrir la porte à des possibilités plus grandes que celles de l´étiquette. Tu limites les possibilités avec chaque étiquette que tu mets sur quelqu'un. C'est pourquoi je dis aux gens d'appeler la personne qu'ils aiment bien, leur insignifiante moitié et non leur moitié signifiante. Si cette personne est votre insignifiante moitié, il y a plus de possibilités. Si elle ou il est votre moitié signifiante, tu dois rendre cela important, signifiant, contrôlant – et pas fun du tout.

> Tout ce que vous avez fait pour inventer cela comme étant des choses importantes, allez-vous le détruire et le décréer en totalité ? Right and Wrong, Good and Bad, POD and POC, All Nine, Shorts, Boys and Beyonds.

En fait, peux-tu tout contrôler ?

Participante du Salon :

Peux-tu parler de l'idée de contrôle ? Est-ce une énergie ou une idée mentale ? Je comprends que je suis coincée entre les deux polarités, contrôlante et non contrôlante et que je me bats pour savoir quand contrôler et quand lâcher prise. Je rends l'idée de contrôle plus puissante que moi.

Gary :

Le contrôle est principalement une invention. Y a-t-il la place dans une relation consciente pour un quelconque contrôle ?

Non. En fait, peux-tu contrôler quoi que ce soit ? Non. Essaie de contrôler l'énergie dans la pièce. Le peux-tu ? Non. Pourquoi ? Parce que l'énergie est incontrôlable. Est-ce que ton partenaire est énergie ? Oui. Si tu essaies de le rendre contrôlable, quelle quantité de contraction de cette réalité dois-tu faire exister ? Si tu essayes de le rendre contrôlable, quelle quantité de contraction de sa vie entière, de sa façon de vivre et de son corps dois-tu créer ? Beaucoup, un peu ou trop ? Beaucoup trop !

Tout ceci, un dieulliard de fois, vas-tu le détruire et le décréer en totalité ? Right and Wrong, Good and Bad, POD and POC, All Nine, Shorts, Boys and Beyonds.

L'amour en soi est une invention

Participante du Salon :
Qu'y a-t-il au-delà de l'invention d'être amoureuse ?

Gary :
L'amour en soi est une invention. C'est probablement l'une des choses les plus dures à saisir. Les gens disent : « Cette personne t'aime. » Est-ce qu'il ou elle t'aime ? Ou est-ce qu'il ou elle désire quelque chose de toi ? Ou quoi ? Tes parents t'aiment. Est-ce que ton père et ta mère t'aiment de la même façon ? Non, c'est totalement différent. L'une des deux est-elle vraiment de l'amour - ou les deux sont-elles des inventions de ce qu'est l'amour ?

Participante du Salon :
Des inventions.

Gary :
Oui, l'amour est une invention. As-tu plus de gratitude pour ta mère ou pour ton père ?

Participante du Salon :

Pour ma mère, pour m'avoir donné naissance – et pour mon père, parce que je m'entends mieux avec lui.

Gary :

Tu as de la gratitude pour ton père et tu tolères ta mère.

Participante du Salon :

Exactement, merci.

Gary :

Appelez un chat un chat, mes amis. Si vous tolérez votre mère, c'est parfait. Si vous avez de la gratitude pour quelqu'un, c'est différent. La gratitude ne porte pas de jugement ; l'amour, si. C'est pourquoi je dis que l'amour est une invention. Si c'était de l'amour véritable, il ne pourrait pas y avoir de jugement. L'amour véritable est une expression continue de la possibilité. Tu saisis la différence ?

Participante du Salon :

Est-ce avantageux de créer un futur différent si nous avons une relation consciente avec tous les êtres ?

Gary :

Si tu es prête à créer ta réalité, tu pourras avoir une relation différente avec chaque personne que tu rencontres. Tu seras plus ouverte que les autres aux possibilités plus grandes. Cela veut-il dire qu'elles recevront ce que tu as à dire ? Non. Est-ce qu'elles te recevront, toi ? Non. Cela veut-il dire que nous allons changer l'espèce des humains/humanoïdes sur la planète ? Avec un peu de chance, oui. Continue juste de t'aimer parce que tu es celle qui va créer les possibilités.

Chaque relation est une invention

Participante du Salon :

Les relations ne sont-elles pas une autre invention ?

Gary :

Oui, chaque relation est une invention. La relation telle qu'elle est créée ici est une invention.

Participante du Salon :

Partout où je fonctionne pour « être synchro » dans ma relation semble être une invention. Je ne vois pas comment fonctionner différemment et je finis par choisir de ne pas y aller du tout parce que j'ai la conscience que c'est stupide.

Gary :

Est-ce une prise de conscience ou une conclusion ?

Participante du Salon :

Je ne sais pas. Cela n'est pas clair pour moi.

Gary :

C'est plutôt une conclusion. Et si tu posais une question :

- Est-ce que celle-là va pouvoir marcher ?
- Est-ce que ce sera fun ou intéressant pour moi ?
- Est-ce que cela pourra créer ou générer davantage dans ma vie ?

Si tu commences à fonctionner de la position de guerrière qui va au combat pour créer le futur, tu pourras voir « Oh, je ne choisis pas d'être avec cette personne parce que cela ne créerait pas un futur qui serait une contribution pour moi ou la contribution que je veux être. » Tu saisis la différence ?

Participante du Salon :

Oui. Est-ce que je dois utiliser un processus pour déblayer ma difficulté avec les relations ?

Gary :

En vérité, veux-tu vraiment une relation ?

Participante du Salon :
Non.

Gary :
Alors, pas de problème !

Participante du Salon :

Mais, au cours de ces téléclasses, tout le monde parle de relations. De rien d'autre. C'est ce que tout le monde fait.

Gary :

Ce n'est pas tout. Ne vous ai-je pas dit que votre vraie mission, c'est de créer un futur ?

Participante du Salon :
Oui, c'est cool.

Gary :

J'essaie de vous faire prendre conscience de ce que vous êtes vraiment venues faire ici-bas et de ce qui est vraiment possible pour vous. Si vous voulez une relation, je ferais de mon mieux pour vous aider à avoir cela aussi. Mais je veux que toutes celles d'entre vous qui ne désirent, n'ont besoin ou ne veulent pas de relation sachent que vous n'avez pas à le faire. C'est juste un choix. C'est vraiment comme cela que nous devrions tous fonctionner.

Une guerrière est prête à faire ce qu'il faut pour gagner la bataille

Participante du Salon :

J'ai une question à propos du fait d'être une guerrière. Pour moi, les guerrières sont des êtres qui font tout toutes seules. Quand je me penche sur le fait de créer et générer un futur qui marcherait pour moi, de plus en plus, il me semble que je collabore avec d'autres personnes. C'est comme si nos futurs se chevauchaient. Qu'en est-il ? Peux-tu parler d'être une guerrière et de collaborer ?

Gary :

Une guerrière est prête à faire ce qu'il faut pour gagner la bataille. Si cela veut dire se tenir dos à dos avec quelqu'un contre vents et marées, tu le feras. Si cela veut dire mener la charge, tu le feras. Si tu es vraiment une guerrière, tu seras prête à labourer le sol pour créer le futur que tu souhaites. Tu utiliseras ton épée pour planter. Tu utiliseras tes armes pour ériger des barricades contre les envahisseurs. Tu feras tout ce qu'il faudra. Une guerrière n'est pas simplement là pour trancher, faire plier, tuer ou mutiler. Une guerrière est quelqu'un qui fera tout ce qui est nécessaire pour arriver là où elle veut.

C'est pourquoi j'essaie de vous faire reconnaître, Mesdames, que vous êtes des guerrières – parce que vous serez prêtes à faire ce qu'il faut pour aller de l'avant. Vous n'hésitez pas à le faire sauf quand vous vous lancez dans la projection, l'attente, le rejet, la séparation et le jugement ou les moments où vous considérez que vous avez tort. Vous sortez de cela et vous réalisez « je suis une guerrière qui va au combat pour créer pour le futur. »

Point de vue intéressant

Quand tu es dans la conscience de soi, tu es comme un rocher dans le courant de la rivière. La polarité vient à toi et te contourne et tu es un point de vue intéressant. Quand tu es prête à reconnaître où tu te tiens dans le courant des choses, tu es une guerrière qui se bat pour la création du futur.

Il y a une solidité là-dedans, mais il n'y a pas de stagnation. La solidité devient presque toujours une stagnation. Si tu dis : « Je suis une combattante », cela devient une position stagnante et tu dois te battre contre tous tout le temps pour prouver que tu as raison. Est-ce comme cela que tu veux vivre ?

Quand tu es point de vue intéressant, toute la polarité, la folie et l'invention tournent autour de toi sans avoir d'effet sur toi parce que tu sais où tu vas. C'est de là que tu peux te battre pour la création du futur.

Participante du Salon :

Merci infiniment pour cet appel, Gary. Et merci à toutes les femmes incroyables présentes à cet appel. Pour la première fois, je ressens une paix entre les hommes et les femmes et dans mes relations avec eux, de façon générale. Il y avait tellement de colère, de haine et de méfiance au niveau des relations entre les gens mais, depuis cet appel, cela ne me fait plus rien. Je peux le gérer.

Gary :

Oui, c'est la raison pour laquelle je fais cela. Je cherchais à créer cela pour vous amener à créer votre réalité. Cela vous donnera ce sentiment de paix qui crée la possibilité et les choix. Merci, Mesdames.

9
Créer un futur durable

Peut-être devrais-tu arrêter d'essayer de survivre et commencer à considérer ce qu'il te faudrait pour t'épanouir.

Gary :
Bonjour, Mesdames. Commençons avec quelques questions.

Avoir des enfants

Participante du Salon :

Tu as dit que, pour la plupart des femmes, créer le futur, c'est avoir des enfants et qu'avoir un enfant est une harmonique basse de la création du futur. Peut-on être une guerrière pour créer le futur – tout en se choisissant soi-même et des enfants également ?

Gary :

Oui, tu peux. Beaucoup de gens ont décidé que le futur, c'est d'avoir des enfants et non pas de créer un effet à long terme dans le monde. C'est ce qui fait que les enfants sont considérés comme des effets à long terme dans le monde – mais ils ne sont pas les seuls effets à long terme. Tu dois avoir tous les choix. Tous les choix doivent être à ta disposition.

Participante du Salon :

J'ai choisi d'inviter des enfants dans mon univers et cela a infiniment augmenté mon espace de vie. Quelles sont les autres possibilités quand je choisis cela ?

Gary :

Tu dois envisager ce choix et demander : « Si je choisis d'avoir ces enfants dans ma vie, est-ce que cela va créer un futur plus grand ou moindre pour moi et pour eux ? »

Le futur, ce n'est pas juste toi, c'est toi et eux. Beaucoup de gens font des enfants avec le point de vue de « maintenant, j'aurai quelqu'un qui va s'occuper de moi » ou « j'aurai quelqu'un qui m'aimera pour toujours ». Tu dois être prête à reconnaître que lorsqu'on passe à la création du futur pour soi et pour les autres, une possibilité différente peut s'ouvrir. Tu dois créer un futur qui n'est pas basé sur un point de vue solide ; tu dois créer un futur avec une réalité durable qui est au-delà de cette réalité.

Participante du Salon :

Tu as dit que nous étions les conquérantes et que nous nous battons pour le futur et lorsque nous voyons une ouverture, nous devons passer par là.

Gary :

Tu verras l'endroit où une ouverture se fait à cause de ta volonté de créer un futur différent au-delà de cette réalité. Une ouverture se présentera à toi et tu diras : « Oh ! Je dois aller là-bas ! » Tu le sauras parce que tu es davantage disposée à fonctionner à partir de ton savoir plus que de toute autre chose.

Il ne s'agit pas de se sortir de cette réalité

Participante du Salon :

Je suis tellement frustrée d'être la belle-mère d'un beau-fils qui vient juste de revenir à la maison. Je ne sais pas comment mettre des mots dessus. Comment puis-je ne pas être la belle-mère de ce gosse ?

Gary :

Tu demandes : « Comment je me sors de cette réalité ? » Mais il ne s'agit pas de se sortir de cette réalité. Si cela pouvait créer tout ce que tu désirais, alors en sortir serait facile. Tu dois demander : « Comment est-ce que je crée une réalité au-delà de cette réalité qui pourrait vraiment marcher pour moi ? »

Participante du Salon :
Comment je fais ?

Gary :

Tu lui dis : « Maintenant que tu es revenu, tu es trop vieux pour que je sois ta mère ou ta belle-mère. Alors, comment pouvons-nous créer une amitié et une relation qui fonctionne en tant que colocataires ? »

Participante du Salon :

Je l'ai fait. Il m'a dit en essence de façon non verbale d'aller me faire f… et a continué de faire ce qu'il voulait faire.

Gary :
Alors, pourquoi supportes-tu cela ?

Participante du Salon :

Oui, pourquoi est-ce que je supporte ça ? Je veux m'enfuir de la maison.

Gary :

Pourquoi ne lui dis-tu pas : « Tu te tiens à carreau ou tu t'en vas » ?

Participante du Salon :

J'aimerais, mais je suis la belle-mère. Si je dis cela, je deviens justement l'enquiquineuse que je n'ai jamais voulu être.

Gary :

Si ton mari ne te soutient pas avec le gosse, alors dis-lui : « Tu as le choix. C'est moi ou le gosse. L'un de nous doit partir. » Est-ce que tu t'es assise avec ton mari et que tu lui as dit : « J'aimerais que nous discutions » ?

Participante du Salon :

On va le faire ce soir. La femme humanoïde que je suis ne peut plus gérer ça. C'est la guerrière qui fait surface.

Gary :

Ce n'est pas vrai. La femme humanoïde que tu es peut le gérer. Mais c'est juste que tu n'es plus disposée à le supporter plus longtemps.

Participante du Salon :

Non, effectivement.

Gary :

Tout ce que tu dois dire à ton mari, c'est : « Est-ce que tu réalises que ton fils me traite comme de la merde ? Est-ce comme cela que tu veux qu'il me traite ? »

Participante du Salon :

Compris.

Gary :

Puis tu dois dire : « Soit il change, soit je pars. Qu'est-ce que tu veux ? »

Participante du Salon :

C'est exactement où j'en suis.

Gary :

Tout ce que tu dois faire, c'est de dire cela. Non pas avec colère ou avec une charge. Juste : « Voici où ça en est. Je ne veux plus avoir à endurer cela. J'ai étouffé mes sentiments, ma conscience, et tout le reste. Il faut que ça change, ou je vais partir. Que préfères-tu ? » S'il n'est pas conscient de la façon dont son fils te traite, veux-tu vraiment avoir affaire avec cela ?

Participante du Salon :

Il en a conscience. C'est juste qu'il ne s'en occupe pas. C'est la situation avec laquelle il ne veut pas avoir affaire. Il s'est même inscrit à un club pour jouer au golf – et je reste à la maison.

Gary :

Cela marche pour lui. Est-ce que ça marche pour toi ?

Participante du Salon :

Cela ne marche pas pour moi. Il me rejette la faute. Je suis responsable d'avoir tout changé.

Gary :

Arrête. « Cela me rend » est un mensonge que tu te racontes à toi-même. Rien ni personne ne peut te faire être ou faire quoi que ce soit, si ce n'est toi-même.

Participante du Salon :

C'est vrai, je me rends responsable. C'est moi qui fais cela.

Gary :

Tu as le choix. Tu peux faire ce qui marche pour toi – ou pas.

Je parlais avec une dame qui m'a dit : « Je suis si en colère après mon petit-fils parce qu'il ne nettoie pas derrière lui. Il crée le désordre et ça me rend dingue. Je lui dis qu'il doit nettoyer, mais il ne le fait pas. »

J'ai demandé : « Pour qui tu nettoies la maison ? Pour toi ou pour lui ? »

Elle a répondu : « Pour moi. Qu'est-ce que cela veut dire ? »

J'ai dit : « Il ne nettoie pas parce qu'il ne veut pas le faire à ta place. Il mange des biscuits et il ne nettoie pas les miettes et le désordre qu'il crée. Alors mets les biscuits dans ta chambre, ferme à clefs et pars. Il ne pourra pas trouver les biscuits. Tu dois être pragmatique sur la façon de faire fonctionner cela. »

Participante du Salon :
Merci beaucoup.

Pourquoi n'es-tu pas toi ?

Participante du Salon :
Lors de notre classe précédente, tu as demandé : « Pourquoi n'es-tu pas toi ? » C'est une question que tu as posée beaucoup de fois déjà. Je devine qu'il s'agit d'être la guerrière qui se bat pour le futur, qui est prête à être chaque once de gentillesse, de bienveillance, nourrissante et guérisseuse à chaque instant avec présence et laisser-être total. C'est correct ?

Gary :
Absolument. Tu dois être brutalement honnête avec toi-même sur ce que tu aimerais créer.

Participante du Salon :
Parfois, la conscience de ce que je suis vraiment est tellement immense que ça semble trop pour se traduire dans cette réalité physique.

Gary :
Ça l'est. Mais tu n'as pas à essayer de la traduire dans cette réalité physique. Tu dois essayer de la faire pénétrer dans cette réalité physique. Si tu essaies de la traduire, tu essaies de l'ajuster à cet univers au lieu d'en faire un choix qui est possible pour toi.

Une réalité durable au-delà de cette réalité

Participante du Salon :

À quoi ça ressemble de créer un futur avec une réalité durable qui est au-delà de cette réalité ?

Gary :

Pour l'instant, vous choisissez toutes une version meilleure de cette réalité. Mais cette réalité n'est pas durable, telle qu'elle fonctionne actuellement. C'est pourquoi nous devons créer une réalité durable au-delà de cette réalité. Tout ce que nous faisons en ce moment, c'est de nous rapprocher de la fin de la viabilité sur la planète Terre telle que nous la connaissons. Quelque chose doit changer. Quoi donc ? Je n'ai pas de bonne réponse pour toi et je ne sais pas ce que cela veut dire en termes pragmatiques, si ce n'est que tu dois vivre ta différence.

Participante du Salon :

Peux-tu parler davantage de la réalité durable au-delà de cette réalité ? Tu as dit que maintenant, nous sommes seulement capables de créer ou de générer quelque chose de mieux ou juste légèrement différent.

Gary :

J'essaie désespérément de vous amener à voir que vous avez bien plus de choix différents que vous ne le pensez et, pourtant, vous continuez à choisir une version meilleure de cette réalité. « Je vais faire en sorte d'avoir une vie meilleure » n'est pas la même chose que « je vais créer quelque chose de tellement différent que rien de tel ne s'est jamais produit auparavant ». Je ne peux pas vous donner un meilleur exemple que celui de ce que j'ai fait avec Access Consciousness. Je savais que je devais faire quelque chose qui n'avait jamais existé ici auparavant. Je devais faire quelque chose qui créerait une autre sorte de possibilité et une réalité différente.

Participante du Salon :

Tu as dit que, souvent, tu utilises le mot futur sans l'article « un » ou « le » devant, parce que tu ne souhaites pas le définir ou le limiter, comme si c'était une chose à part entière. Je continue à en faire « le » futur ou « un » futur, ce qui le limite et le rend solide. J'ai essayé de créer « le » futur et c'est bien ce que tu t'efforces de démonter, c'est ça ?

Gary :

Non, je m'efforce de vous amener à la volonté de créer un futur durable au-delà de cette réalité. Tu as essayé de créer un futur mais il est contracté, parce que tu envisages un futur sur la base de ce que tu as déjà à ta disposition, et comment tu peux l'améliorer.

Participante du Salon :

C'est exact. J'ai déjà décidé ce que ce futur devrait être, ce qu'il peut être et ainsi de suite.

Gary :

> Combien de choses as-tu décidé avoir bien faites dans ta vie ? Tout ceci, un dieulliard de fois, vas-tu le détruire et le décréer en totalité ? Right and Wrong, Good and Bad, POD and POC, All Nine, Shorts, Boys and Beyonds.

Disons que tu as l'idée que tu aurais besoin d'avoir trois millions de dollars pour être à l'abri dans la vie. Donc, tu as trois millions de dollars pour créer un futur au-delà de cette réalité et tu n'as aucune idée de ce que cela pourrait être, à part plus d'argent.

Participante du Salon :

C'est exact. J'ai créé quatre millions de dollars. C'est fini pour moi. Je ne sais pas ce qu'il y a au-delà de cela.

Gary :

Tu n'essaies pas de créer une réalité au-delà de cela. Tu essaies de créer une réalité qui maintient ce que tu as décidé être correct pour que tu puisses t'y accrocher. Toutes les choses du passé auxquelles tu essaies de t'accrocher, tu dois être prête à les lâcher. Es-tu prête à lâcher prise sur le fait d'avoir quatre millions de dollars ?

Participante du Salon :
Oui.

Gary :
En vérité ?

Participante du Salon :
Oui.

Gary :
Tu es prête à le lâcher ? Tu viens juste de mentir.

Participante du Salon :
Je ne vois pas dans quelle mesure je mens.

Gary :
Es-tu prête à tout perdre ?

Participante du Salon :
Si tu me dis que non, je te croirais. Aide-moi s'il te plaît à voir cela.

Gary :

Tu diras oui parce que ton hypothèse est que tu auras encore plus à la place. Et si l'argent était justement ce qui créait cet espace de futur non durable ? Est-ce que cela t'amènerait à choisir quelque chose de différent ? À quoi ce « différent » pourrait ressembler ?

Participante du Salon :

J'y vais là-bas, je vais dans ce futur sans argent. Et par « sans argent », j'entends le papier, pas l'énergie.

Survie et durabilité

Gary :

Attends. Tu vas au futur à partir de l'espace de là où tu te trouves. Tu aboutis à l'idée « je ne peux pas survivre ». La survie ne crée pas un futur durable. Tu dois être prête à perdre la survie. Tu dois être prête à perdre la survie parce que tu as passé ta vie entière à survivre – à t'épanouir seulement de temps en temps. Quel que soit le contexte, tu sais toujours que tu peux t'en sortir dans cette réalité.

Tout ceci, un dieulliard de fois, vas-tu le détruire et le décréer en totalité ? Right and Wrong, Good and Bad, POD and POC, All Nine, Shorts, Boys and Beyonds.

Participante du Salon :

C'est quoi la survie ?

Gary :

La survie, c'est : quoi qu'il se passe, tu continueras.

Participante du Salon :

Je crois à cela. Tu me demandes de laisser tomber cela ? C'est bien ça ? Pourquoi je devrais laisser tomber cela ?

Gary :

Et si la vraie durabilité n'était pas la survie ?

Participante du Salon :

Ça n'a pas de sens.

Gary :

Ce n'est pas censé en avoir. Tu peux survivre à tout. Mais la survie est une chose que tu dois laisser tomber si tu veux créer la durabilité. La survie et la durabilité ne sont pas les mêmes choses. Même si le règne végétal se meurt, tu peux t'ajuster pour continuer à vivre.

Participante du Salon :

Qu'est-ce qu'il me faudrait emporter pour contribuer à ce que je sois plus durable ?

Gary :

« Qu'est-ce que je dois emporter ? » n'est pas ce à partir de quoi tu peux créer une réalité durable au-delà de cette réalité. C'est ça qui te tue.

Participante du Salon :

Ce que durable signifie pour moi, c'est qu'il y a plus de contribution. Dans quelle mesure est-ce que je ne permets pas plus de contribution ?

Gary :

Que veux-tu dire par contribution ? Ce que les autres peuvent te donner, ce que tu peux donner aux autres ou ce que tu peux faire qui va dans les deux sens ?

Participante du Salon :

Ce que les autres peuvent être pour moi et ce que je pourrais être pour eux.

Gary :

Pourquoi est-ce que tu donnes tant de valeur aux gens ?

Participante du Salon :

Parce que je pense que toutes les choses dans ma vie sont une contribution pour moi – sauf les gens.

Gary :

Et s'il n'y avait personne ? Tu serais bien ?

Participante du Salon :
Oui !

Gary :
Bien. Tu dois reconnaître qu'il y a une possibilité différente.

Participante du Salon :
Est-ce que tu peux développer ce que la survie et la durabilité veulent dire s'il te plaît ?

Gary :
La survie, c'est l'idée de continuer quelles que soient les circonstances. Être dans la survie, c'est d'arriver à continuer d'exister quelles que soient les circonstances. Si ta cible est de continuer à exister quelles que soient les circonstances, est-ce de la création ?

Participante du Salon :
Non.

Gary :
Alors, tu dois être prête à lâcher la survie même en tant que lointain concept dans ton monde.

> Tout ce que tu as fait pour faire de la survie une réalité pour toi, vas-tu le détruire et le décréer en totalité ? Right and Wrong, Good and Bad, POD and POC, All Nine, Shorts, Boys and Beyonds.

La durabilité signifie que tout continue de grandir et de s'amplifier. Quand tu fais quelque chose qui est durable, cela continuera à grandir, à s'amplifier et à s'occuper de soi-même. Quand tu crées une réalité durable au-delà de cette réalité, tu te mets à prendre en compte la question : À quoi cela ressemblerait si tout ici n'était pas en train de mourir ? En ce moment, si tu regardes autour de toi, il y a beaucoup de choses qui meurent.

Participante du Salon :

Ai-je confondu la durabilité et la survie ?

Gary :

Oui, tu as confondu et détourné la survie et la durabilité.

> Tout ce que tu as fait qui crée cela, vas-tu le détruire et le décréer en totalité ? Right and Wrong, Good and Bad, POD and POC, All Nine, Shorts, Boys and Beyonds.

Que faudrait-il pour créer un monde durable ? Je regarde ce qui se fait dans le monde et je vois que si nous continuons à avancer dans la direction que nous avons prise, les gens survivront encore 100 ans et puis la planète sera épuisée.

Participante du Salon :

Les gens survivront, mais il n'y aura plus de durabilité. Il y a une grande différence entre l'énergie de ces deux choses.

Gary :

Oui, c'est ce que je veux que vous compreniez. Si vous commencez à rechercher la survie, si vous vous accrochez à l'idée de survivre, vous êtes comme cette dame qui parlait de son beau-fils. Elle survivait à la situation, mais ce n'était pas une réalité durable pour elle. Tu peux survivre à tout. Mais tu ne cherches pas à survivre à ces situations ; tu veux faire ce qui créera une réalité durable. Comment ce serait si ta réalité était durable ?

Participante du Salon :

J'ai une question. Lorsque nous lâchons la survie, sommes-nous alors uniquement dans la création ?

Gary :

La survie est la limite de ce que tu peux recevoir. C'est comme si tu avais créé une limite de ce que tu peux recevoir sur la base de la survie. Sur cette base-là, tu es satisfaite. Tu te dis : « C'est tout ce dont j'ai besoin pour survivre » ou « J'ai besoin de ce type de personnes si je veux survivre ». Non, ce n'est pas vrai !

Si tu veux avoir une réalité durable, il y a des gens qui vont devoir changer et choisir et être différents pour que la durabilité puisse être créée. La durabilité est la création et la survie est l'institution pour maintenir en vie ce qui existe déjà.

> Quelle stupidité utilises-tu pour créer l'invention de la survie comme étant le choix principal choisis-tu ? Tout ceci, un dieulliard de fois, vas-tu le détruire et le décréer en totalité ? Right and Wrong, Good and Bad, POD and POC, All Nine, Shorts, Boys and Beyonds.

Participante du Salon :

Mon mari et moi avons eu une discussion sur l'argent et je me suis retrouvée en train de lui dire : « Ce n'est pas assez pour moi. Cela ne marche pas. » La survie que j'avais choisie et pas choisie ne marche pas pour moi et, pourtant, c'est ce qui se passe.

Gary :

As-tu survécu à ton enfance ?

Participante du Salon :

Oui, il y a eu des moments qui étaient vivants.

Gary :

Est-ce que tu as décidé que parce que tu as survécu, tu es une survivante ?

Participante du Salon :

Oui.

Gary :

Tout ce que tu as décidé à ce propos, toutes les décisions, jugements, conclusions et calculs qui créent cela, vas-tu les détruire et les décréer en totalité ? Right and Wrong, Good and Bad, POD and POC, All Nine, Shorts, Boys and Beyonds.

En tant que survivante, tu tolères la situation et tu fais de ton mieux pour vivre, indépendamment de ce qui se passe. Mais ce n'est pas l'espace qui te permet de créer un futur durable.

Participante du Salon :
Durable ou pas, cela n'en vaut pas la peine.

Gary :

C'est un jugement. Pourquoi tu vas dans le jugement ? Le jugement et la conclusion sont les systèmes que tu as mis en place pour créer la survie. Tu dois arriver à la conclusion et au jugement ; tu calcules et tu décides que tu dois survivre.

Toutes les décisions, jugements, conclusions et calculs que tu utilises pour créer ta survie, vas-tu les détruire et les décréer en totalité ? Right and Wrong, Good and Bad, POD and POC, All Nine, Shorts, Boys and Beyonds.

Peu importe que tu aies quatre millions de dollars ; tu vas dans les décisions, les jugements, les conclusions et les calculs pour que tu puisses survivre. Ce sont les éléments requis pour survivre symboliquement, systématiquement et de façon simpliste. Tu tires des conclusions comme : « Je ne peux plus le supporter », « Je ne peux pas survivre », « Ça ne marche pas », « Ça n'est pas assez ». Ce sont des jugements.

La conscience c'est : « Je ne veux pas vivre comme cela. Quelque chose doit changer. » Puis de se mettre dans la question.

Quelle actualisation physique de la création d'un futur durable au-delà de cette réalité es-tu capable maintenant de créer, générer et instituer ? Tout ce qui ne permet pas cela, un dieulliard de fois, vas-tu le détruire et le décréer en totalité ? Right and Wrong, Good and Bad, POD and POC, All Nine, Shorts, Boys and Beyonds.

Participante du Salon :

Dans le monde de la dépendance, il semble que le programme en Douze étapes, c'est la survie et la Bonne réhabilitation pour toi (Right Recovery for You), c'est la durabilité. Est-ce correct ?

Gary :

Oui, la Bonne réhabilitation pour toi est un ensemble d'outils et de techniques qui permettent aux gens de créer un futur qui est durable.

Participante du Salon :

En appliquant les outils d'Access Consciousness sur tout, nous créons de la durabilité ?

Gary :

Oui, une question crée le futur qui a une certaine durabilité. Tant que tu n'entres pas dans les décisions, jugements, conclusions et calculs, tu es en mode créatif.

Créer un futur monétaire durable

Participante du Salon :

Nous avons besoin de l'argent pour survivre plutôt que d'un pouvoir de vie durable.

Gary :

Mais tu n'as pas créé l'argent comme futur durable pour toi, n'est-ce pas ? Tu as tiré la conclusion que tu n'avais pas besoin d'argent ou ne voulais pas d'argent ou que l'argent ne résolvait pas les problèmes ou que l'argent ne créait rien pour toi. Les gens ont beaucoup d'idées sur ce qu'est l'argent et ce qu'il n'est pas.

Participante du Salon :

Ça me rend folle et ça me met en colère que l'argent soit l'objectif principal de cette réalité.

Gary :

Oui, mais cela ne doit pas être l'objectif principal de ta réalité. L'argent n'est jamais le centre de ma réalité. Mon objectif principal, c'est : comment je change les choses ?

Je parlais avec ma fille aujourd'hui et elle me parlait d'une amie à elle dont le mari venait de l'informer, juste après son hystérectomie, qu'il avait une petite amie au Mexique. Il a dit à sa femme qu'il voulait la quitter, mais il ne pouvait pas parce qu'il n'avait pas assez d'argent. L'idée était que sa femme devait travailler plus pour qu'il puisse la quitter !

J'ai dit à ma fille : « Je me demande de combien d'argent elle aurait besoin pour changer les choses et virer ce tordu de sa vie. Je lui donnerai. Ce gars est méchant et mérite de mourir ! » Ce n'est pas quelque chose qu'on dit à quelqu'un qui se trouve au beau milieu d'une opération.

Participante du Salon :

À quoi cela ressemblerait de créer l'argent en tant que futur durable ? Est-ce que tu créerais de l'argent ?

Gary :

Ce que je demande à tout le monde c'est de mettre dix pour cent de tout l'argent qui rentre. Quand tu fais cela, tu crées un futur monétaire durable. Tu dis à l'univers : « J'aimerais avoir assez d'argent pour être en mesure d'en mettre de côté dix pour cent. »

Participante du Salon :

Je le fais déjà, je souhaitais davantage. S'il te plaît, aide-moi.

Gary :

Oui, mais tu n'as pas aimé ma réponse.

Participante du Salon :

Je ne l'ai pas aimée parce que je le fais déjà.

Gary :

Es-tu prête à reconnaître là où tu crées un futur durable à cause de ce que tu choisis ?

Quand tu fais cela, tu commences à créer un futur durable. J'ai créé Access Consciousness comme une entreprise et si je meurs demain, cela perdurera. C'est un futur durable. J'ai mis autant de choses en place que je le pouvais pour faire en sorte d'être remplaçable. As-tu fait en sorte d'être remplaçable dans le futur ou as-tu essayé de te rendre indispensable ?

Participante du Salon :

En grande partie, je me suis efforcée d'être indispensable.

Gary :

Ce n'est pas cela créer un futur durable.

Participante du Salon :

Qu'en est-il de laisser un héritage ?

Gary :

Ce n'est pas un futur durable. C'est juste de l'argent que tu laisses à d'autres personnes pour qu'elles puissent le jeter par les fenêtres parce qu'elles ne l'ont pas gagné.

Participante du Salon :

Que faudrait-il pour que je crée un futur durable avec la capacité que j'ai et que je suis avec l'argent ?

Gary :

Tu n'as pas considéré cela du tout. Commence à regarder cela avant d'instituer un futur.

Quelle actualisation physique de la création d'un futur durable suis-je maintenant capable de créer, de générer et d'instituer ? Tout ce qui ne permet pas cela, un dieulliard de fois, vas-tu le détruire et le décréer en totalité ? Right and Wrong, Good and Bad, POD and POC, All Nine, Shorts, Boys and Beyonds.

Participante du Salon :
Merci Gary.

Personne ne peut rendre quelqu'un d'autre heureux

Participante du Salon :

Ma relation amoureuse tourne en rond. Mon mari et moi parlons beaucoup de mariage et de divorce. Il dit des choses du genre : « Si je ne devais pas te donner de l'argent, je serais parti » et « S'il n'y avait pas les enfants, je serais parti ». Je lui dis : « Les enfants s'en sortiront bien et tu n'as pas à me donner de l'argent » et, pourtant, il ne part pas et on passe les jours à être malheureux. Je voudrais changer cela.

Gary :
Il ne veut pas vraiment partir.

Participante du Salon :

Je comprends cela, mais il y a tellement de colère, de blâme et de honte. Je suis constamment en train de POC et PODer les implants distracteurs. Il n'y a pas de désir de sexe. C'est quoi cette folie ?

Gary :

Es-tu prête à changer et à faire que la relation fonctionne pour lui ?

Participante du Salon :

Il me demande d'être la femme au foyer et de gagner de l'argent. Je fais les deux et rien ne le rend heureux.

Gary :

Personne ne peut rendre quelqu'un d'autre heureux.

Participante du Salon :

À quel moment je commence à choisir ma vie ?

Gary :

Tu as déjà choisi ta vie. Et si tu commençais par poser une question : qu'est-ce qu'il faudrait pour créer un futur durable pour moi, mes enfants et mon mari ?

Participante du Salon :

J'ai déjà demandé cela.

Gary :

Non, tu ne l'as pas fait. Je ne t'ai jamais donné cette question.

Participante du Salon :

Je lui ai dit : « Changeons tout ça. Qu'est-ce qui est requis ? Qu'est-ce que tu voudrais ? Qu'est-ce qui marcherait pour toi ? » et nous avons passé en revue différents scénarios. C'est de la folie. Je fais cela depuis le premier jour – de choisir cette folie.

Survivre par opposition à s'épanouir

Gary :

C'est intéressant. « Je fais cela depuis le premier jour. » Cela veut dire que tu t'es mariée et que ces décisions, jugements, conclusions et calculs étaient déjà là ?

Participante du Salon :

Oui.

Gary :

Quand tu fabriques des décisions, jugements, conclusions et calculs, tout ce que tu peux faire, c'est de survivre. Tu ne peux pas créer un futur durable.

Tu parviens à une conclusion sur ce que tu es supposée faire au lieu de laisser venir la prise de conscience de ce que tu pourrais faire. Tu dois arriver à voir que, pour toi, en ce moment, la vie, c'est la survie. Peut-être devrais-tu arrêter de faire dans la survie et de considérer ce qu'il te faudrait pour t'épanouir.

> Quelle stupidité utilises-tu pour créer l'invention de la vie comme étant de la survie choisis-tu ? Tout ceci, un dieulliard de fois, vas-tu le détruire et le décréer en totalité ? Right and Wrong, Good and Bad, POD and POC, All Nine, Shorts, Boys and Beyonds.

Et si tu n'inventais pas de décisions, de jugements, de conclusions et de calculs ?

Participante du Salon :

J'adore le concept de durabilité. Au cours des derniers douze mois, j'ai dépensé une grosse somme d'argent pour créer un jardin. J'ai remarqué que toute personne qui vient là se met à changer, même mes voisins. Leurs chevaux gagnent des courses. Voir la magie qui opère ici, c'est fantastique. Je vois là où je crée un futur durable, mais cela en soi n'est pas suffisant pour moi.

Gary :

Tu n'as pas créé un futur durable financièrement. Quand tu travaillais avec ton ex-mari, vous étiez dans la création ensemble. Est-ce qu'il t'est venu à l'idée que ce que vous étiez en train de créer, c'était un futur durable ?

Participante du Salon :
Oui.

Gary :

Est-ce qu'il continue à faire cela ou est-ce qu'il est dans les décisions, jugements, conclusions et calculs ?

Participante du Salon :

Il est en train de détruire son futur. Oh, c'est donc de là que viennent ma colère et ma confusion ! Je ne crée pas de la manière dont je créais avec lui.

Que puis-je créer comme futur durable ?

Gary :

Exact. Tu dois faire cela avec quelqu'un d'autre. Trouve quelqu'un qui créerait un futur durable que tu n'as jamais encore envisagé.

Participante du Salon :

Tu m'amènes toujours à ce point et je n'arrive pas à aller au-delà.

Gary :

Tu peux le faire.

Participante du Salon :

Mais je ne le fais pas ?

Gary :

Oui. Fais tourner ceci :

> Quelle actualisation physique de la création d'un futur totalement durable suis-je maintenant capable de créer, de générer et d'instituer ? Tout ce qui ne permet pas cela, un dieulliard de fois, vas-tu le détruire et le décréer en totalité ? Right and Wrong, Good and Bad, POD and POC, All Nine, Shorts, Boys and Beyonds.

J'essaie de vous amener à ce palier que vous avez hésité à explorer dans le passé. J'aimerais que vous toutes commenciez à envisager : je suis une guerrière qui va se battre pour créer un futur qui n'a jamais été possible avant.

Une fois que vous faites cela, vous cesserez de vous battre contre quoi que ce soit, parce que dès que vous êtes contre une situation, vous arrêtez de vous battre pour créer quelque chose de nouveau. Si tu te mets à créer un futur durable, tu auras des choix encore plus grands.

Essaye de demander :

- Qu'est-ce qui me donne de la joie ?
- Qu'est-ce qui est joyeux pour moi de faire et d'être ?

Tu dois envisager ton futur à partir de : Que puis-je créer comme futur durable ? Tu dois faire cela sans aucune indication sur ce à quoi c'est censé ressembler. Beaucoup d'entre vous essaient de décider ce à quoi cela va ressembler avant même de lever les voiles. Allez-y, mes amies, levez les voiles et vous verrez à quoi cela ressemble quand vous y serez !

Bien, ce sera tout pour ce soir. Merci, Mesdames. C'était super.

10
Relations amoureuses conscientes

Au lieu d'être active et consciente quand tu crées des relations amoureuses, tu essaies de créer une relation à partir de cet état inconscient « je l'aime et il m'aime ». Combien de ce genre de relations a bien fonctionné pour toi ?

Gary :

Bienvenue, Mesdames. Je pense, d'après le ton de vos questions, que vous prenez conscience que vous avez une contribution majeure à apporter à la vie – et c'est vraiment cool. J'en suis très heureux.

Les six éléments d'une relation amoureuse consciente

Participante du Salon :

Peux-tu parler de la création d'une relation amoureuse consciente et à quoi cela ressemble en tant que possibilité qui fonctionne ? Quels en sont les aspects pragmatiques ?

Gary :

Il y a six éléments dans une relation amoureuse consciente :

Premièrement : la personne que vous choisissez (qui choisit ? C'est vous !) doit être indépendante tout en croyant qu'elle est perturbée. Pourquoi ? Parce que cela veut dire qu'elle est exactement comme vous.

Participantes du Salon :
(Rires)

Gary :

Deuxièmement : vous voulez qu'on vous reconnaisse, jamais que l'on ait besoin de vous.

L'autre personne doit vouloir quelqu'un qui s'occupe d'elle tout en sachant que, quand elle obtient de vous que vous vous occupiez d'elle, elle devra partir. Pourquoi ? N'est-ce pas ainsi que vous partez toujours quand vous n'obtenez pas ce que vous voulez vraiment – et vous ne voulez pas qu'on ait besoin de vous ?

Le partenaire doit croire qu'il veut être avec vous. Il veut quelqu'un dans sa vie qui s'occupera de lui, mais en même temps, il est trop indépendant pour croire cela, tout comme vous l'êtes. Vous n'êtes pas dans la dépendance, n'est-ce pas ?

Participante du Salon :
Pas du tout.

Gary :

Vous êtes nulles en dépendance. Vous ne pouvez même pas faire semblant ! « J'ai besoin de quelqu'un » ne fait pas partie de votre réalité la plus vague. La plupart des gens essaient de comprendre comment ils peuvent trouver quelqu'un qui ait besoin d'eux alors qu'en réalité, ils détesteraient que quelqu'un ait besoin d'eux – cela les étoufferait à mort.

Participante du Salon :

Je n'ai pas compris ce dernier point. C'est comme si tu parlais chinois. Je n'ai aucune idée de ce que tu as dit. Si tu pouvais reprendre, ce serait gentil.

Gary :
Tu veux toujours des gens qui s'occupent de toi, n'est-ce pas ?

Participante du Salon :
Oui.

Gary :
Et, à chaque fois qu'ils le font, tu les jettes.

Participante du Salon :
Tout juste.

Gary :
C'est cela dont je parle. Si tu trouvais quelqu'un pour s'occuper de toi, à quelle vitesse t'en débarrasserais-tu ?

Participante du Salon :
Je ne m'y aventurerais même pas.

Gary :
Oui, je sais. Mais c'est le genre de personne avec qui tu trouverais cela merveilleux d'être. Tu penses que le partenaire veut que l'on s'occupe de lui et tu reconnais qu'il ne veut pas vraiment que l'on s'occupe de lui. Ils veulent juste que tu dynamises leur potentiel.

Participante du Salon :
Oh, je vois ! Quelqu'un comme moi.

Gary :
Oui. Au lieu d'être active et consciente dans ta manière de créer des relations amoureuses, tu essaies de créer une relation à partir de cet état inconscient « je l'aime et il m'aime ». Combien de ce genre de relations a bien fonctionné pour toi ?

Participante du Salon :
Aucune.

Gary :
Pourquoi ?

Participante du Salon :

Je suis partie à chaque fois. Ce n'était pas nourrissant, ce n'était pas expansif. Ce n'était rien.

Gary :

C'est ce que je dis.

Troisièmement : tout ce que tu fais ou dis doit servir à renforcer en la personne la capacité d'être tout ce qu'elle est vraiment – et non à la faire te choisir toi.

Fais toujours en sorte qu'elle ne soit jamais dépendante de toi. Parce que si elle devient dépendante de toi, elle devra te bousiller. Par nécessité. C'est pourquoi tu dois lui donner confiance en ses capacités, quelle que soit la situation.

L'autre jour, je parlais avec un jeune homme qui était en colère après sa petite amie. Ils étaient en vacances avec d'autres personnes et tout se passait bien jusqu'au dernier soir quand ils y sont tous les deux allés un peu fort avec l'alcool. Un autre mec a commencé à draguer la petite amie du gars et a essayé de créer des problèmes entre eux deux. Comme c'était une pacifiste, elle a tenté d'amener la paix et de calmer son petit ami, mais il ne s'est pas laissé faire. Il s'est énervé après elle et lui a dit : « Tu dois faire ce que je veux ! »

Combien d'entre vous, quand une autre personne vous dit que vous devez faire ce qu'elle veut, disent : « Vas te faire f…, je me casse » ? Aucune d'entre vous n'aime recevoir des ordres. Avez-vous remarqué ? C'est parce que vous êtes farouchement indépendantes. Vous pensez peut-être que vous aimeriez trouver quelqu'un qui soit prêt à prendre soin de vous, mais vous ne voulez pas vraiment quelqu'un qui prenne soin de vous parce que vous savez que vous pouvez prendre soin de vous-mêmes. Ce que vous cherchez, c'est quelqu'un qui renforcera en vous la capacité de savoir que vous savez et qui sera reconnaissant de ce que vous êtes, simplement.

Quatrièmement : il ne s'agit jamais de toi.

C'est difficile d'arriver là parce qu'on vous a appris que vous devez demander ce que vous voulez vraiment. Est-ce que ça marche ?

Participante du Salon :
Non !

Gary :
Pourquoi ne pas essayer quelque chose de nouveau qui fonctionne vraiment ? Dain et moi avons une relation consciente. Nous n'avons pas de rapports sexuels. Si je voulais avoir des rapports sexuels et lui pas, cela limiterait et détruirait notre relation, donc je ne demande pas cela parce que je sais que cela détruirait notre relation, de son point de vue.

Comment ce serait si tu étais prête à envisager la relation non pas de ton point de vue ou celui de l'autre personne, mais du choix des choses. Et si tu envisageais ce que tu aimerais créer en partant du choix ?

Participante du Salon :
Peux-tu en dire plus s'il te plaît ?

Gary :
Ne présuppose pas un point de vue. Crée ton point de vue. J'invite Dain à aller partout où je vais. Je ne lui demande pas d'aller partout où je vais. Je n'attends pas qu'il m'invite à aller partout avec lui. C'est une relation consciente.

Cinquièmement : sois toujours disponible sans jamais avoir de réponse. Seulement une question. Quand tu es disponible pour les gens à chaque fois qu'ils ont un problème, c'est incroyable à quel point, de suite, ils sont prêts à t'écouter.

Sixièmement : laisse la personne décider quant au sexe. Si elle dit : « Je veux faire l'amour », alors sois disponible. Laisse-la te dire ce qu'elle veut ou, sinon, tu auras des soucis. Elle doit être aussi contrôleuse que toi sexuellement ou cela ne marchera jamais pour toi.

Le sexe est une réalité créée

Participante du Salon :

Quelque chose remonte pour moi. Quand on va au lit et mon mari se tourne vers moi et dit : « Salut chérie », je ne suis pas vraiment intéressée. Je sais que je peux me faire POC et POD pour être intéressée, mais…

Gary :

Est-ce que tu crois vraiment que le sexe n'est pas une réalité créée de toutes pièces ?

Participante du Salon :

Je crois que c'est quelque chose de spontané. J'ai besoin d'être d'humeur à ça.

Gary :

J'ai besoin d'être d'humeur à ça. Où est le romantisme ? Où est le vin ?

Tu dois comprendre que le sexe est un choix, comme tout le reste. Si tu es prête à être celle qui est consciente dans la relation, tu peux créer une relation phénoménale. Tu dois le faire en partant du point de vue que « Oh, tu veux faire l'amour ? Cool ! Allons-y. »

Ce n'est pas « je ne suis pas d'humeur à ça », « je ne sais pas quel est ton problème » ou « pourquoi tu veux toujours faire ça quand je n'en ai pas envie ? ».

Participante du Salon :
Es-tu en train de dire que nous pouvons tout changer ?

Gary :

Oui. Tu peux tout changer. Tu peux tout être – mais tu dois être prête à tout changer et créer.

Participante du Salon :

Si le sexe est une réalité créée, alors nous pouvons tout créer à ce moment-là ?

Gary :
Oui.

Participante du Salon :

Alors, est-ce que ma résistance vient du fait de ne pas vouloir faire ce que l'on me dit ?

Gary :

Oui. Tu n'es jamais très bonne pour entendre ce que tu dois faire, n'est-ce pas ? Souvent, tu voudrais tuer la personne.

Participante du Salon :
Oui, ce n'est pas un bon point de départ pour créer le sexe.

Gary :

C'est vrai. Ce n'est pas un bon point de départ pour créer le sexe ! L'énergie tueuse dans le sexe, ça casse vraiment l'ambiance.

Participante du Salon :
Comment je change cela ?

Gary :

Explore cela :

- ▸ Qu'est-ce que je veux vraiment créer ici ?
- ▸ Est-ce que je veux créer un espace où mon mari, amant ou ma moitié est vraiment heureux/heureuse ?

Tu as un choix : la justesse de ton point de vue – ou le bonheur. « Désolée, je ne suis pas d'humeur. Je ne suis pas préparée. » Est-ce que tu as vraiment besoin d'être préparée ?

Participante du Salon :
Je l'ai toujours pensé.

Gary :
Tu l'as cru ou tu l'as gobé ?

> Combien d'entre vous ont gobé le fait qu'il faut être d'humeur pour pouvoir faire l'amour ? Tout ceci, un dieulliard de fois, allez-vous le détruire et le décréer en totalité ? Right and Wrong, Good and Bad, POD and POC, All Nine, Shorts, Boys and Beyonds.

Vous autres avez gobé beaucoup de merde avec ce truc.

Participante du Salon :
Être préparée, n'est-ce pas avoir avec soi un préservatif dans le sac à main ?

Gary :
Nous nous rapprochons déjà ! Faisons un petit processus :

> Quelle stupidité utilisez-vous pour créer l'invention et l'intensité artificielle des démons du besoin comme source des relations choisissez-vous ? Tout ceci, un dieulliard de fois, allez-vous le détruire et le décréer en totalité ? Right and Wrong, Good and Bad, POD and POC, All Nine, Shorts, Boys and Beyonds.

Est-ce que ce serait amusant de faire l'amour, là maintenant ?

L'idée que tu n'es pas préparée pour faire l'amour est « je dois être d'humeur », « j'ai besoin que tu sentes bon, que tu aies bon goût, et tout le reste. » Ce n'est pas la question « est-ce que ce serait amusant de faire l'amour, là maintenant ? ».

Participante du Salon :

Je pense n'avoir jamais posé cette question, Gary.

Gary :

Je te garantis que tu ne l'as pas posée. On ne nous a jamais dit que nous avons le choix, de faire l'amour ou pas. C'est toujours : « Je ne suis pas d'humeur » ou « J'ai la migraine ». Tout sauf la volonté de reconnaître qu'il s'agit d'un choix et non d'un besoin.

Participante du Salon :

Nous avons le choix mais nous le créons aussi et nous pouvons créer tout ce que nous voulons.

Gary :

Exactement, et parce que vous êtes quoi ?

Participante du Salon :

Un être infini.

Gary :

Vous êtes des femmes qui créent le futur !

> Quelle stupidité utilisez-vous pour créer l'invention et l'intensité artificielle des démons du besoin est-ce que vous choisissez ? Tout ceci, un dieulliard de fois, allez-vous le détruire et le décréer en totalité ? Right and Wrong, Good and Bad, POD and POC, All Nine, Shorts, Boys and Beyonds.

Participante du Salon :

« Est-ce que ce serait fun de faire l'amour maintenant ? » Je te le dis, cette question est super !

Gary :

Oui, « est-ce que ce serait fun de faire l'amour maintenant ? » au lieu de « je ne suis pas d'humeur et tu n'as pas tout le décor et les préliminaires en place. » Laquelle des deux est une question ? Les hommes sont mignons. Tant que leur lit est confortable, ils sont prêts pour le sexe. Si le lit est aussi dur que la pierre, ils sont quand même prêts. La plupart des femmes créent la relation comme annexe au sexe comme source pour la création de leur choix et de leur besoin. Elles préfèrent avoir besoin de leur relation et avoir le sexe.

Participante du Salon :

Ce qui remonte pour moi, c'est le fun. Je préfèrerais avoir le besoin plutôt que le fun.

Gary :

Toute cette histoire qui s'est créée autour du mythe féminin – l'idée qu'une femme n'a pas besoin de sexe alors qu'un homme, oui. Eh bien, un homme n'a pas besoin de sexe – il aime ça.

> Combien d'entre vous ont essayé de créer un besoin de relations au lieu du fun dans les relations ? Tout ceci, un dieulliard de fois, allez-vous le détruire et le décréer en totalité ? Right and Wrong, Good and Bad, POD and POC, All Nine, Shorts, Boys and Beyonds.

Nous avons ces points de vue. Qu'est-ce qui vous fait penser qu'il y a de l'amour dans les relations ? Tu avais une relation avec tes parents : était-ce de l'amour ? Non. Tu as eu des amis : ont-ils été aimants ?

Participante du Salon :

Non.

Gary :

Le but des relations est d'avoir quelqu'un qui va te fournir de l'argent, quelqu'un qui va te laisser faire ce que tu veux faire quand tu veux le faire et quelqu'un avec qui faire l'amour, c'est bien.

Participante du Salon :

Pour les deux dernières, c'est O.K. pour moi mais pour la première avec l'argent, j'ai fait : « Aaahh… »

Gary :

Tu es tellement indépendante que tu ne veux pas quelqu'un qui prend soin de toi et a plus d'argent que toi.

Participante du Salon :

Je voudrais changer cela s'il te plaît.

Gary :

C'est bien si tu es prête à t'acheter un gigolo pour l'argent. Tout ce que tu as fait pour être la personne qui fournit toujours l'argent, vas-tu le détruire et le décréer ?

Participante du Salon :

J'ai dépassé cela maintenant. Je suis prête à avoir plein, plein d'argent.

Gary :

Laisse-moi te poser une question. Qu'est-ce que « j'ai dépassé cela » signifie ?

Participante du Salon :

Cela veut dire « déjà vu, déjà fait ».

Gary :

Est-ce qu'il y a une question là-dedans ?

Participante du Salon :

Non.

Gary :

Est-ce une conclusion ?

Participante du Salon :

Absolument. C'est même plus qu'une conclusion. C'est comme si je cochais les éléments d'une liste ou quelque chose du genre.

Gary :

Oui, tu as décidé que ce sont les choses qui valent la peine d'avoir. Dès que tu as tout coché, tu n'as plus à créer ou à générer au-delà des conclusions que tu as tirées. C'est comme cela que tu coupes ta créativité.

Participante du Salon :

Oui, cela arrête tout et n'inclut personne. Cela arrête toutes les possibilités d'avoir vingt jeunes amants.

Gary :

Ou d'avoir quelqu'un avec qui sortir et partager sexe et fun. Quelqu'un qui a autant d'argent que toi et qui n'a pas plus besoin de toi que toi de lui. Quelqu'un qui te permettrait d'avoir tout ce que tu veux, quand tu veux. Ce serait terrible parce qu'alors tu n'aurais plus de justification ni d'excuse d'être misérable.

> Tout ceci, un dieulliard de fois, vas-tu le détruire et le décréer en totalité ? Right and Wrong, Good and Bad, POD and POC, All Nine, Shorts, Boys and Beyonds.

Et si plus jamais tu ne voulais que quelqu'un d'autre fasse quoi que ce soit ?

Voici la partie créative de tout cela : tu lui permets d'être lui-même et de faire tout ce qu'il désire. Tu l'invites dans ta vie et tu t'invites dans sa vie. Tu ne lui donnes ni le contrôle, ni ne le rends responsable de ta vie et il ne doit rien avoir à faire. Tu fournis tout ce qui fait que ça fonctionne.

La majeure partie d'entre vous, vous vous énervez quand l'autre personne ne fournit pas ce que vous demandez. Et si plus jamais tu ne voulais que quelqu'un d'autre fasse quoi que ce soit ?

> Tout ce que tu as mis en place pour arriver au besoin de ce dont tu peux avoir besoin des autres, pour que tu saches que tu es suffisamment nécessiteuse pour obtenir ce que tu veux, si terriblement nécessiteuse, vas-tu le détruire et le décréer en totalité ? Tout ceci, un dieulliard de fois, vas-tu le détruire et le décréer en totalité ? Right and Wrong, Good and Bad, POD and POC, All Nine, Shorts, Boys and Beyonds.

Je suis abasourdi là, les amies

Et si plus jamais tu ne voulais que quelqu'un d'autre fasse quoi que ce soit ? Vous vivez en ce moment à partir des projections, attentes, séparations, jugements et rejets – et non du choix, du désir, de la question ou de la joie. Vous essayez de créer une relation basée sur le point de vue de qui ? De votre mère, de votre père, de vos amis, de votre frère, de votre moitié.

> Tout ceci, un dieulliard de fois, allez-vous le détruire et le décréer en totalité ? Right and Wrong, Good and Bad, POD and POC, All Nine, Shorts, Boys and Beyonds.

Vous, Mesdames, continuez à essayer de prendre soin de votre homme parce que, de temps en temps, vous voulez être mères de votre enfant. Vous mettez l'homme dans la position de l'enfant et vous vous demandez pourquoi il n'est pas bon au lit. « Tu vas faire ce que je veux parce que je veux que tu le fasses » est la définition que la plupart donnent de « prendre soin de ». Vous, les femmes humanoïdes, n'avez pas besoin que quelqu'un prenne soin de vous – mais vous faites semblant que c'est le cas pour pouvoir donner la raclée à l'homme qui prend soin de vous.

Du point de vue de cette réalité, prendre soin de signifie contrôler quelqu'un. Pour moi, prendre soin de veut dire donner pouvoir à quelqu'un. Posez des questions à la personne. N'essayez pas de résoudre leurs problèmes. On a inculqué aux femmes la croyance qu'elles doivent résoudre des problèmes. Donc, vous essayez de résoudre le problème en en parlant pour l'éliminer.

Accord et tenir ses engagements

Une relation amoureuse est un contrat d'affaires, tu dois donc faire un « accord et tenir tes engagements », exactement comme avec tout contrat d'affaires. Pose ces questions quand tu commences une relation :

- Quel est le contrat ?
- A quoi tu t'engages ?
- Qu'attends-tu que j'apporte ?
- Exactement à quoi cela va-t-il ressembler et comment cela va-t-il marcher ?
- Que vais-je devoir faire pour toi ?

Voici le reste de « Accord et tenir ses engagements » :

Ne jamais entrer en confrontation. Dites plutôt : « C'est confus pour moi. Veux-tu m'aider, s'il te plaît ? » C'est un moyen de changer l'énergie, car tu n'auras pas le contrôle.

Ne jamais valider. Ne dis pas : « Oh, je sais que tu es tellement occupé. Je suis désolé de te demander cela. » Tu n'es pas désolée de demander. Tu espères que la personne va finalement réaliser qu'elle doit et peut tenir ses promesses.

Ne jamais expliquer ou justifier. Tu fais ce que tu dois faire. C'est tout. Si tu essaies de justifier ou d'expliquer, tu essaies d'arranger les choses. Ce n'est pas une bonne façon de vivre. Si tu essaies de justifier pourquoi tu fais un choix, es-tu présente ? Non. Fais-tu un choix ? Non. Tu essaies de rendre correct le fait d'avoir fait ce choix. Quelle est la différence entre faire un choix et faire que c'est correct que tu choisisses ce que tu choisis ? Si tu essaies de faire comme si c'était bien et de le justifier sous couvert du fait que tu peux le justifier, tu penses que l'autre personne doit l'accepter. Mais ce n'est pas comme cela que ça marche.

Si tu essaies de pratiquer la validation, l'explication ou la justification, tu dois vivre en accord avec une image que tu as de toi-même, plutôt qu'avec la réalité de ce que tu veux créer comme arrangement. Si tu dis : « Je ne suis qu'une femme », est-ce une explication ? Oui. C'est une justification. Cela valide le choix que tu as fait. Rien de cela ne correspond à la volonté d'être consciente de ce qui pourrait être créé par ton choix.

Participante du Salon :

Je suis consciente que l'ultime « Accord et engagements à tenir » est celui entre toi et toi, et ce n'est pas vraiment possible d'avoir un accord et de tenir ses engagements avec une autre personne si tu n'as pas la clarté de ce qu'il en est pour toi.

Gary :

Exactement. C'est cela que j'espère vous toutes allez retirer de cette classe-ci.

L'autre personne doit-elle être aussi consciente ?

Participante du Salon :

Dans une relation consciente, l'autre personne doit-elle être aussi consciente ? Ou est-ce que tu restes consciente pour obtenir ce que tu souhaites d'elle ?

Gary :

Si tu restes consciente, tu n'auras aucune projection, attente, séparation, rejet ni jugement. Une relation consciente n'a rien de tout ça.

Participante du Salon :

Et si l'autre personne fonctionne à partir de ces choses ?

Gary :

C'est O.K., tant que vous ne le faites pas.

Participante du Salon :

Donc, tu restes consciente et tu permets à l'autre personne de fonctionner comme il fonctionne ?

Gary :

C'est ça. Dans une relation consciente, tu as conscience de ce qui se passe pour ton partenaire. Tu dois être prête à reconnaître que tu dois choisir ce qui va fonctionner pour toi, non pas en relation avec lui mais à cause de toi — et non à cause de lui.

Continuons avec quelques questions.

S'épanouir en tant que femme

Participante du Salon :

Peux-tu parler de l'épanouissement pour une femme ?

Gary :

S'épanouir en tant que femme, c'est reconnaître comment utiliser tes ruses féminines. Par exemple, les femmes ont la capacité de changer d'avis. Les hommes ont-ils ce choix ? Pas vraiment. Un homme qui change d'avis est considéré comme faible et velléitaire. Une femme qui change son point de vue est considérée comme créative et énigmatique. C'est quelqu'un qui sort du cadre, qui ne se laisse pas piéger, ni enfermer dans une image ou dans une cage.

Tu dois apprendre comment utiliser ce qui est à toi en tant que femme. Demande : « Amant, peux-tu faire cela pour moi s'il te plaît ? » Une amie avait toujours mal quelque part. Je lui ai dit: « Tu dois demander aux gens de t'aider. » Elle l'a compris et maintenant, quand elle est à l'aéroport, elle demande: « Amant, ferais-tu cela pour moi s'il te plaît ? » et les hommes répondent : « Bien sûr, chérie, je vais chercher ta valise. Laquelle est-ce ? » Les hommes sont prêts à se mettre en quatre pour elle.

En tant que femme, tu as le droit de demander à un homme de faire des choses pour toi. Est-ce qu'un homme a ce droit ? Non, à moins qu'il ne soit engagé envers toi. Il doit avoir décidé qu'il allait t'épouser et vivre heureux avec toi jusqu'à la fin de ses jours pour qu'il en vienne à te demander de faire quelque chose pour lui.

Pour t'épanouir en tant que femme, tu dois utiliser tous tes charmes et aussi reconnaître que tu es la guerrière qui va au combat pour créer un futur que personne d'autre ne peut voir. Tu as des capacités que les autres ne peuvent voir, ce qui est plutôt incroyable.

T'épanouir en tant que femme, c'est reconnaître toutes les choses que tu peux demander et aucune de celles que tu dois fournir. Si tu utilises tes charmes et ce que Dieu t'a donné comme arme, tu peux amener un homme à faire des choses pour toi. Tu dois être disposée à le faire. Mais parce que tu es tellement indépendante, tu essaies continuellement de prouver que tu n'as besoin de personne. Tu as raison : tu n'as besoin de personne – mais pourquoi ne pas utiliser tes artifices féminins ?

Voir les réalités negatives

Participante du Salon :

Puis-je poser une question sur le fait de voir des choses que les autres ne voient pas et en quoi le refus de voir les réalités négatives joue là-dedans ?

Gary :

La plupart des gens s'efforcent de voir que tout va aller pour le mieux, en particulier quand il s'agit de décisions, jugements, conclusions et calculs. Par exemple, tu décides que tu es amoureuse d'un homme. Est-ce un jugement ?

Participante du Salon :
Oui.

Gary :

Tu dois poser la question : quelle est la réalité négative que je ne suis pas prête à regarder ici ?

Avant de me mettre ensemble avec mon ex-femme, j'avais fait une liste de toutes les choses que je désirais d'une femme avec qui j'étais en relation. Elle avait tout cela. La liste que je n'ai pas faite à l'époque, c'est celle de toutes les choses que je ne voulais pas chez cette personne. J'ai donc obtenu tout ce que je souhaitais mais aussi tout ce que je ne voulais pas. Etait-ce de la conscience ou un choix ? Ou n'étais-je pas prêt à voir les réalités négatives ?

Participante du Salon :
Pas prêt à voir les réalités négatives.

Gary :

Tu dois toujours être prête à regarder en face la réalité négative de quelqu'un si tu veux avoir la pleine conscience. Une fois que tu fais cela, tu peux créer une relation avec n'importe qui. Mais si tu n'es pas prête à regarder en face la réalité négative à partir de laquelle il fonctionne, tu seras déçue, malheureuse et misérable. Tu décideras que quelque chose ne va vraiment pas.

Participante du Salon :
Peux-tu en dire un peu plus sur ce qu'est cette réalité négative ?

Gary :

Il y a des gens qui vivent dans la conclusion. Je connais une dame dont la réalité tout entière tourne autour de « j'ai raison et les gens doivent reconnaître la justesse de mon point de vue. » C'est l'une de ces personnes qui écrit des lettres à l'éditeur. Elle a récemment été virée de son appartement parce qu'elle avait décidé que son voisin du dessus ne la respectait pas et elle s'était plainte de lui au propriétaire de son appartement. Sauf que le voisin du dessus s'est avéré être le petit-fils de la dame qui était la propriétaire de l'appartement. Donc, la justesse du point de vue de mon amie que le voisin avait tort et qu'elle avait raison et qu'il devrait partir, et non pas elle, l'a plutôt desservie. Elle n'était pas disposée à voir l'aspect négatif de ce qui pourrait être créé par son choix. Tu dois être prête à regarder la réalité négative en face. Tu dois demander : « Si je choisis cela, quelle réalité va être créée ? » Tu dois comprendre que ton choix va créer une réalité négative ou positive dans ton monde ou celui des autres.

Créer au-delà de cette réalité

Participante du Salon :

Puis-je changer de sujet ? J'ai récemment lu un livre à propos des Vikings. Cela disait que lorsqu'un chef était élu, les candidats devaient se présenter devant un groupe de sept à neuf femmes et présenter une vision du futur qu'ils désiraient planifier pour les futures générations. Si un candidat pouvait donner une vision que les femmes approuvaient, il était choisi comme chef. Que penses-tu de cette sorte de collaboration entre les énergies masculines et féminines ?

Gary :

C'est la collaboration qu'il devrait y avoir et qui n'existe pas actuellement.

Participante du Salon :

Oui, j'ai bien aimé cela quand j'ai découvert cela.

Gary :

Tu l'as aimé ? Ou as-tu reconnu que cela marcherait ?

Participante du Salon :

Ce qui m'a plu, c'est la dynamique entre le féminin et masculin et qu'ils travaillent ensemble vers le long terme. Le gouvernement aujourd'hui est sur le court terme ; c'est pour les quatre prochaines années jusqu'à la prochaine élection.

Gary :

Cela ne va même pas aussi loin. Ils se demandent s'ils vont être élus dans les prochaines dix secondes.

Participante du Salon :

Oui, bien sûr. Je me disais seulement que j'allais le mentionner parce qu'on parle beaucoup de la dynamique entre les énergies masculines et féminines. Je suis sûre que nous devrions y parvenir.

Gary :

Est-ce qu'on peut revenir un peu là-dessus ? Ce que tu décris n'est pas une dynamique. C'est une création. Une dynamique est un certain point de vue donné : « C'est comme cela et nous ne pouvons pas le changer. »

Ce que tu décris est une création. C'est ce qui serait créé si les gens étaient prêts à fonctionner à partir d'une réalité plus vaste, d'une perspective plus large, plus globale. Les gens ne veulent pas regarder suffisamment loin dans l'avenir pour déterminer ce que leur création va créer. Je le fais. Je regarde ce que les gens vont créer avec les choix qu'ils font. Il n'y a pas une seule personne parmi vous qui n'a pas la capacité de voir une possibilité plus grande et meilleure que les quatre-vingt-dix pour cent des gens qui vous entourent, mais au lieu de choisir cela, vous continuez à essayer de vous ramener dans cette réalité en choisissant l'homme qui rendra votre vie parfaite ou le rétablissement de votre famille qui rendra votre vie parfaite ou quelque chose d'autre qui rendra votre vie parfaite.

Et si vous pouviez générer et créer au-delà de cette réalité ? Tout ce qui ne permet pas cela, un dieulliard de fois, allez-vous le détruire et le décréer en totalité ? Right and Wrong,

Good and Bad, POD and POC, All Nine, Shorts, Boys and Beyonds.

Quelle actualisation physique de la création du futur au-delà du futur de cette réalité êtes-vous maintenant capables de créer, générer et d'instituer ? Tout ce qui ne permet pas cela, un dieulliard de fois, allez-vous le détruire et le décréer en totalité ? Right and Wrong, Good and Bad, POD and POC, All Nine, Shorts, Boys and Beyonds.

Participante du Salon :

Cela me semble plus léger quand tu fais ce déblayage. Plus excitant.

Gary :

Ce n'est pas excitant parce que l'excitation est ce que tu utilises pour te sortir de ton marasme. C'est l'enthousiasme de la vie.

Participante du Salon :

Oui, je vois. Tu arrives mieux à mettre l'énergie en mots.

La volonté de voir le futur

Participante du Salon :

Tu as mentionné plus tôt que tu es prêt à voir un avenir qui va bien au-delà de ce que les autres sont prêts à voir. Peux-tu dire à quoi cela ressemble dans ton univers et dans le nôtre ?

Gary :

Eh bien, ce à quoi cela ressemble dans mon univers, c'est réaliser ce que les gens vont faire – et ne pas avoir de point de vue par rapport à cela. Par exemple, une femme qui était très active dans Access Consciousness a quitté Access. Je savais que ça allait arriver un an avant qu'elle ne le fasse. Je pouvais voir ce que cela allait créer pour elle et ce qu'elle ferait avec cela et j'espérais qu'elle ne choisirait pas cela. Mais elle l'a fait. J'ai regardé cela et je me suis demandé : « Est-ce que cela aura un effet nuisible pour ma réalité ? » Non.

Tu dois envisager les choix que les autres font et en quoi ces choix vont affecter ta réalité. Demande : « Est-ce que cela va changer ma réalité ? La changer ? Oui. L'affecter de manière négative ? Non. Est-ce que cela va développer mon agenda ? Oui. Est-ce que je sais comment ? Non. » Mais je suis prêt à poser la question de ce qui peut se montrer plutôt que d'arriver à la conclusion ou la décision ou la détermination de ce que j'ai besoin de faire pour gérer cela. Est-ce que cela t'aide ?

Le confort n'a rien à voir avec la conscience

Participante du Salon :

Oui. Merci. Qu'est-ce que l'inconfort de la conscience totale vient faire là-dedans ?

Gary :

Le confort n'a rien à voir avec la conscience. Le confort est en lien avec les décisions, les jugements, les conclusions et les calculs qui te donnent raison de choisir ce que tu choisis. L'inconfort, c'est de vivre dans le choix ; le confort, c'est de vivre dans la conclusion.

Participante du Salon :

Peux-tu dire en quoi cela est lié au fait de n'avoir aucun point de vue et d'être conscient de tout ?

Gary :

Si tu n'as aucun point de vue, tu peux être conscient de tout. Si tu as un point de vue, tu élimines de ta conscience tout ce qui ne correspond pas à ton point de vue. Et quand tu fais cela, tu cèdes ton pouvoir à la conclusion. Tu fais de la conclusion ton gourou, plutôt que le choix ou la possibilité.

Je peux prendre par exemple le choix de cette femme de quitter Access Consciousness. Est-ce que c'est ce que j'aurais aimé ? Non, mais c'est son choix et je lui laisse ce choix. Est-ce que cela va créer tout ce qu'elle pense que cela va créer ? Non. Mais je dois faire confiance au fait que si elle souhaite se détruire elle-même ou se créer des problèmes, c'est son choix et elle doit le faire. Je suis prêt à laisser les gens mourir, si c'est ce qu'ils choisissent. Si quelqu'un fait quelque chose qui va le tuer, je le laisserais faire. Je ne l'empêcherais pas. Pourquoi ne le ferais-je pas ? Parce que c'est son choix, pas le mien.

Participante du Salon :

À moins, Gary, qu'il ou elle ne te pose une question ?

Gary :

Oui, à moins qu'il ou elle ne me pose une question. Mais la plupart des gens qui se détruisent eux-mêmes ne posent pas de questions. Ils évitent de poser des questions parce que les questions peuvent remettre en cause les décisions, jugements, conclusions et calculs qu'ils utilisent pour créer les conclusions auxquelles ils aboutissent et les décisions qu'ils ont prises.

Participante du Salon :

Quand tu as su que cette femme allait partir, tu as demandé : « Est-ce que cela va m'affecter ? » Tu n'as pas tiré une conclusion. Tu n'as pas dit : « Maintenant, je dois régler ça ou lui faire changer d'avis. » Tu fais quelque chose de différent de ce que je fais. Quand je perçois quelque chose dans le futur, j'entre en action.

Gary :

Au lieu d'être consciente, tu entres en action. Tu es prête à avoir un monde faire-faire et non un monde être-être.

Participante du Salon :

Parfois, ce n'est pas une énergie négative ou une réalité négative, mais tu sais que cela ne va pas avoir une fin heureuse pour quelqu'un. Est-ce que tu laisses quand même la personne le faire du moment que cela n'affecte pas la conscience ?

Gary :

La conscience ne peut être battue, quoi qu'il arrive. Est-ce que le fait qu'elle parte va avoir un effet nuisible sur la conscience sur laquelle je travaille ? Non. Parce qu'elle fera toujours ce qu'elle fera.

Je parlais avec quelqu'un l'autre jour à propos d'un système de soutien aux différents facilitateurs qui pourrait développer Access Consciousness. Je dois mettre en place un système et je n'ai pas encore toutes les pièces du puzzle. J'ai décidé que je prendrais cinq ou six personnes et commencerais avec elles jusqu'à trouver un système qui fonctionne.

Quelqu'un m'a appelé et m'a demandé : « Pourquoi est-ce que tu m'exclus ? »

J'ai répondu : « Je ne t'exclus pas. J'ai besoin de quelqu'un qui suivra les instructions et ira dans la direction que doivent prendre les choses afin que nous puissions mettre le système en place. Une chose est sûre avec toi, c'est que tu ne vas suivre personne. Tu n'en feras toujours qu'à ta tête. »

La personne a ri et répondu : « Oui, je ferais toujours ça. »

Tu peux avoir raison ou tu peux être légère

Participante du Salon :

Ça fait un moment que je veux te poser une question du type « quelle perception as-tu de moi qui pourrait faire exploser mon univers et accroître ma conscience ? ».

Gary :

Dans une certaine mesure, tu as pris pas mal de décisions et tiré des conclusions concernant ta vie qui marchent bien. Oui ou non ?

Participante du Salon :
Oui.

Gary :
Et si tu devais abandonner tout cela ? Chacune d'entre elles ?

Participante du Salon :
Ça semble léger.

Gary :
Oui, mais tu ne vas pas choisir cela.

Participante du Salon :
Je ne vais pas choisir la légèreté ?

Gary :
Non, parce que tu as le choix. Tu peux avoir raison ou avoir la légèreté.

Participante du Salon :
J'ai envie de dire : « Oui, je laisserais tout tomber. »

Gary :
Ne te leurre pas toi-même. Sois honnête à ce sujet. Qu'est-ce qui est vrai ? Demande : « Est-ce que je préfère la légèreté ou avoir raison ? » Sois franchement honnête avec toi-même. La seule façon de pouvoir créer ton futur, c'est d'être honnête avec toi-même.

Il y a eu une époque où Access Consciousness ne connaissait pas le succès que j'avais souhaité. J'ai été franchement honnête avec moi-même en regardant cela. J'ai changé la manière de travailler des facilitateurs de Bars. Je me suis débarrassé de toutes les commissions qu'ils devaient payer, ce qui va à l'encontre de la manière dont les choses sont faites dans cette réalité. J'ai supprimé toute nécessité de me payer quoi que ce soit. La nécessité pour moi était qu'il y ait plus de conscience. À chaque fois que quelqu'un fait les Bars, 300,000 autres personnes sont à ce moment libérées de ce dont cette personne s'est libérée. C'était mon but de départ avec Access Consciousness, créer la liberté pour tous sur la planète. Je suis encore en train d'y travailler.

Participante du Salon :
Donc, je n'ai pas d'objectif ?

Gary :
C'est ça, tu n'as pas d'objectif. Tu dois tirer une conclusion que tu as atteint ce que tu t'étais fixé.

Participante du Salon :
Pourtant, je pose des questions.

Gary :
La seule question que tu n'es pas prête à te poser est : « Qu'est-ce que j'aimerais vraiment créer comme vie ? » Il s'agit d'avoir un futur durable. Tu dois demander : « Que serait ma vie dans cinq ans si je choisissais cela ? »

Tu ne peux pas avoir un point de vue défini et une conclusion, c'est ce que tu continues à t'efforcer de trouver. C'est une perception de l'énergie. Tu peux dire qu'en choisissant cela, tu peux davantage générer et créer.

Participante du Salon :
Qu'avons-nous mis en place qui nous empêche de voir le futur avec plus d'aisance ?

Gary :
Tu mords à l'hameçon de cette réalité. Si tu mords à l'hameçon de cette réalité, tu es censée être la petite femme enceinte qui cuisine pour son homme. À quel point cela marcherait pour toi ?

Participante du Salon :

Pas du tout. J'ai essayé.

Gary :

Oui. Tu dois avoir davantage de volonté d'être une conquérante de ce monde et une créatrice du futur.

Participante du Salon :

Alors, c'est juste qu'on se laisse prendre par les histoires de cette réalité ?

Gary :

Oui, cette réalité ne fonctionne pas du tout. Je l'aime ? Non. Je la tolère ? Oui. Est-ce ce que je veux ? Non. Est-ce que c'est ce que tu veux ? Probablement pas. Mais est-ce qu'on t'a donné le choix ?

Participante du Salon :

Quels choix s'offrent à moi ? Quelque chose de différent ?

Gary :

C'est ce que tu dois souhaiter avoir. Quelque chose de différent.

Quelle actualisation physique de la création du futur au-delà de la réalité de ce futur es-tu maintenant capable de créer, générer et d'instituer ? Tout ce qui ne permet pas à cela de se manifester, un dieulliard de fois, vas-tu le détruire et le décréer en totalité ? Right and Wrong, Good and Bad, POD and POC, All Nine, Shorts, Boys and Beyonds.

Conquérir par opposition à exclure

Participante du Salon :

Je confonds conquérir et exclure. Peux-tu m'aider là ?

Gary :

Il y a bien longtemps, quand quelqu'un partait à la conquête d'un pays, le choix suivant s'offrait à eux : il pouvait massacrer tout le monde et avoir le pays ou inclure tout le monde dans sa réalité et les utiliser pour créer davantage.

Participante du Salon :
J'ai fait le premier choix.

Gary :
Massacrer tout le monde ?

Participante du Salon :
Oui, je pense que je l'ai fait.

Gary :
La bonne nouvelle, c'est que le pays est à toi. Tu l'as pour toi toute seule et il n'y a personne pour jouer avec.

Participante du Salon :
Oui, c'est là où j'en suis.

Gary :
Est-ce vraiment dans ton intérêt ?

Participante du Salon :
Non, pas du tout. Peux-tu m'aider à changer cela s'il te plaît ?

Gary :

Quelle stupidité utilises-tu pour créer la conquête comme façon d'exclure choisis-tu ? Tout ceci, un dieulliard de fois, vas-tu le détruire et le décréer en totalité ? Right and Wrong, Good and Bad, POD and POC, All Nine, Shorts, Boys and Beyonds.

Apparemment, tu n'es pas la seule dans ce cas.

Participante du Salon :
Merci !

Participante du Salon :

Est-ce exact que lorsque les gens affichent de la supériorité, en fait, ils sont dans la croyance que tout le monde est meilleur qu'eux ? Ou est-ce qu'ils essaient de prouver le contraire ? Est-ce que c'est faire sien le mensonge que les autres sont plus grands ou plus petits que soi ?

Gary :

Personne n'est plus grand ou plus petit que quelqu'un d'autre : nous sommes tous différents ! Je ne vois personne de plus grand ou plus petit que moi. Nous avons des expériences et des consciences différentes. Mon point de vue est :

- Que sais-tu que je peux utiliser pour moi ?
- Que sais-tu que je peux utiliser pour les autres ?
- Que sais-tu que tu ne m'as pas encore montré ?

« Comment puis-je prouver ma contribution ? »

Participante du Salon :

Je me sens coincée par quelque chose. Je dois écrire un argumentaire très détaillé pour mes avocats décrivant les treize dernières années avec mon ex pour prouver ma contribution à la relation et à l'entreprise pour que je puisse obtenir plus que les 31 % qui me sont proposés. J'en suis à la moitié et je me demande ce que je pourrais faire ou être de différent pour prouver ma contribution. Je ne peux pas mettre en mots ma contribution pour que les gens la voient.

Gary :

« Les contes de fée se réalisent, ils peuvent devenir réalité pour toi. » Tu dois écrire un conte de fée si tu veux que les gens te croient.

Participante du Salon :
Je dois juste faire ce qui est demandé ?

Gary :

Tu essaies de dire la vérité. Raconte le conte de fée que tout le monde veut croire.

Participante du Salon :
Qu'est-ce que cela veut dire ?

Gary :

C'est pour cela que je t'ai donné cette chanson. Pense à cette chanson et continue d'écrire.

Participante du Salon :
Tu veux dire que je dois écrire le conte de fée qui n'a pas eu lieu ?

Gary :

Tu dois écrire le conte de fée sur combien tu as aimé et combien tu as perdu. Comment tu as fait tout ce que tu as pu pour le soutenir et toutes les longues conversations que tu as eues pour lui faire voir à quel point il était incroyable.

Participante du Salon :
J'ai commencé dans cette direction. Pourquoi ai-je calé alors ?

Gary :

Tu as décidé que c'était un conte de fée et non la réalité. Tu dois être en mesure de donner aux gens le conte de fée qu'ils sont prêts à entendre.

Participante du Salon :
O.K.

Gary :

Tout ce que cela fait remonter ou retomber pour tout le monde, tout ceci un dieulliard de fois, allez-vous le détruire et le décréer en totalité ? Right and Wrong, Good and Bad, POD and POC, All Nine, Shorts, Boys and Beyonds.

Être ce qui est vrai pour toi

Participante du Salon :

Parfois, les gens me perçoivent comme étant plus rentre-dedans que je ne le suis vraiment. Je ne suis pas sûre de vouloir laisser les choses ainsi ni de vouloir les changer. Souvent, ma gorge se noue. Qu'est-ce que c'est ?

Gary :

C'est ta conscience de ce que le reste du monde n'est pas prêt à choisir. À chaque fois que tu ouvres un espace de possibilité, tu perçois et tu ressens l'actualisation des limitations des autres.

Tu dois être disposée à être ce qui est vrai pour toi. Je ne mentirais pas si quelqu'un me demande quelque chose. Je dirais la vérité. Je ne vais pas le protéger parce que j'ai découvert qu'à chaque fois que j'ai voulu protéger quelqu'un en ne disant pas les faits, c'était comme si je leur racontais un mensonge. Mentir aux gens ne m'intéresse pas.

Participante du Salon :

Est-ce qu'il y a autre chose qui pourrait m'aider à savoir quoi, à qui, quand et comment le dire avec force et clarté ?

Gary :

Pose la question : « Quelle stupidité j'utilise pour créer le manque de silence que je choisis ? »

Tu ne dis peut-être rien mais, dans ta tête, ça parle fort. Tu dois avoir la clarté et l'aisance du silence comme tout le reste.

99 % des fois, le silence te donnera plus de contrôle sur les gens que la parole.

T'inclure dans l'équation de ta propre vie

Participante du Salon :

Peux-tu me dire ce que je fais pour détruire ma vie, ma façon de vivre et ma réalité, que si je changeais cela, je pourrais créer une réalité durable pour moi ?

Gary :

Il ne s'agit pas de ce que tu fais, il s'agit de ce que tu ne fais pas. Tu dois demander :

> Que puis-je être ou faire aujourd'hui pour changer ma vie et mon futur en une réalité durable pour toute l'éternité ? Tout ceci, un dieulliard de fois, vas-tu le détruire et le décréer en totalité ? Right and Wrong, Good and Bad, POD and POC, All Nine, Shorts, Boys and Beyonds.

Il ne s'agit pas de quelque chose que tu dois être ou faire. C'est quelque chose que tu dois choisir. La plupart d'entre nous n'ont aucune idée de ce que ça peut être. En vérité, dans quelle mesure as-tu créé ta vie pour qu'elle tourne autour de toi ?

Participante du Salon :

Zéro pour cent.

Gary :

C'est là, la manière dont presque tout le monde fonctionne. Une dame qui nous aidait à Access Consciousness a cafouillé à deux ou trois reprises. Je lui ai dit : « Les gens cafouillent quand ils ne veulent pas faire certaines choses. Alors, en vérité, tu ne veux plus travailler pour Access ? »

Elle a répondu : « Non, je ne veux plus. »

Je lui ai demandé : « Que veux-tu faire ? À quoi voudrais-tu que ta vie ressemble ? »

Elle a répondu : « Je n'en ai aucune idée. »

Je lui ai dit : « C'est parce que tu as passé ta vie entière à faire des choses pour tes parents, ta grand-mère, ton mari et ton entreprise – mais rien pour toi. Comment cela se fait-il que tu ne sois pas dans l'équation de ta propre vie ? » Cela ne s'applique bien sûr à personne d'autre dans cette classe !

> Quelle stupidité utilises-tu pour créer l'invention et l'intensité artificielle de ne pas te prendre en compte dans l'équation de ta propre vie choisis-tu ? Tout ceci, un dieulliard de fois, vas-tu le détruire et le décréer en totalité ? Right and Wrong, Good and Bad, POD and POC, All Nine, Shorts, Boys and Beyonds.

Tente-les, enseigne-leur quelque chose et renvoie-les chez eux

Participante du Salon :

Un jour, tu m'as dit en rapport aux hommes que je devais « les tenter, leur enseigner quelque chose et les laisser reprendre leur route ». J'ai peut-être cru que ça voulait dire « leur faire la leçon » et quoique cela soit peut-être nécessaire parfois, je ne suis pas certaine que c'est ce que tu voulais dire. Peux-tu expliquer et développer cela ?

Gary :

« Les tenter, leur enseigner quelque chose et les laisser reprendre leur route », c'est l'idée que tu ne veux pas vraiment une relation amoureuse. Tu voudrais t'amuser avec quelqu'un. Enseigner dans le sens de leur enseigner tout ce qui ferait d'eux des hommes meilleurs, et non pas leur faire la leçon.

Participante du Salon :

Quoi de mal à couper les testicules des hommes et les accrocher au mur comme trophées ?

Gary :

Eh bien, c'est cool mais si tu fais cela, il y a de grandes chances pour qu'il n'y ait plus beaucoup d'hommes qui viennent te voir. S'ils voient les boules au mur, ils ne voudront rien avoir à faire avec toi. Est-ce que c'est ce que tu veux créer avec les hommes ? Est-ce le futur que tu désires avoir ?

Considère les choses. Pose la question : si je choisis de couper les testicules de cet homme, à quoi ressemblera ma vie dans 5 ans ? Plus d'espace ou plus contractée ? Si je choisis de laisser les testicules de cet homme sur son corps et de les caresser et d'en profiter et de l'utiliser tant que je le choisis, que sera ma vie dans 5 ans ? Plus d'espace ou moins d'espace ? Ressens l'énergie et rends-toi compte par toi-même.

Le vrai pragmatisme : commence avec le choix

Participante du Salon :

Pourrais-tu parler du pragmatisme consistant à être au clair avec ce que nous voulons réellement créer et des situations où nous nous mettons des œillères ?

Gary :

Le vrai pragmatisme, c'est de commencer avec le choix. Si je choisis cela, que sera ma vie dans 5 ans ? Pose les questions :

- Si je choisis ceci, que sera ma vie dans 5 ans ?
- Si je ne choisis pas ceci, que sera ma vie dans 5 ans ?

Vous allez vous mettre à ressentir énergétiquement la différence entre le choix et le non-choix et, lentement mais sûrement, vous allez commencer à choisir ce qui fonctionne pour vous.

Vous allez comprendre comment chaque choix façonnera votre vie dans 5 ans.

Vous pouvez en percevoir l'énergie – mais vous ne pouvez pas la définir. Vous devez cesser de vouloir définir ce à quoi vous voudriez que votre vie ressemble. Les gens disent : « J'aimerais avoir des millions de dollars, j'aimerais faire ceci, j'aimerais faire cela. »

« J'aimerais faire ça », ce n'est pas créer ni générer.

Génération, création et institution

Participante du Salon :

Quel rôle jouent la fonctionnalité et l'institution là-dedans ? Quand tu poses la question « si je choisis ceci, qu'est-ce que cela crée ? », qu'est-ce qui fait que cela l'actualise ?

Gary :

Tu dois recourir au questionnement. Cela te donnera une indication de la base énergétique à partir de laquelle tu désires créer. La génération, c'est l'énergie qui commence à faire exister quelque chose, la création, c'est quand tu l'actualises et l'institution, c'est ce que tu fais pour créer une plateforme pour construire encore plus.

Je te donne le système grâce auquel tu peux être au clair avec ce que tu peux créer. Cela ne va pas être un univers cognitif. Si tu pouvais créer un univers sur la base d'un point de vue cognitif, tu l'aurais déjà fait depuis des lustres.

Tu dois reconnaître que la clarté vient de la conscience que tu crées avec ce que ton choix crée. Le choix est la source de la création – et non les décisions, jugements, conclusions et calculs. Si tu essaies de fonctionner à partir des décisions, jugements, conclusions et calculs, tu fonctionnes à partir des jugements plutôt que des possibilités.

Tu as une alternative : tu peux acheter cette chaise ou vendre cette chaise. Comment sera ta vie dans 5 ans si tu achètes cette chaise ? Comment sera ta vie dans 5 ans si tu vends cette chaise ? Tu peux sentir la différence dans l'énergie de ce que cela va créer.

N'abandonne pas ta conscience au profit de la conclusion. Utilise ce processus :

- Si je choisis ceci, que sera ma vie dans 5 ans ?
- Si je ne choisis pas ceci, que sera ma vie dans 5 ans ?

Tu peux capter la différence entre le choix qui amène plus d'expansion et le choix qui amène plus de contraction. Afin de créer un futur durable, apprends à ressentir la différence dans l'énergie de ce qui est créé par les choix que tu fais.

Tu apprends à créer avec les choix que tu fais, car chaque choix crée quelque chose.

Si tu es une femme guerrière qui se prépare à aller au combat pour créer un futur durable, c'est un monde différent. Tu dois être prête à envisager cela, le choisir et l'être et tout le reste va en découler. Réalise ce que crée ton choix.

O.K., Mesdames, ce sera tout pour ce soir. S'il vous plaît, allez devenir la femme que vous êtes qui peut créer un futur qui sera durable et magnifique. C'est le cadeau que vous êtes pour l'humanité.

11
Rester dans le pouvoir du choix et de la conscience

Tu invites un démon dans ta vie à chaque fois que tu donnes ton pouvoir à quelque chose d'autre qu'à la conscience.

Gary :

Bonjour, Mesdames. Parlons de ce que sont les démons et comment ils sont en lien avec vous qui êtes des femmes guerrières qui partent livrer bataille pour créer un futur durable.

Démons

Un démon est un être ou n'importe quoi d'autre qui veut avoir un certain contrôle dans ta vie. Tu invites un démon dans ta vie à chaque fois que tu donnes ton pouvoir à quelque chose d'autre qu'à la conscience. Si tu cherches une relation dans laquelle quelqu'un va s'occuper de toi et que tu deviens un suiveur, tu invites les énergies des démons dans ta vie – parce qu'être un suiveur requiert que tu te livres toi-même et ta conscience. Les démons et les entités veulent que tu deviennes un suiveur. Donc, c'est une façon de les inviter chez toi. Heureusement, vous êtes tellement nulles à être des suiveuses ! Vous n'êtes pas très bonnes à rester trois pas derrière votre homme pour le suivre.

L'autre façon d'inviter des démons chez toi, c'est de remettre ton pouvoir à la conclusion – parce que la conclusion, c'est le contraire de la conscience. Quand tu as un point de vue, tu élimines de ta conscience tout ce qui n'est pas en accord avec ce point de vue. Tu donnes ton pouvoir à la conclusion plutôt qu'à la conscience.

Quand tu n'as pas de point de vue, tu peux devenir consciente de tout.

Tu peux aussi remettre ton pouvoir quand tu abandonnes ta conscience au profit de celle de quelqu'un d'autre.

Participante du Salon :

Je ne saisis pas vraiment ce que sont les démons. Peux-tu en dire plus ?

Gary :
À qui ou à quoi donnes-tu ton pouvoir ?

Participante du Salon :
Aux autres.

Gary :
Vraiment ? Je ne crois pas.

Participante du Salon :
À la conclusion.

Gary :

La conclusion en est une. L'argent en est une autre. Tu as des démons de conclusion dans ta vie qui te disent quoi faire ou qu'il y a un problème avec l'argent. Ils te disent que tu dois parvenir à une conclusion.

Il s'agit de reconnaître là où tu as invité des démons dans ta vie pour contrôler les choses à ta place. Les démons te disent les choses qu'il faut faire et dire. Ils essaient de t'amener à abandonner ta vie au profit de ce qu'ils choisissent. À chaque fois que tu aboutis à une conclusion, tu invites des démons de la conclusion pour t'assurer que tu parviens à la bonne conclusion et que tu conclus ce qui est juste.

Participante du Salon :

Que faudrait-il pour que je sois claire sur ces moments où je permets aux démons de prendre le contrôle de mes relations ou de mes rapports sexuels ? Que faudrait-il pour me délivrer des démons qui ruinent mes rapports amicaux et sexuels avec les hommes ?

Gary :

Voici un processus :

> Quelle stupidité utilises-tu pour créer l'invention, l'intensité artificielle et les démons desquels tu dois être délivrée choisis-tu ? Tout ceci, un dieulliard de fois, vas-tu le détruire et le décréer en totalité ? Right and Wrong, Good and Bad, POD and POC, All Nine, Shorts, Boys and Beyonds.

Ça marche !

> Combien de pensées, sentiments, émotions, sexe et non-sexe sont en fait l'univers des démons duquel tu dois être délivrée ? Beaucoup. Tout ceci, un dieulliard de fois, vas-tu le détruire et le décréer en totalité ? Right and Wrong, Good and Bad, POD and POC, All Nine, Shorts, Boys and Beyonds.

Tous les démons liés au fait d'être une femme, d'être féminine, d'être une femelle, d'être la femme qui demande que tu t'amoindrisses, veux-tu leur demander maintenant de retourner d'où ils viennent et de ne jamais revenir vers toi ou dans cette réalité, pour toute l'éternité ?

> Tout ce qui ne permet pas cela, un dieulliard de fois, vas-tu le détruire et le décréer en totalité ? Right and Wrong, Good and Bad, POD and POC, All Nine, Shorts, Boys and Beyonds.

Tu crées les démons plutôt que le choix

C'est là où tu gardes les démons de ce que signifie être une femelle plutôt que le choix d'être ce qu'est être une femelle.

Tu dois reconnaître là où toi, en tant que femelle, tu es la personne qui part au combat pour la création du futur. Si tu comprends cela, ton but dans la vie, c'est d'être une futuriste et non quelqu'un qui est prêt à être la conséquence du passé, comme si c'était cela la création du futur. Partout où cela existe dans le monde, tu crées les démons de la féminité, de la féminisation et de l'incarnation féminine.

Combien de démons de l'incarnation féminine peux-tu maintenant détruire et décréer et retourner de là d'où ils viennent pour que plus jamais ils ne reviennent vers toi ou cette réalité, pour toute l'éternité ?

> Tout ceci, un dieulliard de fois, vas-tu le détruire et le décréer en totalité ? Right and Wrong, Good and Bad, POD and POC, All Nine, Shorts, Boys and Beyonds.

Participante du Salon :

Dans ce déblayage tu dis : « Retournez de là d'où ils viennent pour que plus jamais ils ne reviennent vers toi ou cette réalité, pour toute l'éternité. » Que veut dire « whence » ?

Gary :

Cela signifie en vieil anglais quand tu es venu. Un endroit d'où tu es venu.

Et s'il n'y avait pas de plus grande source de pouvoir que toi ?

Participante du Salon :

Peux-tu expliquer « une Terre dominée par les démons » ?

Gary :

Tout ce qui crée le pouvoir des démons est jugement. Les démons n'ont pas de pouvoir sauf si tu t'alignes, tu tombes d'accord, résistes ou réagis à leurs jugements. Leur boulot est d'exacerber le jugement jusqu'à ce que tu en viennes à abandonner ton pouvoir ou ta puissance au profit de leurs points de vue. À chaque fois que tu fonctionnes à partir du jugement comme étant un sentiment de justesse ou de tort, tu invites les démons dans ta vie pour prouver la justesse de ton point de vue. Quand tu n'as pas de point de vue, il ne peut y avoir ni de juste ni de faux et il ne peut y avoir de démons de jugement pour exacerber ou exponentialiser le tort de toi-même sous quelle forme que ce soit.

> Combien d'énergie utilises-tu pour créer le tort de toi-même, qui est la domination sur la planète Terre par les démons du jugement ? Tout ceci, un dieulliard de fois, vas-tu le détruire et le décréer en totalité ? Right and Wrong, Good and Bad, POD and POC, All Nine, Shorts, Boys and Beyonds.

> Quelle stupidité utilises-tu pour créer l'invention absolue et l'intensité totalement artificielle de la source de démon et de la Terre dominée par les démons choisis-tu ? Tout ceci, un dieulliard de fois, vas-tu le détruire et le décréer en totalité ? Right and Wrong, Good and Bad, POD and POC, All Nine, Shorts, Boys and Beyonds.

Les humains croient que les démons sont une source de pouvoir

Participante du Salon :

Je travaille beaucoup avec des femmes humaines. Il semble qu'elles soient vicieuses ; elles mentent et trichent pour obtenir ce qu'elles veulent. Est-ce cela les démons ?

Gary :

Les humanoïdes peuvent reconnaître les démons pour ce qu'ils sont. Les humains, toutefois, croient que les démons sont une source de pouvoir. Les femmes humaines cherchent à avoir une position où elles ont le contrôle sur les hommes d'une manière ou d'une autre. Elles consacrent leur vie à inviter des démons pour créer le contrôle sur les hommes. Combien d'entre vous ont invité les démons qui créent le contrôle sur les hommes ?

> Allez-vous maintenant exiger qu'ils retournent là d'où ils viennent et jamais plus ne reviennent vers vous ou cette réalité ? Tout ce qui ne permet pas cela, un dieulliard de fois, allez-vous le détruire et le décréer en totalité ? Right and Wrong, Good and Bad, POD and POC, All Nine, Shorts, Boys and Beyonds.

Mesdames, mon but est de vous amener là où vous n'avez plus de jugement de vous-mêmes ou de quoi que ce soit que vous choisissez. C'est de vous amener là où vous prenez totalement conscience de comment votre choix crée le futur, parce que vous êtes la source créant le futur qui n'a jamais existé sur cette planète – si vous le choisissez, bon sang ! Tu essayes toujours de ne pas choisir comme si tu attendais que quelqu'un vienne et choisisse à ta place et te dise ce que tu dois faire. Je vous aime toutes, et pas une seule d'entre vous n'est pas capable de suivre quelqu'un d'autre. Pourquoi diable ne vous suivez-vous pas vous-mêmes au lieu de suivre quelqu'un d'autre ? Pourquoi essayez-vous de chercher un homme que vous pouvez suivre – ou qui que ce soit que vous pouvez suivre ? La bonne nouvelle, c'est que je ne vous laisserais jamais me suivre parce que je vais vous échapper. Vous ne pouvez pas m'attraper peu importe la vitesse à laquelle vous courez.

> Tout ceci, un dieulliard de fois, allez-vous le détruire et le décréer en totalité ? Right and Wrong, Good and Bad, POD and POC, All Nine, Shorts, Boys and Beyonds.

Participante du Salon :

Ce qui remonte pour moi dernièrement, c'est que j'ai donné aux démons certains travaux à faire au cours des derniers quatre milliards d'années. C'était leur travail de maintenir en place les jugements, contrôles et points de vue. Je leur disais : « Chaque travail que je t'ai donné, prends-le avec toi et ne reviens jamais. »

Gary :

Tu dois dire : « Retourne d'où tu viens, ne reviens jamais vers moi ou cette réalité pour toute l'éternité. »

Participante du Salon :

Pour moi, un démon a toujours été une petite silhouette noire ou quelque chose du genre. Maintenant, c'est plutôt un jugement qui fait surface, c'est ça le démon.

Gary :

Oui, il s'agit des jugements que tu crées. Si tu les vois comme des petites silhouettes noires ou rouges avec des cornes et des queues ou un truc du genre, tu te conformes à cette réalité. Tu insistes pour que cette réalité détienne la vérité à propos des démons.

Participante du Salon :

Voir les démons de cette façon m'a empêchée de réaliser quand je les ai conviés dans ma vie et là où je les ai utilisés. Maintenant, il y a une énergie complètement différente sur ces démons et je suis pleine de gratitude pour toi.

Gary :

Tu les as invités dans ta vie, en pensant que cela était un moyen d'avoir du pouvoir sur quelque chose. Mais le pouvoir ultime sur tout, c'est la conscience totale. Et s'il n'y avait aucune source de pouvoir plus grande que toi ?

Tout ce qui ne permet pas à cela de se révéler, un dieulliard de fois, vas-tu le détruire et le décréer en totalité ? Right and Wrong, Good and Bad, POD and POC, All Nine, Shorts, Boys and Beyonds.

Le jugement est le moyen d'inviter les démons

Participante du Salon :

Quand tu m'as parlé tout à l'heure, une tonne d'énergie est remontée pour moi. C'était comme une sensation de « ne me fais pas taire ». C'était un « Tu ne vas pas m'écouter. Tu m'as mal comprise. » C'était étrange.

Gary :
Te sens-tu incomprise ?

Participante du Salon :
Oui.

Gary :

> Partout où tu as décidé ce qu'incomprise veut dire, vas-tu le détruire et le décréer ? Right and Wrong, Good and Bad, POD and POC, All Nine, Shorts, Boys and Beyonds.

Le concept de comprendre (soutenir) implique que quelqu'un doit se tenir sous toi pour te soutenir. Aimes-tu te tenir debout sur les gens ?

Participante du Salon :
Pas particulièrement.

Gary :
Avec ou sans tes hauts talons !

Participante du Salon :

Waouh ! Je vois que toutes mes questions ont tenté de t'amener à te rallier à la justesse des jugements que j'ai de moi-même.

Gary :

C'est plutôt ça. Malheureusement, je ne te juge pas, c'est donc difficile pour moi de m'aligner avec tes jugements.

Participante du Salon :

Quand j'interagis avec les gens, je recherche leurs jugements qui s'alignent avec quelque chose me concernant pour que je puisse me mettre en colère contre eux.

Gary :

Non. Pour que tu puisses te mettre en colère contre toi-même. Te consacres-tu à voir ce qui ne va pas chez toi ?

Participante du Salon :

Je me suis rendu compte que j'ai ces jugements.

Gary :

Tout ce que tu as fait pour créer cela, un dieulliard de fois, vas-tu le détruire et le décréer en totalité ? Right and Wrong, Good and Bad, POD and POC, All Nine, Shorts, Boys and Beyonds.

Quelle stupidité utilises-tu pour créer l'invention absolue et l'intensité artificielle totale de la source des démons et de la Terre dominée par les démons choisis-tu ? Tout ceci, un dieulliard de fois, vas-tu le détruire et le décréer en totalité ? Right and Wrong, Good and Bad, POD and POC, All Nine, Shorts, Boys and Beyonds

Participante du Salon :

J'ai récemment choisi de faire un projet et j'ai fait beaucoup de travail pour cela. Ensuite, je ne suis pas allée jusqu'au bout et je me suis retrouvée à me donner tort pour cela. En t'entendant en parler, j'ai pris conscience que je m'étais jugée de m'être donné tort.

Gary :

Laisse-moi te poser une question. Quelle est la valeur de te juger toi-même ?

Participante du Salon :
Aucune valeur.

Gary :
Il doit y en avoir une ou sinon tu ne t'y aventurerais pas. Le jugement, c'est la manière dont tu invites les démons. C'est pourquoi les humains jugent les autres. Les humains jugent pour prendre le pouvoir sur les autres. Ils prennent le contrôle sur les autres en utilisant leur jugement pour inviter les démons qui vont créer le contrôle. C'est en se jugeant soi-même que l'on crée l'invitation.

> Partout où tu t'es jugée toi-même pour inviter les démons, vas-tu détruire et décréer le tout et le retourner à l'envoyeur ? Right and Wrong, Good and Bad, POD and POC, All Nine, Shorts, Boys and Beyonds.

Comment aimerais-tu que soit ta vie si tu ne t'encombrais pas avec les jugements ?

Participante du Salon :
Une partie de plaisir.

Gary :
> Combien d'énergie utilises-tu pour créer la valeur de t'encombrer de jugements ? Tout ceci, un dieulliard de fois, vas-tu le détruire et le décréer en totalité ? Right and Wrong, Good and Bad, POD and POC, All Nine, Shorts, Boys and Beyonds.

Tu t'encombres de jugements.

Participante du Salon :
Que faudrait-il pour que cela change et que j'arrête de choisir cela ?

Gary :

Quelle stupidité utilises-tu pour créer l'invention, l'intensité artificielle et les démons de l'encombrement de jugements choisis-tu ? Tout ceci, un dieulliard de fois, vas-tu le détruire et le décréer en totalité ? Right and Wrong, Good and Bad, POD and POC, All Nine, Shorts, Boys and Beyonds.

Participante du Salon :

Dans ce déblayage, tu dis « intensité artificielle ». Peux-tu parler de ce que c'est ?

Gary :

Pense à celui ou celle qui te juge. Quelle part de cela est intense ? Un peu ? Tout ? Ou plus encore ?

Participante du Salon :
Tout.

Gary :

Tu penses que l'intensité a plus de valeur que la conscience.

Tout ceci, un dieulliard de fois, vas-tu le détruire et le décréer en totalité ? Right and Wrong, Good and Bad, POD and POC, All Nine, Shorts, Boys and Beyonds.

Participante du Salon :

Gary, je réalise de plus en plus, quand je vous vois travailler toi et Dain, que vous avez la capacité et la patience de ne donner aux gens que ce qu'ils sont prêts à entendre, même si vous savez qu'ils sont capables d'une véritable ouverture au recevoir à cet instant, et c'est seulement quand ils vous posent une question que s'ouvre pour vous une fenêtre pour savoir jusqu'où ils sont prêts à aller.

Gary :

Oui, je suis prêt à considérer le futur que vous êtes disposées à avoir.

Participante du Salon :

Par les questions que nous posons ?

Gary :

Oui.

Participante du Salon :

J'ai tendance à donner aux gens l'univers entier quand ils posent une question.

Gary :

Tu essaies toujours de tirer une conclusion sur ce que tu peux leur donner qui leur permettrait de te juger de la façon dont tu penses que tu mérites d'être jugée.

Participante du Salon :

Que je suis quelqu'un de valeur ?

Gary :

Cela veut dire que ce qui a de la valeur pour toi, ce sont tes jugements de toi-même.

Participante du Salon :

Peu importe la nature du jugement, où est-ce que je me coince ici ? C'est lourd pour moi.

Gary :

> Quel mensonge rends-tu plus réel que toi ? Tout ceci, un dieulliard de fois, vas-tu le détruire et le décréer en totalité ? Right and Wrong, Good and Bad, POD and POC, All Nine, Shorts, Boys and Beyonds.

« Aucun point de vue », c'est juste un choix

Participante du Salon :

Est-ce possible de choisir de n'avoir aucun point de vue et de faire que cela ait le dessus sur les décisions, jugements, calculs et conclusions ?

Gary :
Oui.

Participante du Salon :
Est-ce tout simplement un choix ?

Gary :
Oui, c'est tout simplement un choix.

> Quel choix crées-tu qui n'est pas un choix que si tu ne le créais pas comme choix s'actualiserait comme conscience totale ? Tout ceci, un dieulliard de fois, vas-tu le détruire et le décréer en totalité ? Right and Wrong, Good and Bad, POD and POC, All Nine, Shorts, Boys and Beyonds.

Participante du Salon :
De quels choix disposons-nous pour la création d'un futur totalement différent ?

Gary :
Il y a une quantité colossale de choix disponible. Le problème est que nous passons notre vie entière à essayer de nous mettre au diapason de l'univers du non-choix, de l'univers infesté de démons, ce qui équivaut à être réels dans cette réalité. Et si tu n'avais plus à être réelle dans cette réalité ? Quels choix aurais-tu ?

Participante du Salon :
Le processus que tu viens de donner a créé tellement plus d'espace dans mon corps. Je suis consciente à travers mon corps de la contraction dans l'univers de quelqu'un, bien que ça ne soit pas à moi.

Gary :
Et si au lieu d'être à travers ton corps, c'était avec ton corps ?

Participante du Salon :
Quelle est la différence ?

Gary :

À travers ton corps, c'est l'idée que ton corps a la conscience que tu n'as pas. Avec ton corps, c'est quand tu élargis le champ de ce dont toi et ton corps avez conscience.

Participante du Salon :

Ce processus a fait s'agrandir le champ de ce dont mon corps et moi sommes conscients. C'est trop cool. Merci.

Participante du Salon :

Est-ce cela, plus d'espace pour le futur ?

N'attends jamais personne, ni quoi que ce soit

Gary :

Oui, c'est cela que tu dois avoir comme espace pour le futur.

Voici un exemple. Quelqu'un a créé un joli logo pour nous et tout le monde essaye de décider si nous devons tous avoir le même logo ou si nous devons avoir des logos différents. Les gens ne vont pas plus loin. Ils attendent jusqu'à ce que ces choses soient réglées. Je dis toujours : « N'attends jamais personne, ni quoi que ce soit. »

Vous devez comprendre cela. Si vous voulez créer un futur, vous ne pouvez pas attendre qui que ce soit – parce que, par la suite, vous créez à partir du calendrier d'autrui et non à partir de ce dont vous êtes conscients.

Participante du Salon :

Quand tu as dit : « N'attends personne », j'ai compris à quel point je disparais quand j'attends les autres.

Gary :

Dès l'instant où tu te mets à attendre, tu cesses d'exister. Tu te mets en pause. C'est comme retenir ton souffle et attendre la prochaine fois que tu pourras de nouveau respirer. Est-ce que ça marche ? Non.

Quand les gens attendent des choses, ils essaient de faire bien. Nous sommes dans le jugement. Tout ce qu'ils font, c'est de choisir de faire bien. C'est trop lent.

Récemment, nous avions à faire avec deux artistes et quand tu as à faire à un artiste, peu importe ce que tu fais, rien ne sera jamais bien ou parfait. Tout peut toujours être amélioré. Les artistes ne sont jamais dans la question par rapport à ce qu'ils font. Ils sont toujours dans la conclusion par rapport à ce qui aurait dû être ou ce qu'ils jugent que ce qui est n'est pas tel qu'ils pensaient que ça allait être.

Je n'attends jamais personne, je continue juste à créer. Je me dis : « Tu sais quoi ? C'est super. Allons-y. »

Si tu vas lentement, tu vis ta vie dans l'univers du comportement correct de cette réalité. Le comportement correct de cette réalité, c'est d'aller aussi lentement que possible pour ne pas créer de vagues. Mais vous faites des vagues. Quand vous étiez enfants et que vous alliez prendre un bain, vous clapotiez et faisiez des vagues qui s'écrasaient autour de la baignoire. Rester calme dans la baignoire ne faisait pas partie de vos points de vue. C'était plutôt : « Qu'est-ce que c'est rigolo ? Faisons tout bouger. » Rester immobile n'était pas une réalité pour la plupart d'entre vous, et pourtant vous essayez de rester immobiles comme si vous étiez capables de le faire. Le truc, c'est que vous ne le pouvez pas. N'attends jamais personne. Commence, lance-toi et crée. Si tu attends, tu te mets toi-même hors-jeu de ta vie jusqu'à ce que quelqu'un termine ce qu'il ou elle a à faire et vienne t'ouvrir la porte pour te permettre d'être.

> Quelle stupidité est-ce que j'utilise pour créer l'attente que je choisis ? Tout ceci, un dieulliard de fois, vas-tu le détruire et le décréer en totalité ? Right and Wrong, Good and Bad, POD and POC, All Nine, Shorts, Boys and Beyonds.

Quand tu attends, tu abandonnes ta conscience pour que quelqu'un d'autre puisse s'accomplir. Et si les gens que tu attendais ainsi ne s'accomplissaient jamais ? Quand est-ce que tu commences à être toi ? Quand ils meurent ?

J'ai connu des gens qui attendaient que leurs parents meurent pour hériter de leur fortune, et les parents ont vécu encore des années et des années. Quand les enfants ont finalement obtenu leur argent, ce n'était pas la somme qu'ils s'étaient imaginée. Cela n'a pas vraiment créé quoi que ce soit dans leur vie et ils étaient frustrés que leurs parents n'aient pas plus d'argent ! Pourquoi veux-tu attendre pour fonder la création de ta vie sur un héritage ou ce que tu en feras quand tu l'auras ? Pourquoi ne crées-tu pas ta vie maintenant, et ne t'amuses-tu pas ?

> Qu'est-ce que tu attends ? Tout ceci, un dieulliard de fois, vas-tu le détruire et le décréer en totalité ? Right and Wrong, Good and Bad, POD and POC, All Nine, Shorts, Boys and Beyonds.

J'ai connu des gens qui attendaient leur retraite en pensant qu'une fois arrivés là, tout irait bien. Un ami à moi m'a envoyé une blague : quelqu'un a demandé à un retraité : « Qu'est-ce que tu fais maintenant que tu es à la retraite ? » Le retraité répond : « Eh bien, j'ai un diplôme d'ingénieur chimiste et l'un des trucs que j'adore faire, c'est de transformer la bière, le vin et whisky en urine. C'est gratifiant, édifiant et satisfaisant. Je le fais tous les jours et j'adore ça ! »

Être une futuriste

Participante du Salon :
Ça ressemble à quoi d'être une futuriste ?

Gary :
Être une futuriste, cela veut dire être prête à voir ce dont tu es capable et que tu n'as pas encore choisi.

De quelle création du futur es-tu capable, que tu n'as pas encore choisie, mise en question et créée comme possibilité ? Tout ceci, un dieulliard de fois, vas-tu le détruire et le décréer en totalité ? Right and Wrong, Good and Bad, POD and POC, All Nine, Shorts, Boys and Beyonds.

Participante du Salon :

Peux-tu parler de la fatalité, de l'esprit et de la destinée s'il te plaît ?

Gary :

Si tu veux être le futur, tu dois être prête à reconnaître là où tu peux être la fatalité, l'esprit et la destinée. Il s'agit d'être le précurseur des possibilités futures.

Quelle stupidité utilises-tu pour éviter d'être le précurseur des possibilités futures que tu pourrais choisir ? Tout ceci, un dieulliard de fois, vas-tu le détruire et le décréer en totalité ? Right and Wrong, Good and Bad, POD and POC, All Nine, Shorts, Boys and Beyonds.

Participante du Salon :

Qu'est-ce qu'un précurseur ?

Gary :

Un précurseur est quelqu'un qui est capable d'amener ce qui peut exister à se réaliser. C'est comme être un prévisionniste de ce qui sera.

Participante du Salon :

La question « Si je choisis ceci, que sera ma vie dans cinq ans ? » a changé ma façon de voir et les choix que je fais. Je la pose tout le temps et je suis bien plus consciente de ce que je voudrais que soient ma vie et mon vécu.

Gary :

Exactement. C'est pour cela que vous devez poser cette question. Sinon, vous créez la même chose que vous avez faite dans le passé. Vous ne cherchez pas à savoir ce qu'est votre agenda, vous ne cherchez pas à savoir ce qui vous permettrait de créer votre futur. Vous vous obstinez à ne pas le choisir. C'est donc une question piège pour vous amener à le faire. Je vous la donne, car vous vous obstinez à ne pas le choisir. Je dois vous amener à la conscience en vous y piégeant. Désolé, Mesdames.

Participante du Salon :

Je me concentre sur le présent et non le futur. J'ai fait mienne l'idée que je dois être présente dans l'instant. Je dois être dans le maintenant. Alors comment le futur entre-t-il en ligne de compte ?

Gary :

Tu dois être prête à envisager le présent et le futur et reconnaître que les choix que tu fais sont la création du futur. Tu dois être prête à créer le futur. Se concentrer exclusivement sur le présent revient à éviter la création et la génération.

Participante du Salon :

Alors, d'où me vient l'idée que j'ai fait mienne de vivre dans l'instant ?

Gary :
D'un salopard !

Participante du Salon :

Vivre dans l'instant présent a toujours été un objectif pour moi. Je t'adore ! C'est énorme pour moi. Vivre dans l'instant présent en fait arrête mon futur.

Gary :

Tu dois chercher à être présente et à vivre pour créer le présent et le futur. Si tu ne le fais pas, d'ici à ce que tu arrives dans le futur, tu n'obtiendras rien.

Si tu vis dans l'instant sans créer le futur, quand tu arrives dans le futur, tu devras vivre dans l'instant afin de ne pas créer le futur afin d'obtenir le présent que tu as décidé être un présent positif plutôt que négatif, ce qui veut dire que tu es dans le jugement. Le futur que tu crées est un jugement. Comment ça fonctionne-t-il pour toi ?

Participante du Salon :
Pas du tout. Merci.

Gary :
Tout ceci, un dieulliard de fois, vas-tu le détruire et le décréer en totalité ? Right and Wrong, Good and Bad, POD and POC, All Nine, Shorts, Boys and Beyonds.

Participante du Salon :
Peux-tu expliquer ce que conquérir veut dire dans le contexte de la création et de l'unité ?

Gary :
Si tu fonctionnes sur la base de l'unité et de la conscience, conquérir veut dire que tu vas conquérir tes propres limitations et non pas essayer de conquérir celles des autres.

Dans cette réalité, conquérir veut toujours dire vouloir contrôler autrui. La plupart du temps avec colère ou jugement. Le jugement et la colère sont deux sources primaires pour créer le contrôle sur autrui.

Combien d'entre vous ont consacré leur vie au jugement et à la colère comme moyens de contrôler ceux et ce que vous ne pouvez pas dominer ? Tout ceci, un dieulliard de fois, allez-vous le détruire et le décréer en totalité ? Right and Wrong, Good and Bad, POD and POC, All Nine, Shorts, Boys and Beyonds.

Choisir une réalité

Participante du Salon :

En ce moment, tout s'ouvre pour moi. Je perçois que je crée toutes mes réalités, une qui fonctionne presque pour moi et une qui ressemble à mon ancienne réalité.

Gary :

Ce n'est pas presque. Tu as deux réalités. Maintenant, si tu choisissais d'aller au-delà de cela ?

Participante du Salon :

Ça a l'air excitant.

Gary :

J'aimerais créer un point de vue différent ici. L'excitation comporte l'idée que tu sors de quelque chose pour créer l'excitation, l'intensité que tu as définie comme étant de l'excitation. Hors du marasme pour quelque chose de mieux.

Essaie d'utiliser l'enthousiasme à la place. Pose la question: « Qu'est-ce qui me rend enthousiaste ? » et non « Qu'est-ce qui m'excite ? ». Si tu commences à fonctionner à partir de l'enthousiasme des choses, tu vas continuer à remanier et à changer les possibilités. Si tu fonctionnes à partir de l'excitation, alors cela doit toujours se terminer. Ce qui est excitant doit par nécessité se terminer parce que l'excitation sort uniquement de quelque chose et ne rentre pas dans quelque chose. L'enthousiasme, c'est un univers de l'en dedans.

Participante du Salon :

Merci, je le ferai. Je ressens qu'il y a dans l'excitation quelque chose qui crée la dépendance. Peux-tu clarifier cela s'il te plaît ?

Gary :

Ce n'est pas de la dépendance. C'est une propagande. Tu as appris à être excitée. L'excitation, c'est quelque chose que tout le monde pense être une amélioration de ce qu'ils ont. Ils pensent qu'elle les fait sortir de la limitation. C'est suffisant pour la plupart des gens. Mais l'excitation n'est pas une possibilité infinie.

Tout ce que tu as fait pour créer l'excitation comme une amélioration de ce que tes limitations sont, plutôt que l'enthousiasme pour de plus grandes possibilités, vas-tu le détruire et le décréer en totalité ? Right and Wrong, Good and Bad, POD and POC, All Nine, Shorts, Boys and Beyonds.

Participante du Salon :

Est-ce que l'excitation maintient le jugement, Gary ? Je vois le jugement partout autour de moi.

Gary :

L'excitation maintient le jugement comme partie intégrante de ce que tu continues à choisir.

Participante du Salon :

Alors, l'ancienne réalité n'est plus requise ?

Gary :

Malheureusement, tu dois choisir, ma chère. Pose la question :

- ▸ Si je choisis cette réalité, que sera ma vie dans 5 ans ?
- ▸ Si je choisis une autre réalité, que sera ma vie dans 5 ans ?

Ce qu'est ton véritable agenda et ce que tu désires vraiment créer comme ta vie deviendra évident pour toi. Aucune des personnes présentes dans cette téléclasse n'a jamais été encouragée à choisir ce qui créerait le futur. L'une d'entre vous l'a-t-elle remarqué ?

Participante du Salon :

Oui, j'adore ça. C'est O.K. de laisser complètement tomber une réalité ?

Gary :

Oui ou tu peux aussi laisser complètement tomber ces deux réalités et peut-être en trouver une troisième.

Participante du Salon :

Cool, alors rien de cela n'est réel.

Gary :

La réalité veut dire qu'au moins deux personnes s'alignent et se mettent en accord avec ton point de vue.

Participante du Salon :

Je ne m'aligne même pas, ni ne suis d'accord avec moi-même.

Gary :

Exactement ! Je ne m'aligne pas, ni ne suis d'accord avec mon propre point de vue ; de ce fait, je n'ai pas de point de vue ; de ce fait, j'ai toujours le choix. Chaque choix crée la possibilité, chaque choix crée la conscience et chaque choix crée un futur différent de possibilités. Ce qui m'intéresse, ce sont les choix que j'ai et les possibilités que je peux créer et générer ici.

- J'envisage tout dans ma vie en me demandant :
- Veux-tu continuer à être dans ma vie ?
- Est-ce que ça marche ?
- Est-ce que cela réalise ce que tu voudrais être et faire dans le monde ?

Même avec mes meubles, je regarde autour de moi et je fais ça. Aujourd'hui, une dame est venue voir ma maison pour envisager la possibilité de la photographier pour un magazine et elle était un peu dépassée. Elle a dit : « Il y a trop de choses dans votre maison pour qu'on puisse la prendre en photos. »

J'ai réalisé que ce qu'ils voulaient, c'était de faire que tout soit aussi minimaliste que possible ; c'est ce qu'ils considéraient comme la meilleure option. Si tu n'as rien sur tes étagères, rien dans ta maison et qu'il ne se passe qu'une chose à la fois, cela veut dire que tu es élégant.

Cela l'a fait flipper quand j'ai dit : « J'aime les antiquités, parce qu'elles proviennent d'une époque de plus grande élégance que celle que nous avons maintenant. Les gens n'aiment pas vivre élégamment. Les gens aiment vivre de façon minimaliste. » Elle n'a pas aimé. Avant qu'elle ne parte, elle a dit : « Nous reviendrons chez vous à l'automne, car c'est à ce moment qu'on utilise les plans d'intérieur. Nous faisons les plans extérieurs en été. »

J'ai pensé alors : « Waouh, mes extérieurs sont là en été, au printemps, hiver et automne. Pourquoi pas pour vous ? » Je ne l'ai pas dit. J'en avais conscience cependant, parce que pour moi, il s'agit de ne pas avoir de point de vue sur quoi que ce soit, ce qui crée la possibilité pour tout.

> Alors partout où tu as adopté des points de vue pour créer et éliminer ce que tu pourrais avoir comme possibilité, vas-tu détruire et décréer tout cela ? Right and Wrong, Good and Bad, POD and POC, All Nine, Shorts, Boys and Beyonds.

Elle adoptait une réalité visuelle limitée afin de créer ce qu'elle avait décidé être acceptable pour les gens qui s'alignent et entrent en accord avec son point de vue. La majorité du monde fonctionne comme cela. Ils éliminent le futur comme possibilité.

> Où vous êtes-vous alignées et mises d'accord avec le point de vue de quelqu'un d'autre pour éliminer les possibilités futures que vous pourriez choisir ? Tout ceci, un dieulliard de fois, allez-vous le détruire et le décréer en totalité ? Right and Wrong, Good and Bad, POD and POC, All Nine, Shorts, Boys and Beyonds.

Devenir une source de possibilité plus vaste

Participante du Salon :

Hier, quelque chose dans mon univers a changé et je suis maintenant plus disposée à être consciente du futur tout en étant présente dans le moment, comme nous en avons discuté.

J'ai demandé : « Quelle information est présente ici qui pourrait être appliquée maintenant qui créerait ce futur ? » Pourrais-tu apporter plus de contribution à cela ?

Gary :

Quand tu n'as pas de point de vue, tu crées une possibilité. Chaque choix crée et chaque création font que quelque chose se réalise. Quels choix fais-tu, quelle réalisation choisis-tu ? Comment ce serait si tu étais disposée à être la source d'une possibilité plus vaste ?

> Quelle actualisation physique de te percevoir, savoir, être et te recevoir toi en tant que source d'une possibilité plus vaste es-tu maintenant capable de générer, créer et instituer ? Tout ce qui ne permet pas cela, un dieulliard de fois, vas-tu le détruire et le décréer en totalité ? Right and Wrong, Good and Bad, POD and POC, All Nine, Shorts, Boys and Beyonds.

Le choix est la source de toute création

Gary :

La possibilité crée une question, un choix, une possibilité et une contribution plus vaste. Tout cela est en interrelation. Et ils sont la source pour créer une possibilité différente.

Participante du Salon :

Tu as dit : « Chaque choix crée » et tu as demandé : « Quelle actualisation choisis-tu ? »

Gary :

Le choix est la source de toute création. C'est pourquoi je suggère que tu poses la question : « Si je choisis cela, que sera ma vie dans cinq ans ? » Tu as fait ta vie mais tu n'as pas été ce qui crée ou a créé ta vie. Si tu fais un choix basé sur le fait d'être le futur, tu ouvres la porte à chaque possibilité qui s'offre à toi, chaque choix que tu n'as jamais vu, chaque choix que personne ne t'a jamais demandé de choisir.

Ta famille essaie de t'amener à choisir entre ceci et cela. Ils disent : « Tu peux avoir de la glace au chocolat ou à la vanille. »

Tu dis : « Mais je veux de la fraise. »

Ils répondent : « Non, tu peux avoir chocolat ou vanille ».

Tu dis : « Non, je veux de la fraise. »

Ils disent : « Mais tu as le choix entre chocolat ou vanille. »

Finalement, tu dis : « O.K., je prends la vanille » ou « Je prends un peu des deux. » Tu crées « le non-choix » comme seul choix possible dans cette réalité.

Participante du Salon :

J'ai un problème avec le mot choix. Je t'ai entendu dire tout cela, mais ça ne rentre pas du tout dans ma tête. C'est comme si tu parlais une autre langue.

Gary :

Qu'est-ce que le choix pour toi ?

Participante du Salon :

Pour moi, le choix, c'est une décision. Soit ceci, soit cela. Je ne vois pas au-delà du choix.

Gary :

Cela signifie que tu n'es pas prête à vraiment choisir. Tu es seulement prête à voir ce qui est possible avant que tu choisisses.

Tu es coincée entre le bon choix et le mauvais choix. Et s'il n'y avait pas de bon ou de mauvais choix, mais juste le choix ?

Participante du Salon :

Comment est ce choix ? Je t'entends le dire comme quelque chose au singulier. Dans ma tête, le choix est une chose multiple.

Gary :

Si tu as des choix multiples, tu dois être prête à voir quel choix crée un futur qui fonctionne pour toi, c'est pourquoi je pose la question : « Si je choisis cela, à quoi ressemblera ma vie dans cinq ans ? »

Participante du Salon :

Et si tu n'obtiens pas de réponse ?

Gary :

Ce ne sera pas une réponse. Le but d'une question n'est pas d'obtenir une réponse : le but d'une question est la conscience. Tu as peut-être mal identifié et mal appliqué ce choix comme servant à obtenir une réponse.

Si nous avons le point de vue que nous sommes supposés poser une question pour obtenir une réponse ou parvenir à une conclusion, une décision ou un jugement, nous essayons de créer notre vie comme une réalité de conclusions. Ce n'est pas la réalité dans laquelle tu veux vivre.

Participante du Salon :

Je pense que c'est ça.

Gary :

Partout où tu as créé les questions et les choix comme réponses, vas-tu détruire et décréer tout cela ? Right and

Wrong, Good and Bad, POD and POC, All Nine, Shorts, Boys and Beyonds.

Participante du Salon :

Je viens de réaliser que nous posons la question « Quel choix pouvons-nous faire ? » comme s'il s'agissait de le faire ; alors qu'en fait, il s'agit bien davantage d'être le choix.

Gary :

Oui, c'est la raison pour laquelle j'ai dit que tu dois voir cela d'une toute autre perspective. Tu dois demander :

Quel genre de chose est-ce que je veux créer ?

Si je choisis ceci, que sera ma vie dans les cinq prochaines années ?

Cinq ans dans le futur, c'est trop long pour toi pour le définir ou le rendre concret. Tu peux seulement avoir la conscience de ce que cela sera. Tu ne peux pas avoir la conscience des conclusions auxquelles tu peux parvenir, des limitations que tu peux créer et ainsi de suite. Tout ce que tu peux avoir, c'est la conscience de ce qui est vraiment possible.

C'est là où tu dois être prête à voir qu'il y a une possibilité différente.

J'essaie de vous amener à choisir des possibilités différentes, parce que quand tu commences à faire ça en partant du choix, de la question et de la possibilité, tout équivaut à créer de la conscience et non à aboutir à des conclusions. Malheureusement, cette réalité est essentiellement créée autour de l'idée des conclusions.

> Combien de conclusions as-tu sur ce que signifie être une femme ? Tout ceci, un dieulliard de fois, vas-tu le détruire et le décréer en totalité ? Right and Wrong, Good and Bad, POD and POC, All Nine, Shorts, Boys and Beyonds.

Combien de conclusions as-tu à propos de quels choix tu as, de l'objectif du choix, de la valeur du choix et de ce que tu es supposée faire avec le choix ? Tout ceci, un dieulliard de fois, vas-tu le détruire et le décréer en totalité ? Right and Wrong, Good and Bad, POD and POC, All Nine, Shorts, Boys and Beyonds.

Voir ce qui ne va pas ou voir ce qui est possible

Participante du Salon :

J'ai pris davantage conscience d'à quel point ma mère choisit d'être manipulatrice, cruelle, menteuse, violente et contrôleuse, tout cela sous un voile de gentillesse, de fausseté et de beauté. Depuis que je suis petite, elle me dit combien je suis adorable et belle et elle m'accuse d'être méchante, vicieuse, cruelle et droguée. J'avais l'habitude de croire tout cela à mon sujet et maintenant, je sais qu'elle m'accuse en fait de ce qu'elle fait elle-même.

Gary :

Oui, les gens ne vous accusent que de ce qu'ils font eux-mêmes.

Participante du Salon :

Je la trouve difficile à gérer. Elle veut quelqu'un qui s'occupe d'elle et qui la materne, et j'ai essayé de le faire. J'ai aussi essayé de l'aider à réparer cela.

Gary :

Arrête d'être un homme. Seuls les hommes essaient de réparer les choses.

Partout où tu as essayé d'être un homme pour réparer les parents qui ne te conviennent pas, pour vous toutes, vas-tu, allez-vous le détruire et le décréer en totalité ? Right and Wrong, Good and Bad, POD and POC, All Nine, Shorts, Boys and Beyonds.

Participante du Salon :

Gary, peux-tu balancer ça dans toute relation ? S'efforcer de ne pas réparer quoi que ce soit dans toutes nos relations de façon générale, y compris le mariage ?

Gary :

Oui, si tu essaies d'être l'homme, tu es toujours en train d'essayer de réparer ce qui ne va pas, ce qui fait que tu dois te concentrer sur quoi ? Ce qui est possible ? Ou ce qui ne va pas ?

Participante du Salon :
Ce qui ne va pas.

Gary :

Oui et à chaque fois que tu te concentres sur ce qui ne va pas, qu'est-ce que tu vois ? Encore plus de ce qui ne va pas. Tu n'arrives pas à voir ce qui est possible. Être dans le futur te permet d'être toujours capable de voir, percevoir, être et recevoir ce qui est possible.

Quand tu te focalises sur ce qui ne va pas, combien de ton énergie utilises-tu pour détruire ta capacité à percevoir, savoir, être et recevoir ce qui est vraiment possible ?

> Tout ceci, un dieulliard de fois, vas-tu le détruire et le décréer en totalité ? Right and Wrong, Good and Bad, POD and POC, All Nine, Shorts, Boys and Beyonds.

Participante du Salon :

J'aimerais déblayer et changer tout cela avec ma mère.

Gary :

Demande : « Quelle stupidité est-ce que j'utilise pour créer la mère que je choisis ? » Arrête d'essayer de soutenir cette femme stupide.

Tu peux haïr ta mère ou tu peux avoir la liberté totale

Participante du Salon :

Je la hais. Bon sang, qu'est-ce que je la hais.

Gary :

Est-ce que tu la hais tellement que tu créerais autant d'énergie pour la haïr ? Cela te donne la liberté totale, n'est-ce pas ?

Participante du Salon :

Apparemment, j'ai créé quelque chose qui fait que j'y crois mais je n'arrive pas à être autrement.

Gary :

Tu as le choix ici. Tu peux haïr ta mère ou tu peux avoir la liberté totale. Qu'est-ce que tu choisis ?

Participante du Salon :

La liberté totale.

Gary :

Es-tu sûre que c'est la liberté totale ? C'est tellement plus familier de la haïr, n'est-ce pas ?

Participante du Salon :

Oui, je l'ai fait pendant longtemps.

Gary :

Tu l'as haïe. Est-ce que cela a créé la liberté pour toi ?

Participante du Salon :

La haïr a été une façon pour moi de me barricader contre elle.

Gary :

Est-ce que tu te barricades afin de ne pas t'avoir, de ne pas être toi et de ne pas te choisir ? Ou est-ce pour supposer qu'elle est la raison pour laquelle tu ne peux pas être tout ce que tu voudrais être ?

Participante du Salon :

Plutôt ça.

Gary :

Tout ceci, un dieulliard de fois, vas-tu le détruire et le décréer en totalité ? Right and Wrong, Good and Bad, POD and POC, All Nine, Shorts, Boys and Beyonds.

En vérité, était-elle en compétition avec toi ?

Participante du Salon :

Oui.

Gary :

Est-ce qu'elle aimait être en compétition ?

Participante du Salon :

Elle adore ça. Elle aime se battre contre tout le monde.

Gary :

Ce qui inclut se battre contre elle-même aussi ?

Participante du Salon :

Oui.

Gary :

Partout où tu as essayé de la dupliquer pour ne pas être comme elle, ce qui t'a rendue comme elle, ce qui fait que tu te bats contre toi-même tout le temps, vas-tu le détruire et le décréer en totalité ? Right and Wrong, Good and Bad, POD and POC, All Nine, Shorts, Boys and Beyonds.

Tu t'es énervée après K quand elle a ri de quelque chose que tu as dit à propos de ta mère. Tu réalises qu'à ce moment-là, tu étais en train de défendre ta mère du rire de K.

Participante du Salon :

Défendre ma mère du rire de K ? Oui, c'était bien ce que je

faisais.

Gary :

Oui, tu as adhéré au point de vue de ta maman. Pourquoi ? C'est l'entraînement à être une femme.

> Tout ce que tu as fait pour t'entraîner à être une femme, pour te rendre comme ta mère que tu hais, ce qui veut dire que tu dois t'aimer ou te détester ? Ou encore te considérer comme bonne ou mauvaise, ayant tort ? C'est pas cool ça ? Tu hais ta mère alors tu la dupliques et deviens comme elle pour t'assurer que tu ne deviennes pas ce qu'elle est, mais cela te rend comme elle. Tout ceci, un dieulliard de fois, vas-tu le détruire et le décréer en totalité ? Right and Wrong, Good and Bad, POD and POC, All Nine, Shorts, Boys and Beyonds.

Participante du Salon :

Je ressens quelque chose d'intense sur le côté gauche. C'est dans ma poitrine et ça remonte le long de mon cou.

Gary :

Cela provient de quoi ? A quel point tu t'es donné tort ?

> Tout ce que tu as fait pour te donner tort et tout ce que tu as verrouillé dans le côté gauche de ton corps et tous les démons que tu as utilisés pour te verrouiller dans le tort de toi-même, vas-tu détruire et décréer tout cela en totalité ? Et exiger qu'ils retournent là d'où ils viennent et qu'ils ne reviennent jamais plus dans cette réalité ? Right and Wrong, Good and Bad, POD and POC, All Nine, Shorts, Boys and Beyonds.

Tu te sens mieux ?

Participante du Salon :
Oui.

Gary :

À chaque fois que tu as quelque chose sur le côté gauche de ton corps, je veux que tu demandes : « Est-ce moi ou ma mère ? »

Participante du Salon :

Et si la réponse est ma mère ?

Gary :

Dis : « Tout ce que j'ai fait pour dupliquer cela, POD et POC. »

La plupart d'entre nous, lorsque nous avons un parent qui ne nous aime pas, nous essayons de le dupliquer, pour l'amener à nous aimer. Est-ce que ça marche ?

Participante du Salon :

Non. Est-ce qu'ils nous encouragent à être comme eux pour avoir quelque chose à juger ?

Gary :

Non. Tu les as déjà jugés. Le jugement que tu portes sur eux n'est peut-être pas le tien mais plutôt une prise de conscience du jugement qu'ils portent sur eux-mêmes. Et toi qui penses n'avoir aucune capacité de perception !

Participante du Salon :
Merci Gary.

Gary :

> Tout ce que tu as fait pour prendre leurs jugements d'eux-mêmes pour les jugements que tu portes sur eux, car en ayant ces jugements, tu peux être autant dans le jugement qu'eux le sont d'eux-mêmes et ils peuvent avoir la certitude qu'ils ont raison d'avoir tort et, en devant les dupliquer afin d'y arriver, tu as raison d'avoir tort et ce qui fait que tout fonctionne bien ? Pas vraiment. Tout ceci, un dieulliard de fois, vas-tu le détruire et le décréer en totalité ? Right and

Wrong, Good and Bad, POD and POC, All Nine, Shorts, Boys and Beyonds.

La plus grande revanche

Fais attention, T, les choses commencent à décoller. Si tu ne fais pas attention, tu vas redevenir heureuse. Est-ce que je peux te dire ça ? Ta plus grande revanche sur tes parents est d'être heureuse.

Participante du Salon :
J'y arriverai.

Gary :

Quelle actualisation physique de la capacité d'être, de faire, d'avoir, de créer et de générer heureuse es-tu maintenant capable de créer, générer et instituer ? Tout ce qui ne permet pas cela, un dieulliard de fois, vas-tu le détruire et le décréer en totalité ? Right and Wrong, Good and Bad, POD and POC, All Nine, Shorts, Boys and Beyonds.

Vous devez toutes comprendre qu'à chaque fois que quelqu'un rit de quelque chose que vous avez rendu sérieux, c'est parce qu'ils perçoivent l'humour qu'il y a dedans. Si cela te met en colère, tu essaies de défendre la personne contre qui tu te mets en colère.

Tu auras tellement de liberté quand tu auras compris cela. Cela fait partie de la comédie de cette réalité que notre haine ne peut seulement être jugée ou créée qu'à partir des jugements de nous-mêmes auxquels nous avons consenti. Si tu essaies de t'énerver contre cela, tu défends la personne contre qui tu t'énerves. Cela montre qu'ils te tiennent à cœur, mais que tu ne veux pas le savoir.

Participante du Salon :

Si quelqu'un te déteste, comment tu fais pour faire face à cela ?

Gary :

Si quelqu'un te déteste, tu peux l'intimider avec la conscience de ce qu'il peut être qu'il ne veut pas être.

Participante du Salon :

À quel point pouvons-nous nous amuser avec ça ?

Gary :

Non, tu n'as pas le droit de t'amuser ! Tu dois être malheureuse.

O.K., Mesdames, j'espère que c'était fun pour vous. C'était vraiment intéressant pour moi. Vous m'amenez toujours sur des territoires où je n'avais pas prévu d'aller, que j'aime cela ou pas ! Merci.

12
Devenir une conscience radicale libre

La conscience est une réalité liquide.
Elle n'est jamais solidifiée par la limitation.

Gary :
Bonjour Mesdames. Quelqu'un a-t-il une question ?

L'espace facile de la possibilité

Participante du Salon :
Je suis en train de régler une certaine affaire et je me rends inférieure à la tâche. Peux-tu s'il te plaît suggérer un déblayage qui m'aiderait à rester dans l'espace expansif, exubérant et facile de la possibilité ?

Gary :
Quelle stupidité est-ce que j'utilise pour créer l'évitement de l'espace facile de la possibilité que je pourrais choisir ? Tout ceci, un dieulliard de fois, vas-tu le détruire et le décréer en totalité ? Right and Wrong, Good and Bad, POD and POC, All Nine, Shorts, Boys and Beyonds.

Apparemment cela va fonctionner sur d'autres personnes aussi !

Quelle stupidité est-ce que j'utilise pour créer l'évitement de l'espace facile de la possibilité que je pourrais choisir ? Tout ceci, un dieulliard de fois, vas-tu le détruire et le décréer en totalité ? Right and Wrong, Good and Bad, POD and POC, All Nine, Shorts, Boys and Beyonds.

Participante du Salon :

Je crée un business au-delà de cette réalité et j'ai besoin d'aide. J'ai besoin d'être capable de travailler dix heures par jour chaque jour et d'attirer des personnes avec des capacités phénoménales pour m'aider et c'est ce que je choisis. Quel déblayage puis-je faire ?

Gary :

Quelle stupidité est-ce que j'utilise pour éviter la facilité de la création et de la génération que je pourrais choisir ? Tout ceci, un dieulliard de fois, vas-tu le détruire et le décréer en totalité ? Right and Wrong, Good and Bad, POD and POC, All Nine, Shorts, Boys and Beyonds.

Quelle stupidité utilises-tu pour créer l'invention, l'intensité artificielle et les démons du calcul mathématique du terrain médian pour l'institution de la médiocrité comme formule pour la création de la maximisation de la réalité humaine en ce qui concerne le sexe, la copulation, l'argent et l'autre sexe choisis-tu dans les relations ? Tout ceci, un dieulliard de fois, vas-tu le détruire et le décréer en totalité ? Right and Wrong, Good and Bad, POD and POC, All Nine, Shorts, Boys and Beyonds.

Aller au-delà des écarts types de la réalité humaine

Participante du Salon :

Peux-tu expliquer ce qu'est la maximisation de la réalité humaine s'il te plaît ?

Gary :

La maximisation de la réalité humaine, c'est quand tu te permets de n'avoir qu'une certaine quantité de ce qui ne correspond pas à la réalité humaine. Il y a des moments où tu pars en flèche et tu crées des choses merveilleuses et puis tu reviens là où tu étais pour rester « normale » et dans les normes acceptables de la réalité humaine. Tu génères une certaine somme d'argent, mais c'est encore dans le cadre de l'écart type de la norme, ce qui veut dire ne jamais avoir une trop grosse somme. Tu plafonnes la quantité d'argent que tu peux gagner à cause de cela. Tu maximises la réalité humaine.

Tu demandes : « Comment puis-je me maximiser moi-même afin d'atteindre quelque chose de plus grand que cela ? » A ce point, la maximisation n'est pas de plus de deux écarts types de la norme. Alors tu te donnes tort ou tu détruis ce que tu as ou tu es fatiguée au mauvais moment, ou tu n'aimes pas te voir créer plus que cela ou tu fréquentes des gens qui sont des gueux et des fainéants et puis tu dis : « De toute façon, je ne peux pas le faire ». C'est comme cela que tu te satisfais avec moins plutôt que plus. C'est un point de vue complètement déviant.

Nous refusons d'aller au-delà des écarts types de la réalité humaine.

> Combien de sexe, de copulation, de relation et d'argent choisissez-vous sur le fait de ne jamais dévier de la norme de plus de deux degrés d'écart type ? Tout ceci, un dieulliard de fois, vas-tu le détruire et le décréer en totalité ? Right and Wrong, Good and Bad, POD and POC, All Nine, Shorts, Boys and Beyonds.

> Quelle stupidité utilises-tu pour créer l'invention, l'intensité artificielle et les démons du calcul mathématique du terrain médian pour l'institution de la médiocrité comme formule pour la création de la maximisation de la réalité humaine en ce qui concerne le sexe, la copulation, l'argent et l'autre sexe choisis-tu dans les relations ? Tout ceci, un dieulliard de fois, vas-tu le détruire et le décréer en totalité ? Right and Wrong, Good and Bad, POD and POC, All Nine, Shorts, Boys and Beyonds.

La conscience est une réalité liquide. Elle n'est jamais solidifiée par la limitation et, pourtant, nous sommes coincés dans l'équation de gestion du terrain médian de la réalité humaine.

Participante du Salon :

Dans cette réalité, nous parlons de maximiser notre avantage. Alors, quand tu fais cela, tu ne fais que maximiser ce que tu sais déjà.

Gary :

Oui, c'est tout ce que tu peux faire. Tu ne peux jamais t'écarter de plus de deux écarts types du terrain médian. C'est la seule façon de pouvoir t'adapter à cette réalité.

> Quelle stupidité utilises-tu pour créer l'invention, l'intensité artificielle et les démons du calcul mathématique du terrain médian pour l'institution de la médiocrité comme formule pour la création de la maximisation de la réalité humaine en ce qui concerne le sexe, la copulation, l'argent et l'autre sexe utilises-tu dans les relations ? Tout ceci, un dieulliard de fois, vas-tu le détruire et le décréer en totalité ? Right and Wrong, Good and Bad, POD and POC, All Nine, Shorts, Boys and Beyonds.

La réalité humaine est consacrée à la médiocrité

Vous êtes dévoués à la médiocrité. Tout doit rester pareil. Voici pratiquement la réalité humaine en résumé. Ne pas trop dévier d'un côté ou de l'autre. Il y a des gens qui dévient au point d'avoir tout un tas d'argent.

Il y a aussi des gens comme S qui sont sérieusement déviants dans leurs relations parce qu'ils sont prêts à avoir plus que ce que la plupart des gens sont prêts à recevoir. Vous êtes allées au-delà de l'écart type, mais vous continuez à essayer de voir à quel point vous avez tort ou comment tous les autres devraient choisir ce que vous choisissez, ce qui est vrai, mais ils ne le peuvent pas tant qu'ils sont coincés avec ce terrain médian.

Quelle stupidité utilises-tu pour créer l'invention, l'intensité artificielle et les démons du calcul mathématique du terrain médian pour l'institution de la médiocrité comme formule pour la création de la maximisation de la réalité humaine en ce qui concerne le sexe, les relations, la copulation, l'argent et le corps choisis-tu ? Tout ceci, un dieulliard de fois, vas-tu le détruire et le décréer en totalité ? Right and Wrong, Good and Bad, POD and POC, All Nine, Shorts, Boys and Beyonds.

Le terrain médian, c'est l'espace où tout est équilibré. Tu ne catapultes jamais quelqu'un, toi y compris, dans quelque chose de différent que tu ne connais pas. C'est pourquoi tu ne te permets pas d'avoir une relation grandiose. Tu as ce terrain médian que tu recherches dans chaque homme. Tu ne te permets pas d'avoir un homme qui viendrait dans ta vie et te catapulterait au-delà de cette réalité dans quelque chose de plus grandiose.

Tout ceci, un dieulliard de fois, vas-tu le détruire et le décréer en totalité ? Right and Wrong, Good and Bad, POD and POC, All Nine, Shorts, Boys and Beyonds.

Participante du Salon :
Où est la conscience dans cela ?

Gary :
Il n'y a pas de conscience dans le terrain médian. C'est son but d'ailleurs – te maintenir hors de portée de la conscience.

Participante du Salon :
Quand tu dis : « Au-delà du terrain médian » et « l'autre sexe », à quoi cela ressemble-t-il ?

Gary :
Je connais des femmes qui se sont identifiées comme étant masculines. Elles s'efforcent de se créer à la frontière de la

masculinité, ce qui fait qu'elles créent leur corps comme n'étant pas totalement féminin. C'est pourquoi nous utilisons les mots corps et autre sexe plutôt que sexe opposé.

Si vous êtes prêtes à fonctionner au-delà de la norme, vous pouvez tout avoir à votre disposition au lieu de vous en séparer. Vous pouvez avoir toutes les caractéristiques masculines et être la femme la plus féminine au monde.

L'une des plus grandes erreurs que les femmes font, c'est de vouloir prendre les rênes, elles prennent les responsabilités et ensuite, elles se mettent à détester l'homme. Il n'y a pas d'espace pour l'homme pour être autre chose qu'un esclave, un bouc émissaire. À l'instant où il devient un bouc émissaire, les femmes ne l'aiment plus. Elles partent chercher une autre personne qu'elles mènent à la baguette. Malheureusement, beaucoup de femmes ont le point de vue « je peux le mener à la baguette en un clin d'œil ». Pourquoi voudrais-tu faire cela ? Pourquoi ne pas plutôt désirer l'expansion de sa réalité et de la tienne ?

> Partout où tu as décidé que tu pourrais mener un mec à la baguette, vas-tu détruire et décréer tout cela ? Right and Wrong, Good and Bad, POD and POC, All Nine, Shorts, Boys and Beyonds.
>
> Quelle stupidité utilises-tu pour créer l'invention, l'intensité artificielle et les démons du calcul mathématique du terrain médian pour l'institution de la médiocrité comme formule pour la création de la maximisation de la réalité humaine en ce qui concerne le sexe, les relations, la copulation, l'argent, le corps et l'autre sexe choisis-tu ? Tout ceci, un dieulliard de fois, vas-tu le détruire et le décréer en totalité ? Right and Wrong, Good and Bad, POD and POC, All Nine, Shorts, Boys and Beyonds.

Participante du Salon :

Mes parents m'ont appris à recevoir d'un homme afin de devenir une bonne femme et mère. Je vois comment cela arrête l'énergie que je pourrais générer. Cela m'empêche de co-créer ce qui est de l'ordre des relations ou des classes à faciliter. Je me retire. Est-ce bien cela ?

Gary :

C'est la médiocrité. C'est la maximisation de la réalité humaine. Dans la réalité humaine, qu'es-tu sensée faire ?

Participante du Salon :

Être une bonne femme et mère et faire une petite carrière.

Gary :

As-tu fait cela ?

Participante du Salon :

Non, je n'étais pas trop douée pour cela. J'ai l'impression d'avoir résisté et réagi toute ma vie contre cela. Qu'est-ce qui m'échappe ici et dont je ne me débarrasse pas ?

Gary :

Tu dois comprendre que tu as été une mère géniale et aussi un père génial. Tu as appris comment utiliser les hommes mais tu n'as pas appris à les apprécier. Si tu aimes les hommes, tu les utilises comme des tremplins pour enrichir leur vie autant que la tienne.

La raison pour laquelle beaucoup d'entre vous ont choisi de rester célibataires, c'est que vous n'avez pas besoin d'avoir un homme, mais dans cette réalité, c'est cela la maximisation de la réalité humaine. Veux-tu vivre ce genre de vie ?

Participante du Salon :

Non, je veux générer et créer l'expansion de la planète avec des hommes humanoïdes.

Devenir aussi déviantes que vous aimeriez l'être

Gary :

J'espère obtenir un processus qui vous aidera toutes à devenir aussi déviantes que vous aimeriez vraiment l'être. Être déviante signifie que vous ne faites pas les choses selon les normes de cette réalité. Tu ne cherches pas le terrain médian. Tu n'es pas en parfait équilibre sur la balançoire à bascule de cette réalité.

Quand tu descends de la balançoire à bascule, tu te catapultes en dehors du non-choix et dans la possibilité. Tu n'as pas à retourner à l'état où tu te trouvais avant. Dans Access Consciousness, nous avons choisi de vous faire descendre de la balançoire à bascule pour que vous puissiez créer et générer ce que vous voulez. Mais tant que vous essayez de revenir au terrain médian, vous avez tendance à entraîner les autres. Je veux parvenir à vous dés-entraîner. Je veux que vous vous enleviez les petites roulettes du vélo de votre réalité pour pouvoir cravacher sur la moto de votre vie.

> Quelle stupidité utilises-tu pour créer l'invention, l'intensité artificielle et les démons du calcul mathématique du terrain médian pour l'institution de la médiocrité comme formule pour la création de la maximisation de la réalité humaine en ce qui concerne le sexe, les relations, la copulation, l'argent, le corps et l'autre sexe choisis-tu ? Tout ceci, un dieulliard de fois, vas-tu le détruire et le décréer en totalité ? Right and Wrong, Good and Bad, POD and POC, All Nine, Shorts, Boys and Beyonds.

D'autres choses sont possibles, mais tu dois poser une question

Participante du Salon :

J'ai divorcé il y a dix ans et je n'ai pas eu d'autres relations depuis. Je vois que je n'étais pas prête à entrer dans quelque chose de médiocre. Alors, quoi d'autre est possible ?

Gary :

C'est là le truc que j'aimerais que vous compreniez toutes. D'autres choses sont possibles – mais vous devez poser une question. Si vous trouvez que vous êtes dans une relation médiocre et que vous vous dites : « Je ne veux plus jamais faire cela », vous devez juger plutôt qu'être dans la question : « Qu'est-il possible de générer et créer avec cette personne ? »

Si vous décidez que vous ne voulez plus rien de médiocre, combien de personnes pouvez-vous laisser entrer dans votre vie ? Seulement les médiocres. Nous instituons continuellement chaque point de vue que nous avons dans notre vie. Nous en faisons la chose que nous devons toujours faire.

Quand tu dis : « Je ne vais pas avoir quelque chose de médiocre », tu dois toujours voir cela à travers le jugement « cette personne est-elle médiocre ? » plutôt que « que puis-je créer avec cette personne ? ». Si tu commences à regarder sous cet angle, tu peux ouvrir des portes à de nouvelles possibilités qui n'ont encore jamais existé. Cela te demande de devenir totalement une sacrée déviante.

> Quelle stupidité utilises-tu pour créer l'invention, l'intensité artificielle et les démons du calcul mathématique du terrain médian pour l'institution de la médiocrité comme formule pour la création de la maximisation de la réalité humaine en ce qui concerne le sexe, les relations, la copulation, l'argent, le corps et l'autre sexe choisis-tu ? Tout ceci, un dieulliard de fois, vas-tu le détruire et le décréer en totalité ? Right and Wrong, Good and Bad, POD and POC, All Nine, Shorts, Boys and Beyonds.

Récemment, une dame m'a écrit pour m'interroger à propos d'un remède détox pour le corps. Est-ce qu'elle a demandé l'avis à son corps ? Non, elle a décidé qu'elle avait besoin de se détoxifier. Elle est allée à la conclusion. Cela ne crée pas une possibilité.

Cela s'applique à tout dans ta vie. Si vous cherchez à créer l'abondance et que vous êtes entourées de personnes qui sont beaucoup dans le manque, vous pouvez vous demander : « Si je choisis d'être avec ces gens, que sera ma vie dans cinq ans ? » Vous pourriez laisser tomber ces amis parce qu'ils ne vont pas dans la même direction que vous. Essayer de les amener là où vous allez, c'est comme jeter l'ancre dans l'océan. Vous essayez d'avancer mais vous ne pouvez pas bouger de là.

Participante du Salon :

Quand tu vois ce que quelqu'un fait et que c'est quelque chose que toi aussi tu aimerais bien, et que tu dis : « Je vais prendre la même chose » ou « Je vais prendre aussi de cette énergie », est-ce encore une médiocrité ?

Gary :

Tu essayes de faire quelque chose qu'ils peuvent faire. Mais ce que tu dois voir, c'est : est-ce que tu cherches à créer une vie médiocre ?

Participante du Salon :
Non.

Gary :

Alors commence à regarder plutôt depuis :

Comment puis-je utiliser cela ?

- Quel avantage puis-je en tirer ?
- Qu'est-ce que je souhaite vraiment créer ?

Dans la majeure partie des cas, quand une équation mathématique est en place, tu ne peux pas créer au-delà de deux écarts types de ce que chacun a décidé être la norme adéquate.

Participante du Salon :

Est-ce cela que nous avons décidé être la norme convenable ?

Gary :

Non, c'est ce que nous avons gobé comme étant la norme adéquate. C'est ce que l'on nous a appris depuis le début. Par exemple, G a dit qu'elle était censée apprendre comment être une bonne épouse et une bonne mère et s'occuper d'un homme. Quand je regarde G, je me dis : « Pas moyen que ça fonctionne ! »

Sois prête à voir ce que quelqu'un va faire

J'ai deux filles. L'une serait d'accord pour devenir une mère à condition que le type soit suffisamment riche. L'autre serait heureuse de rester à la maison et d'avoir des enfants. C'est leur nature fondamentale. Tu dois être disposée à voir ce que quelqu'un va faire. Certains couples ont des enfants, mais l'un des parents n'est pas intéressé de les élever. Cela montre simplement que l'autre parent n'a pas choisi la meilleure personne au monde avec qui avoir un bébé. C'est ce truc de rentrer dans l'écart type.

Un mec peut vouloir être suffisamment déviant pour avoir une relation et un bébé, mais il n'est pas prêt à être suffisamment déviant pour créer ce qu'il veut vraiment et le garder. Il revient au point de vue standard, en pensant qu'un jour, il trouvera quelqu'un avec qui ça collera. Dès qu'il réalise que la femme avec qui il s'entend bien n'est pas celle qu'il veut vraiment, il en cherche une autre et ça ne marche jamais. Pourquoi ? Parce qu'il pratique l'écart type.

Participante du Salon :

S'agit-il de la prise de conscience du fait que dès que tu crois que quelque chose est vrai et réel, tu entres dans la réalité de quelqu'un d'autre ?

Gary :

La plupart des gens ne comprennent pas qu'ils entrent dans la réalité de quelqu'un d'autre et ils ne se demandent pas :

- Est-ce que je suis en train d'entrer dans la réalité de quelqu'un d'autre ?
- Est-ce mon point de vue ou est-ce quelque chose que je ne suis pas prête à savoir, être ou recevoir ?

Tu dois considérer cela et demander : « Comment cela va-t-il marcher pour moi ? »

Participante du Salon :

Au lieu de : « Comment je peux me faire fonctionner là-dedans ? »

En tant qu'humanoïde, tu es hors norme

Gary :

Oui. Tu dois demander : « Comment puis-je me sortir des limitations de cette réalité ? »

> Quelle stupidité utilises-tu pour créer l'invention, l'intensité artificielle et les démons du calcul mathématique du terrain médian pour l'institution de la médiocrité comme formule pour la création de la maximisation de la réalité humaine en ce qui concerne le sexe, les relations, la copulation, l'argent, le corps et l'autre sexe choisis-tu ? Tout ceci, un dieulliard de fois, vas-tu le détruire et le décréer en totalité ? Right and Wrong, Good and Bad, POD and POC, All Nine, Shorts, Boys and Beyonds.

Est-ce que l'une d'entre vous a déjà envisagé le fait qu'en réalité, vous avez été plutôt hors norme toute votre vie ?

Participante du Salon :

Exactement ! C'est ce que j'ai pensé. Je me souviens à l'internat, la directrice m'a mise devant tout le monde un soir et m'a dit que j'étais la graine noire dans la tomate qui gâche la salade. Elle a dit que j'étais déviante et ils m'ont isolée pour le reste du semestre. En fait, j'ai aimé ça. J'ai pu avoir ma propre chambre. Oui, c'est vrai, n'avons-nous pas toujours été déviantes ?

Gary :

Oui, en tant qu'humanoïdes, vous êtes déviantes. Vous essayez de vous rendre pareilles aux autres, aux gens limités, et ça ne marche pas pour vous et c'est d'ailleurs pourquoi vous êtes venues à Access Consciousness.

Quelle stupidité utilises-tu pour créer l'invention, l'intensité artificielle et les démons du calcul mathématique du terrain médian pour l'institution de la médiocrité comme formule pour la création de la maximisation de la réalité humaine en ce qui concerne le sexe, les relations, la copulation, l'argent, le corps et l'autre sexe choisis-tu ? Tout ceci, un dieulliard de fois, vas-tu le détruire et le décréer en totalité ? Right and Wrong, Good and Bad, POD and POC, All Nine, Shorts, Boys and Beyonds.

Aisance totale et trop d'argent

Participante du Salon :

J'ai eu une prise de conscience de la déviance avec le sexe, le corps et la copulation. J'ai eu une perception de ce que cela pourrait être pour moi.

Gary :

Je peux te dire ce que cela pourrait être pour toi : l'aisance totale et beaucoup trop d'argent. Si tu ne te permets pas d'avoir l'aisance totale et beaucoup trop d'argent, tu peux renoncer à être dans la catégorie des déviants.

Le truc que j'ai remarqué pour toi, c'est que tu as une relation avec un homme et tu es cool et heureuse de cela et d'un coup, tu essaies de mettre ça dans un moule qui n'a rien à voir avec ce que tu peux créer avec lui mais plutôt « comment puis-je utiliser ce mec à mon avantage ? » et « qu'est-ce que je peux faire pour avoir tout ce que je veux ? ». Tu abandonnes ce que tu désires vraiment afin de faire partie de la norme de cette réalité.

Participante du Salon :
Oui. Tu m'as dit que je fonctionnerais mieux si j'avais un homme différent pour chaque chose que j'aimerais faire.

Gary :
Oui, tu as besoin d'un homme qui t'achètera des beaux bijoux, trouvera des choses pour toi et t'emmènera dîner.

Participante du Salon :
Comment est-ce que je crée plus de ça ?

Gary :
Au lieu de dire : « Cool, je vais créer cela comme ma réalité », tu as dit : « Comment je fais cela ? » comme s'il n'y avait rien d'autre de possible que la maximisation de la réalité humaine qui fait que tu dois devenir une maîtresse.

Et si tu pouvais créer ta façon d'être dans le monde simplement en étant qui tu es dans le monde ?

Pendant des années, les gens me disaient : « Tu es trop bizarre, Douglas », puis ils me demandaient : « Pourquoi tu ne fais pas ceci ? »

Je leur répondais : « Parce que je ne veux pas. »

Ils me disaient alors : « Oui, mais c'est comme ça que tout le monde fait. »

Je répondais : « Oui, mais je ne veux pas vivre ma vie comme ça. »

Ils disaient : « C'est trop sacrément bizarre. »

Je disais : « Oui, je sais que je vais avoir la vie que je veux. »

Tout cela a beaucoup à voir avec le fait que mon père est mort quand j'avais dix-sept ans.

Les dernières années de sa vie, il a fait des choses pour lui-même pour la première fois. J'ai réalisé qu'il s'était tué au travail pour créer plus d'aisance pour sa famille. C'était sa famille avant tout. Il travaillait cinq jours par semaine et les week-ends pour gagner de l'argent pour que sa famille ait une vie meilleure. Est-ce que sa mort nous a donné une vie meilleure ? Non.

S'il avait suivi son propre savoir, il aurait pu avoir tant de possibilités. Par deux fois, il a eu l'opportunité de se rendre multimillionnaire et ma mère l'a empêché. Elle voulait un terrain médian, l'institution de mariage et l'institution de copulation correcte. Ce sont les choses que l'on institue. Tu continues de chercher comment tu pourrais être encore plus réaliste. Non. Tu dois demander :

- En quoi cela crée-t-il ma vie ?
- Est-ce que c'est vraiment de là que je veux créer ?

Hier, nous sommes allés au restaurant en petit groupe. Nous étions les seules personnes là-bas. Nous et notre serveur, un homme très gentil. Simone lui a posé quelques questions. Il nous a dit qu'il avait été élevé par son grand-père et qu'il n'avait pas vu sa mère depuis dix ou quinze ans. Elle venait le voir. Je lui ai dit : « Allez-y, prenez ces 200 $ pour offrir du bon temps à votre mère. » Il a pété un plomb. Je ne l'ai fait pour aucune autre raison que le fait que ça marchait pour moi.

> Quelle stupidité utilises-tu pour créer l'invention, l'intensité artificielle et les démons du calcul mathématique du terrain médian pour l'institution de la médiocrité comme formule pour la création de la maximisation de la réalité humaine en ce qui concerne le sexe, les relations, la copulation, l'argent, le corps et l'autre sexe choisis-tu ? Tout ceci, un dieulliard de

fois, vas-tu le détruire et le décréer en totalité ? Right and Wrong, Good and Bad, POD and POC, All Nine, Shorts, Boys and Beyonds.

Participante du Salon :

Je regarde autour de moi pour voir ce qu'est l'écart type au lieu de voir ce qui est nécessaire comme écart type.

Gary :

Tout d'abord, tu n'as pas besoin d'un écart type, tu dois juste être bigrement déviante. Tu dois dévier du terrain médian. Le terrain médian n'est pas le lieu à partir duquel tu peux instituer.

Participante du Salon :

J'avais dans ma tête l'image d'une courbe de Gauss et des deux extrémités de la courbe. C'est là que sont les humanoïdes.

Gary :

Et si tu étais ta propre courbe de Gauss ? À quel endroit de la courbe atterrirais-tu à tout moment ?

Participante du Salon :

Partout où je choisis, j'imagine.

Gary :

Exactement. Tu pourrais aller à droite, à gauche, en haut, en bas. Tu aurais le choix de n'importe où sur la courbe de la possibilité. L'écart type trouve la ligne médiane au sommet de la courbe, comme si c'était cela qui était nécessaire.

Quelle stupidité utilises-tu pour créer l'invention, l'intensité artificielle et les démons du calcul mathématique de la médiane pour l'institution de la médiocrité comme formule pour la création de la maximisation de la réalité humaine en ce qui concerne le sexe, les relations, la copulation, l'argent, le corps et l'autre sexe choisis-tu ? Tout ceci, un dieulliard de fois, vas-tu le détruire et le décréer en totalité ? Right and Wrong, Good and Bad, POD and POC, All Nine, Shorts, Boys and Beyonds.

Comment allez-vous, toutes ? Êtes-vous encore en vie ?

Participante du Salon :

Il y a une telle joie dans tout cela. Merci infiniment.

Gary :

Quelle actualisation physique d'être le radical libre de la conscience, de la gentillesse, de la générosité et de la possibilité dans le sexe, les relations, la copulation, l'argent, le corps et l'autre sexe êtes-vous maintenant capables de générer, créer et instituer ?

Tout ce qui ne permet pas cela, un dieulliard de fois, allez-vous le détruire et le décréer en totalité ? Right and Wrong, Good and Bad, POD and POC, All Nine, Shorts, Boys and Beyonds.

Les radicaux libres

Participante du Salon :

Peux-tu expliquer les radicaux libres ?

Gary :

En physique quantique, les radicaux libres sont les particules sans attaches qui font ce qu'elles veulent faire. Ils se déplacent, interagissent avec les autres particules et ils changent le résultat de ce qui va se produire. Les radicaux libres changent toujours la réalité et ce qui est possible.

Quand tu deviens un radical libre de la conscience, de la gentillesse, de la générosité et des possibilités avec l'argent, le sexe et la copulation, les corps, les relations et l'autre sexe, tu n'es pas obsédée par le fait d'essayer de comprendre comment faire marcher quelque chose. Tu demandes :

- O.K., quoi d'autre est possible ?
- Qu'est-ce que nous pouvons créer et générer ?
- Qu'est-ce qui serait amusant ici ?

> Quelle stupidité utilises-tu pour créer l'évitement d'être aussi radicalement différente que tu pourrais l'être choisis-tu ? Tout ceci, un dieulliard de fois, vas-tu le détruire et le décréer en totalité ? Right and Wrong, Good and Bad, POD and POC, All Nine, Shorts, Boys and Beyonds.

Le but de maximiser la réalité humaine est que les gens peuvent être contrôlés. Aucune de vous n'a été douée pour être contrôlée. Et vous refusez d'être la direction des autres. Un point de vue radicalement déviant serait de reconnaître comment et quand contrôler et ce que vous avez besoin de faire.

Nous avons le jugement « O.K., je vais contrôler ce mec et je vais lui faire faire ça, ça et ça ». C'est une conclusion et non pas une question. Et cela ne crée pas et ne génère pas à partir des possibilités. C'est générer et instituer en partant de la conclusion. La plupart de ce que nous instituons dans notre vie est basé sur la conclusion – et non sur le choix, la question, la possibilité et la contribution.

> Tout ceci, un dieulliard de fois, vas-tu le détruire et le décréer en totalité ? Right and Wrong, Good and Bad, POD and POC, All Nine, Shorts, Boys and Beyonds.

Sortie de scène côté jardin

Participante du Salon :

Mon père est en train de mourir. Il a un cancer généralisé. J'ai demandé : « Quoi d'autre est possible ici ? » Je réalise que je suis arrivée à des tonnes de conclusions énergétiques autour de tout cela. Quelles sont les questions que je n'ai pas encore considérées ?

Gary :

Quelle stupidité j'utilise pour créer le maintien de mon père dans son corps est-ce que je choisis ? Tout ceci, un dieulliard de fois, vas-tu le détruire et le décréer en totalité ? Right and Wrong, Good and Bad, POD and POC, All Nine, Shorts, Boys and Beyonds.

As-tu fait Sortie de scène côté jardin ? Demande-lui (dans ta tête) : « Papa, qu'est-ce que tu n'as pas encore terminé que si tu savais l'avoir terminé, te permettrait de partir facilement ? »

J'ai posé cette question à ma mère et la réponse que j'ai reçue était: « Je n'ai pas encore porté la vie à travers la galaxie. »

Je lui ai répondu : « Eh bien, Maman, à cet instant, tu ne peux pas le faire depuis cette planète, parce qu'ils n'ont pas la technologie ou un autre moyen de le faire, mais si tu travailles sans un corps, tu peux peut-être y arriver. » Elle est morte le lendemain. Elle savait qu'elle ne réussirait pas avec le corps qu'elle avait.

Nous avons tendance à maximiser la réalité humaine. Dans la réalité humaine, vous n'êtes pas supposées vouloir que quelqu'un meure. Dans la réalité humaine, la naissance est superbe et la mort est horrible. Est-ce vraiment comme cela dans la nature ?

Participante du Salon :
Non.

Gary :

La mort fait partie de ce qui est. Dans la réalité humaine, on dit : « Oh, je l'aime tellement. Ma vie sera finie s'il meurt. » Non, ce ne sera pas comme cela ! Je connais une famille qui a perdu un enfant et la mère le pleure encore, même après qu'ils aient eu cinq autres enfants. Je ne sais pas comment on peut rester dans le chagrin quand on doit s'occuper de cinq enfants.

Personnellement, je serais trop occupé.

Pourquoi ne demandes-tu pas : « Quelle énergie, espace et conscience puis-je être qui permettrait à tout cela de se réaliser avec aisance ? »

Participante du Salon :

Merci. C'est beau, facile et simple.

Gary :

Oui, je sais que vous détestez les choses faciles. Vous voulez que ce soit compliqué pour pouvoir rester dans la maximisation de la réalité humaine. Si tu en fais quelque chose de compliqué, alors ce doit être juste. Tout ceci, un dieulliard de fois, vas-tu le détruire et le décréer en totalité ? Right and Wrong, Good and Bad, POD and POC, All Nine, Shorts, Boys and Beyonds.

La déviance ultime

Participante du Salon :

Ce qui se dessine pour moi ces derniers temps, c'est la séparation ou les barrières et aujourd'hui, pendant que tu parles, je comprends que je ne peux pas être totalement déviante parce que cela impliquerait la séparation.

Gary :

Quel est le problème avec la séparation ?

Participante du Salon :

J'ai l'idée que je ne veux pas être séparée de quoi que ce soit.

Gary :

Sauf que tu crées une séparation en n'étant pas totalement déviante. La déviation ultime de la maximisation de la réalité humaine est l'unité.

Participante du Salon :

Oui, j'utilise la séparation comme raison pour ne pas être déviante.

Gary :

C'est la façon dont vous avez été entraînées. On vous a entraînées à croire que dévier de la norme est la pire chose que vous pouvez faire. Il est question surtout de se conformer, de faire partie de, d'avoir sa communauté, d'avoir des amis dingues, d'avoir d'autres personnes comme vous, d'avoir ses potes. Et si vous n'aviez aucun pote ? La vie ne serait pas aussi douce sans vos potes.

> Quelle stupidité utilisez-vous pour créer l'évitement total de la déviance de la maximisation de la réalité humaine choisis-tu ? Tout ceci, un dieulliard de fois, allez-vous le détruire et le décréer en totalité ? Right and Wrong, Good and Bad, POD and POC, All Nine, Shorts, Boys and Beyonds.

Participante du Salon :

Encore une fois, ce qui est remonté pour moi, c'est que cela signifierait que je dois me séparer.

Gary :

De quoi devrais-tu te séparer ?

Participante du Salon :

D'eux ?

Gary :

C'est qui « eux » ?

Participante du Salon :

Ce qui me vient, c'est : cela, eux, la réalité et ainsi de suite.

Gary :

Tu dois te séparer de la réalité limitée – mais la bonne nouvelle, c'est que tu ne vas pas le choisir, alors tu n'as pas besoin de t'en faire.

Participante du Salon :

Ah, menteur, menteur, ton nez s'allonge !

Gary :

Tout ceci, un dieulliard de fois, vas-tu le détruire et le décréer en totalité ? Right and Wrong, Good and Bad, POD and POC, All Nine, Shorts, Boys and Beyonds.

Participante du Salon :

C'est comme si j'avais demandé de ne pas me séparer de quoi que ce soit ou de qui que ce soit et je me bats comme la déviante que je suis, tout cela en même temps.

Gary :

Cela s'appelle retourner à la ligne médiane. Tu dois te battre contre les options et les possibilités qui existent dans la vie. Tu dois te battre contre le choix, les questions et ce qui est une contribution pour toi.

Participante du Salon :

Oui, pour me garder occupée pour que je ne crée pas les possibilités que je sais être possibles.

Gary :

Non, c'est comme cela que tu maintiens et institues un état constant d'action avec uniquement la réaction.

Quelle stupidité utilises-tu pour créer l'aversion absolue et totale, le rejet et la répulsion d'être la déviance totale afin de maximiser la réalité humaine choisis-tu ?

Tout ceci, un dieulliard de fois, vas-tu le détruire et le décréer en totalité ? Right and Wrong, Good and Bad, POD and POC, All Nine, Shorts, Boys and Beyonds.

Participante du Salon :

Quand K parlait de séparation, j'ai perçu que nous nous séparions du futur.

Gary :

Oui. Maintenant tu es en plein divorce et vous cherchez tous les deux la norme pour déterminer comment diviser votre vie. Tu es sur le point d'avoir une relation déviante dans laquelle toi et ton mari avez des maisons différentes et vous avez toujours les enfants. Tu dois créer la relation que tu veux et ne pas gober le point de vue de tous les autres.

Participante du Salon :

Je suis tellement enthousiasmée par l'idée d'être le futur. Presque toute ma vie, on m'a dit que j'étais en avance sur mon temps. Est-ce cela être précurseur des possibilités futures ?

Gary :

Non, c'est là où tu es une voyante des possibilités futures.

Participante du Salon :

Est-ce là où j'ai cru que c'était un tort ? Dois-je arrêter de me créer dans la norme ?

Gary :

Qui ne te donne pas tort d'être consciente ? C'est pour cela que j'ai fait le processus de la norme.

> Quelle actualisation physique d'être le futur total que je suis vraiment suis-je maintenant capable de générer, créer et instituer ? Tout ce qui ne permet pas cela, un dieulliard de fois, vas-tu le détruire et le décréer en totalité ? Right and Wrong, Good and Bad, POD and POC, All Nine, Shorts, Boys and Beyonds.

La conscience comporte une légèreté et le jugement est toujours merdique.

O.K., Mesdames, merci d'avoir participé à cette classe. À la prochaine fois !

13
Reconnaître le cadeau que vous êtes pour le monde

Tout le monde veut supposer que si tu es conscient, tu obtiens tout ce que tu veux. Non, être conscient veut dire que tu as plus de possibilités que d'autres ; cela ne veut pas dire que tu obtiens ce que tu veux.

Gary :

Bonjour, Mesdames. Qui a une question ?

Être l'hédoniste, la séductrice et la sybarite que vous êtes vraiment

Participante du Salon :

J'ai une question bête concernant les relations amoureuses. Parfois, je me sens petite, inadaptée et en jugement de moi-même quand je suis avec des gens qui ont du succès dans la vie. Je me sens inférieure. Peux-tu me donner un déblayage pour que je sois libre d'être moi ?

Gary :

Il n'y a jamais de question bête en ce qui concerne les relations amoureuses. J'ai reçu une question similaire d'une autre personne au cours des téléclasses précédentes. Elle disait : « Je vois bien que je suis la guerrière et la créatrice du futur, et puis ce truc des relations avec les hommes vient s'immiscer là-dedans. »

D'abord, tu dois arrêter de considérer que les hommes sont séparés de toi. Deuxièmement, tu dois voir le cadeau que tu es. Combien de fois quand tu te sens inadaptée, est-ce que ça t'appartient ? Et combien de fois cela appartient à l'homme en fait ? Les hommes ont aussi le point de vue qu'ils sont inadéquats, Mesdames. Ce n'est pas juste un problème chez les femmes.

Participante du Salon :

Je me perds dans la partie sexe de la relation. J'essaie de garder le type ou je deviens la personne que je crois qu'il désire. Au moment où je fais cela, je ne peux plus percevoir que je suis un être puissant, incroyable. Comment s'y prendre pour le sexe ou la relation sans se perdre dedans ?

Gary :

Il y a un déblayage qui devrait vous aider à toutes. Mettez-le en boucle et écoutez-le non-stop :

> Quelle stupidité utilises-tu pour créer l'invention, l'intensité artificielle et les démons de ne jamais être l'hédoniste, la séductrice et sybarite que tu es réellement choisis-tu ? Tout ceci, un dieulliard de fois, vas-tu le détruire et le décréer en totalité ? Right and Wrong, Good and Bad, POD and POC, All Nine, Shorts, Boys and Beyonds.

Avec le niveau d'intensité lié à ce processus, je peux vous dire, Mesdames, que vous vous êtes éteintes de façon plutôt conséquente. Comment cela va-t-il créer ce que vous désirez vraiment ?

Participante du Salon :

Qu'est-ce que tu veux dire par s'éteindre ?

Gary :

En ne voyant pas que vous êtes une renarde.

Participante du Salon :

Qu'est-ce que c'est une renarde ?

Gary :

Une renarde, c'est une femme qui est coquette au bon moment, séduisante au bon moment et dédaigneuse au bon moment. Elle ne fonctionne jamais du point de vue de ce qui est censé être ; elle est toujours prête à explorer ce qui est encore possible.

Une sybarite, c'est quelqu'un qui profite du meilleur de la vie. Une hédoniste aime le plaisir de la vie. Combien d'entre vous ont eu des relations sexuelles jouissives ? Vous avez eu beaucoup de relations sexuelles, mais peu d'entre elles sur la base du plaisir ; elles sont plutôt basées sur la nécessité de prouver quelque chose. Cela vient du côté masculin aussi.

Une séductrice est quelqu'un qui attire l'homme et pique son intérêt. Elle n'est pas obligée de faire quoi que que ce soit avec cela, mais elle le peut, si elle le choisit. C'est une réalité totalement différente.

> Quelle stupidité utilises-tu pour créer l'invention, l'intensité artificielle et les démons de ne jamais être l'hédoniste, la séductrice, la sybarite et la renarde que tu es vraiment, choisis-tu ? Tout ceci, un dieulliard de fois, es-tu prête à le détruire et le décréer en totalité ? Right and Wrong, Good and Bad, POD and POC, All Nine, Shorts, Boys and Beyonds.

Le problème en partie avec le fait de recevoir le titre de guerrière est que certaines femmes pensent qu'elles sont meilleures que les hommes. Vous n'êtes pas meilleures que les hommes – vous avez plus d'envergure. Cela veut dire que vous pouvez aller plus loin et faire plus ; meilleure veut dire que vous êtes toujours dans la comparaison et dans le jugement et de vous et d'eux. Cela ne me semble pas être une bonne idée – mais c'est juste mon point de vue.

> Quelle stupidité utilisez-vous pour créer l'invention, l'intensité artificielle et les démons de ne jamais être

l'hédoniste, la séductrice, la sybarite et la renarde que vous êtes vraiment choisissez-vous ? Tout ceci, un dieulliard de fois, allez-vous le détruire et le décréer en totalité ? Right and Wrong, Good and Bad, POD and POC, All Nine, Shorts, Boys and Beyonds.

Ce sont les diabolisations que les femmes ont subies tout au long de l'histoire. Les femmes ne sont pas censées rechercher le plaisir : elles sont censées rechercher la douleur pour contrecarrer leur nature profonde de sybarites et de séductrices. Afin de mettre un terme à cela, vous faites des choses telles que vous diaboliser vous-mêmes, vous diminuer et essayer de voir que vous n'êtes jamais censées être tout ce que vous pouvez être. Ceci a été le problème des femmes à travers l'histoire.

Quelle stupidité utilisez-vous pour créer l'invention, l'intensité artificielle et les démons de ne jamais être l'hédoniste, la séductrice, la sybarite et la renarde que vous êtes vraiment choisissez-vous ? Tout ceci, un dieulliard de fois, allez-vous le détruire et le décréer en totalité ? Right and Wrong, Good and Bad, POD and POC, All Nine, Shorts, Boys and Beyonds.

Participante du Salon :

Est-ce que nous nous coupons de notre recevoir lorsque nous nous coupons d'être la renarde, l'hédoniste, la sybarite et la séductrice ?

Gary :

Oui, à chaque fois que tu te coupes d'être cela, tu coupes la moitié de ton recevoir. Regarde les choses de la façon suivante : disons que tu vends quelque chose. Si tu n'es pas la renarde, l'hédoniste, la sybarite et la séductrice, tu ne vas pas amener qui que ce soit, femme ou homme, à acheter ton produit. Est-ce que les femmes jugent les autres femmes gentiment ou durement ?

Participante du Salon :

Durement !

Gary :

Oui, les femmes sont incroyablement dures dans leurs jugements des autres femmes si ces femmes ne sont pas en adéquation avec ce qu'elles ont décidé qu'une femme est censée être ou faire. Elles déterminent ce qui ne rentre pas dans leur réalité – et c'est ce que toutes les femmes ne devraient pas être ou faire.

Participante du Salon :

Je me rappelle quand j'étais enfant, je courais nue à travers la maison. J'adorais cela. Mais quand j'ai commencé à grandir, mes parents m'ont dit d'aller m'habiller. Ils ont fait de la nudité quelque chose de mal.

Gary :

C'est bien comme cela que cela fonctionne dans cette réalité. C'est mal d'être une séductrice, une renarde, une hédoniste ou une sybarite. Tu es censée être une petite fille douce, normale qui reste à la maison et s'occupe des chats, ce que la plupart d'entre vous sont incapables de faire même si votre vie en dépendait. Vous pourriez avoir un chat mais pas vous occuper d'un chat – parce qu'un chat donne bien trop d'ordres.

> Quelle stupidité utilisez-vous pour créer l'invention, l'intensité artificielle et les démons de ne jamais être l'hédoniste, la séductrice, la sybarite et la renarde que vous êtes vraiment choisissez-vous ? Tout ceci, un dieulliard de fois, allez-vous le détruire et le décréer en totalité ? Right and Wrong, Good and Bad, POD and POC, All Nine, Shorts, Boys and Beyonds.

Vous pourriez choisir d'être émoustillées

Vous devez renoncer à beaucoup de vous-mêmes. Un des trucs que j'ai déroulé pendant la téléclasse « Le Club des Gentlemen » l'autre jour, c'était : « Quelle invention utilises-tu pour éviter de bander comme tu pourrais le choisir ? » Pour les femmes, il ne s'agit pas de bander. Que font-elles ? Elles s'émoustillent.

> Quelle invention utilises-tu pour éviter d'être émoustillée que tu pourrais choisir ? Tout ceci, un dieulliard de fois, vas-tu le détruire et le décréer en totalité ? Right and Wrong, Good and Bad, POD and POC, All Nine, Shorts, Boys and Beyonds.

Donc, si un type vous émoustille, immédiatement, vous devenez un tas d'ordures. Vous avez remarqué ?

Participante du Salon :

Qu'est-ce que cela veut dire ?

Gary :

Et si vous étiez émoustillées par la vie et la façon de vivre ? Et si tout ce que vous vouliez finalement, c'était la capacité d'être émoustillées à ce point ? Si tu émoustilles tout le monde, est-ce qu'il y aurait plus de gens prêts à te recevoir ? Y aurait-il plus de gens prêts à te faire des cadeaux ? Y aurait-il plus de gens qui te diaboliseraient ?

Participante du Salon :

Probablement tout cela.

Gary :

Non. Tout le monde serait inspiré par ta présence.

> Quelle invention utilises-tu pour éviter d'être émoustillée que tu pourrais choisir ? Tout ceci, un dieulliard de fois, vas-tu le détruire et le décréer en totalité ? Right and Wrong, Good and Bad, POD and POC, All Nine, Shorts, Boys and Beyonds.

Participante du Salon :

Ce qui est remonté pour moi, c'était le jugement ou la diabolisation du fait d'être émoustillée. Est-ce le mensonge que j'utilise pour m'empêcher ?

Gary :

C'est le mensonge que tu utilises pour t'empêcher. Au lieu de réaliser : « Je veux quelque chose de différent », tu passes à « Je dois être acceptée par les femmes. » C'est très rare d'être acceptée par les femmes. Pourquoi une femme n'accepterait-elle pas une autre femme ? Parce que dans cette réalité, la compétition, c'est de s'assurer que tu es mieux que les autres femmes. Et non pas mieux que les hommes.

Tout ce truc de la libération des femmes a créé une confusion énorme. Par le passé, les femmes étaient prêtes à reconnaître qu'elles devaient être meilleures les unes que les autres ; toutefois, maintenant, elles veulent être meilleures que les hommes. Donc, dans combien de jugements d'elles-mêmes doivent-elles s'enfoncer afin d'être meilleures que les hommes ?

Participante du Salon :

Beaucoup.

Gary :

Tu ne veux pas te juger toi-même. Tu veux choisir ce qui fonctionne pour toi. Tu as cessé d'être une hédoniste, une sybarite et une séductrice, tout ce qui te donnait le contrôle sur les hommes et le contrôle sur les femmes, afin d'être meilleure qu'un homme et de ne jamais te rendre meilleure qu'une femme.

Participante du Salon :

Durant les deux dernières semaines, j'ai pris du poids. Je ne me sens pas sexy et je refuse le sexe.

Gary :

C'est la raison pour laquelle je déroule ce processus. Ce sont tous ces domaines où vous vous coupez de l'énergie que vous êtes qui vous donnerait tout ce que vous voulez. Essaie cela :

> Quelle invention j'utilise pour créer le corps que je choisis de détester ? Tout ceci, un dieulliard de fois, vas-tu le détruire et le décréer en totalité ? Right and Wrong, Good and Bad, POD and POC, All Nine, Shorts, Boys and Beyonds.

Participante du Salon :

Ce qui me vient, c'est la tristesse.

Gary :

Oui, tu inventes que tu es triste à cause de ce truc.

Participante du Salon :

Je ne le suis pas ?

Gary :

La tristesse, c'est une invention ou ça ne l'est pas ?

Participante du Salon :

C'est une invention.

Gary :

C'est une invention pour quoi faire ? Maximiser la réalité humaine.

> Tout ceci, un dieulliard de fois, vas-tu le détruire et le décréer en totalité ? Right and Wrong, Good and Bad, POD and POC, All Nine, Shorts, Boys and Beyonds.

Continue à utiliser ce processus.

Participante du Salon :

Merci.

Gary :

Quelle stupidité utilisez-vous pour créer l'invention, l'intensité artificielle et les démons de ne jamais être l'hédoniste, la séductrice, la sybarite et la renarde que vous êtes vraiment choisissez-vous ? Tout ceci, un dieulliard de fois, allez-vous le détruire et le décréer en totalité ? Right and Wrong, Good and Bad, POD and POC, All Nine, Shorts, Boys and Beyonds.

Cela marche bien. Comment vous sentez-vous toutes ?

Participante du Salon :

La tristesse est toujours présente en moi.

Gary :

La tristesse est une invention. Tu l'utilises pour t'amoindrir.

Quelle invention, intensité artificielle et démons des pensées, sentiments, émotions, sexe et non-sexe utilises-tu pour créer la vie merdique que tu choisis ? Tout ceci, un dieulliard de fois, vas-tu le détruire et le décréer en totalité ? Right and Wrong, Good and Bad, POD and POC, All Nine, Shorts, Boys and Beyonds.

Pensées, sentiments, émotions, sexe et non-sexe

Vous ne semblez pas piger que les pensées, sentiments, émotions, sexe et non-sexe sont les harmoniques basses de percevoir, savoir, être et recevoir. Tu reviens toujours à éprouver de la tristesse. Tu dis : « Je me sens bla bla bla » ou « Quand je parle avec un homme qui me plaît, je deviens un tas de merde. » Tout cela concerne tes pensées, sentiments et émotions. Et, en aucun cas, de ton être.

Participante du Salon :

Quand je dis : « La tristesse est toujours là », c'est davantage une énergie de tristesse qui est là. Ce n'est pas que je suis triste.

Gary :

Est-ce que tu te demandes des fois : « Est-ce vraiment à moi ? »

Participante du Salon :

Oui, je le fais. Ce n'est pas à moi.

Gary :

Alors, pourquoi tu continues à croire que c'est vrai ? Tu n'as pas à croire que c'est réel.

Participante du Salon :

Je le fais comme si je devais le détruire et le décréer.

Gary :

Tu n'as pas à croire que c'est réel.

Participante du Salon :

Qu'est-ce que j'essaye de réparer ?

Gary :

Si tu fonctionnes du point de vue que tu dois réparer la tristesse ou t'en débarrasser, tu l'as rendue réelle. Tu as rendu cela plus réel que tous les autres choix que tu as.

Participante du Salon :

Même si je me dis que je ne dois pas l'endosser, elle est là, alors je sens que je dois la réparer.

Gary :

Tu l'as déjà endossée si tu ressens que tu dois la réparer. Si tu dois la réparer, si tu sens que tu dois la changer, si tu dois en faire quelque chose, tu l'as rendue plus réelle que ta capacité à percevoir, savoir, être ou recevoir.

Tout ce que cela fait remonter, un dieulliard de fois, vas-tu le détruire et le décréer en totalité ? Right and Wrong, Good and Bad, POD and POC, All Nine, Shorts, Boys and Beyonds.

Participante du Salon :

Merci Gary. Je saisis. Je continue à la rendre réelle et à revendiquer que ça m'appartient.

Gary :

Tu revendiques que cela ne t'appartient pas ; tu revendiques que quelqu'un en a plutôt que de dire que c'est un choix que les gens font. Et pourquoi choisiraient-ils cela plutôt que quelque chose de différent ?

Participante du Salon :

Merci.

Par ce que tu choisis, tu crées des possibilités plus grandes

Gary :

Dans mon livre « Au-delà de l'idéal utopique », j'évoque comment, afin de créer ou de générer quoi que ce soit, tu dois fonctionner à partir du choix, de la question, de la possibilité et de la contribution. Si tu as le choix, alors par ce que tu choisis, tu crées de plus grandes possibilités. Une possibilité concerne toujours les niveaux de conscience : il ne s'agit jamais de conclusion.

À chaque fois que tu poses une question, tu actives les intrications quantiques dans le monde pour qu'ils assurent la livraison. Les intrications quantiques sont la théorie des cordes selon laquelle toutes les choses sont connectées entre elles. Si tu regardes l'univers, il est clair que chaque chose est connectée avec toutes les autres. La question, le choix et la possibilité activent les intrications quantiques pour créer plus de possibilités, plus de choix et plus de questions, ce qui amène à la réalisation de tout ce que tu désires, requiers et demandes. Mais au lieu de choisir cela, tu as tendance à choisir d'après le point de vue de quelqu'un d'autre.

Dans cette réalité, les gens ont fait que si tu as une question, tu cherches une conclusion, si tu as un choix à faire, tu cherches à faire le bon choix et arriver à la bonne conclusion et si tu as des possibilités, tu pèses et tu mesures ce que tu as. En fait, tu n'as pas plus de choix, pas plus de possibilités ni plus de questions.

> Quelle invention utilises-tu pour créer la contrariété que tu choisis ? Tout ceci, un dieulliard de fois, vas-tu le détruire et le décréer en totalité ? Right and Wrong, Good and Bad, POD and POC, All Nine, Shorts, Boys and Beyonds.

Se défendre contre quelque chose

Participante du Salon :

Peux-tu parler du fait d'être 100 % à l'aise ? Quand j'ai commencé Access Consciousness, j'étais à quatre sur une échelle de dix ; maintenant, je suis à six sur dix et je choisis d'être à dix sur dix.

Gary :

Tu défends un point de vue. À chaque fois que tu te sens impuissante ou que tu t'amoindris, tu te défends contre quelque chose au lieu d'être toi.

> Pour ou contre qui ou quoi te défends-tu que si tu ne te défendais pas pour ou contre cela, te donnerait tout de toi ?

Tout ceci, un dieulliard de fois, vas-tu le détruire et le décréer en totalité ? Right and Wrong, Good and Bad, POD and POC, All Nine, Shorts, Boys and Beyonds.

Apparemment, vous pratiquez beaucoup la défense.

Pour ou contre qui ou quoi te défends-tu que si tu ne te défendais pas pour ou contre cela, te donnerait tout de toi ? Tout ceci, un dieulliard de fois, vas-tu le détruire et le décréer en totalité ? Right and Wrong, Good and Bad, POD and POC, All Nine, Shorts, Boys and Beyonds.

Participante du Salon :

Tu as dit un jour que tout ce que tu défends, tu ne peux pas le changer. Peux-tu parler de comment sortir de cette boucle ?

Gary :

Reconnais ce que tu défends. Pourquoi je défendrais un point de vue, quel qu'il soit ?

Un journaliste de Houston Press, qui a tenté d'écrire un article sur Access Consciousness, avait prévu de nous diffamer. Il a laissé un message à C, lui disant que ce serait un article à propos d'elle. Pourquoi faire cela ? Parce que C est une célébrité qui est connue à Houston, et que, s'il peut la diffamer, il a fait quelque chose de bien, selon son point de vue.

Pourquoi la diffamation de quelqu'un peut-elle être un produit de valeur ? Parce que cela prouve que tu défends la justesse de ton point de vue. La plupart des articles dans la presse sont écrits afin de défendre un point de vue. Ils prennent un point de vue et l'appellent « vérité ».

Participante du Salon :

Quelle est la différence entre défendre et juger ?

Gary :

Il n'y a pas vraiment de différence. Tu juges quelque chose d'une certaine façon, puis tu dois défendre la justesse de ton jugement.

Participante du Salon :

Les deux sont entremêlés.

Gary :

Oui, sans l'un, tu ne peux pas avoir l'autre. Si tu n'as pas de jugement, il n'y a rien à défendre. Si tu as un jugement, alors tout ce qui relève de ce jugement doit être défendu.

Participante du Salon :

Est-ce que tu es dans la défense à chaque fois que tu n'es pas dans le « aucun point de vue » ou « point de vue intéressant » ?

Gary :

Pratiquement. Fonctionner du « point de vue intéressant » ou « aucun point de vue » requiert que tu ne défendes jamais quoi que ce soit. Je n'ai jamais à défendre quoi que ce soit.

Quand j'ai su pour le gars du Houston Press, j'ai pensé lui écrire ces mots : « Je te suggère d'aller semer ta malveillance là où tu veux. » Une telle méchanceté. Puis je me suis posé la question : « Est-ce que cela va changer quelque chose ? Puis-je dire ou faire quoi que ce soit qui apporte quelque chose de mieux ? » Non. O.K., lâche prise.

Il y a des gens qui ont adopté un point de vue fixe et il n'y a rien que tu puisses faire par rapport au point de vue qu'ils ont adopté. Tu dois reconnaître qu'il y a des choses sur lesquelles tu n'as aucun contrôle. Tout le monde suppose que si tu es conscient, tu obtiens tout ce que tu veux. Non, être conscient veut dire que tu as plus de possibilités que d'autres ; cela ne veut pas dire que tu obtiens ce que tu veux.

Je suis toujours prêt à aller vers la question, et non pas à défendre. Quand tu sors de la question, tu dois défendre la justesse de tout point de vue que tu adoptes.

C'est la même chose avec les relations amoureuses. La plupart des relations ne fonctionnent pas parce que tu essaies de défendre quelque chose. J'avais l'habitude de faire cela. Si quelqu'un avait un certain point de vue sur moi, j'essayais de m'en défendre. Je ne me disais pas : « Qu'y a-t-il de possible ici ? », je disais : « Cette personne n'aimera pas cela de moi », alors je défendais cela. Je ne laissais pas la personne voir cette partie de moi. Je commençais alors à me couper de parties de moi-même pour créer des relations. Est-ce que cela marche ? Non.

> Pour ou contre qui ou quoi te défends-tu que si tu ne te défendais pas pour ou contre, cela te donnerait tout de toi ? Tout ceci, un dieulliard de fois, vas-tu le détruire et le décréer en totalité ? Right and Wrong, Good and Bad, POD and POC, All Nine, Shorts, Boys and Beyonds.

Définir qui tu es

Participante du Salon :

Ce qui remonte pour moi, c'est « moi ». Je me dis à moi-même : « C'est ridicule », mais ça ne l'est pas, n'est-ce pas ?

Gary :

Tu as défini qui tu étais. Et quand tu définis qui tu es, tu essaies de tout mettre en place pour pouvoir défendre qui tu es, pour que tu puisses prouver que qui tu es est qui tu es.

> Tout ceci, un dieulliard de fois, vas-tu le détruire et le décréer en totalité ? Right and Wrong, Good and Bad, POD and POC, All Nine, Shorts, Boys and Beyonds.

Participante du Salon :

Le truc qui est remonté pour moi, c'est l'énergie des vies passées où j'ai défendu la définition que je m'étais attribuée à moi-même.

Gary :

Si tu te définis en tant que femme, est-ce que tu défends tout ce qu'une femme devrait être au lieu de simplement être ce que tu choisis d'être ? Oui. Être un défendeur, c'est comme vivre dans un château. Tu dois entretenir des remparts pour que personne ne puisse entrer. Et dans « personne », tu es comprise dedans.

> Pour ou contre qui ou quoi te défends-tu que si tu ne te défendais pas contre ou pour cela te donnerait tout de toi ? Tout ceci, un dieulliard de fois, vas-tu le détruire et le décréer en totalité ? Right and Wrong, Good and Bad, POD and POC, All Nine, Shorts, Boys and Beyonds.

Participante du Salon :

Quand N parlait de courir toute nue quand elle était enfant et que ses parents lui disaient de remettre ses vêtements, s'agissait-il du fait que ses parents adhéraient à la réalité des autres ?

Gary :

Non. Ils essayaient de défendre leur réputation. J'ai une question pour toi. Penses-tu vraiment, étant donné qui étaient tes parents, qu'ils se souciaient d'autre chose que de la manière dont ton comportement se reflétait sur eux ?

Ils le faisaient afin que tu ne sois pas une mauvaise image pour eux. Ils défendaient leur réputation à travers ce qu'ils te faisaient faire. Quelle part de ce que tu as fait est fondée sur le désir de ta famille de défendre leur réputation ?

Il y a beaucoup de choses possibles dans cette réalité, mais tu ne peux pas y arriver tant que tu défends quoi que ce soit. Mon ex-femme avait le point de vue que notre fille Shannon ne recevait jamais autant que nos autres enfants. Elle défendait toujours ce point de vue. Même si je pouvais lui montrer que Shannon recevait plus de cadeaux à Noël que nos autres enfants, le point de vue de mon ex-femme était que Shannon ne recevait jamais assez.

Est-ce que ce point de vue projeté et attendu aurait pu avoir un effet dans le monde de Shannon ? Est-ce que cela l'amènerait à penser ou à ressentir qu'elle n'a jamais reçu autant que les autres ? Ce genre de truc est projeté sur vous tout le temps. La plupart d'entre vous en ont fait l'expérience.

> Combien de ce que vous défendez au sujet de vos parents, pour ou contre, est fondé sur les projections et attentes qu'ils avaient – et qui n'avaient rien à voir avec toi ? Tout ceci, un dieulliard de fois, allez-vous le détruire et le décréer en totalité ? Right and Wrong, Good and Bad, POD and POC, All Nine, Shorts, Boys and Beyonds.

Participante du Salon :

Si on me disait que je gaspillais mes talents, contre quoi est-ce que je me défends ?

Gary :

Si tu as décidé que tes parents t'aimaient, alors tu dois défendre le fait qu'ils t'aimaient et, en même temps, te défendre contre le fait que tu as gaspillé tes talents. Es-tu dans une impasse ? Cela te donne-t-il beaucoup de choix ? Ou est-ce que cela commence à t'ôter tes choix ?

Participante du Salon :

Tout cela à la fois.

Gary :

> Tout ceci, un dieulliard de fois, vas-tu le détruire et le décréer en totalité ? Right and Wrong, Good and Bad, POD and POC, All Nine, Shorts, Boys and Beyonds.

« Je ne suis pas cela »

Participante du Salon :

Alors, quand je me défends contre quelque chose, j'essaie de ne pas le rendre réel. Je me défends pour que ce ne soit pas qui je suis. Je défends que je ne suis pas cela. Et je le solidifie en me défendant contre cela.

Gary :

Oui, parce que tu te défends contre cela au lieu d'être capable de le choisir ou de ne pas le choisir selon ta volonté.

Participante du Salon :

Je le justifie en disant : « Je vais me défendre contre cela, car je ne suis pas cela. »

Gary :

Oui. Tout ce que tu dis ne pas être, tu le défends. Mon point de vue, c'est que je suis tout. Alors comment puis-je défendre quoi que ce soit ?

« Que pourrais-je choisir que je n'ai pas choisi ? » est un point de vue différent. Si tu pouvais choisir n'importe quoi, qu'est-ce qui serait disponible pour toi ? Alors ça devient « qu'est-ce qui est vraiment disponible pour moi maintenant ? » et non pas « qu'est-ce que je dois choisir ? », « qu'est-ce qui est important pour moi de choisir ? », « qu'est-ce qui est nécessaire que je choisisse ? », « qu'est-ce qui le rendrait réel pour moi ? » ou « qu'est-ce qui marchera pour moi ? ». Ces dernières sont toutes des positions défendues.

Quand je ne suis plus dans la défense, la question devient : « Quoi d'autre est possible que je n'ai jamais imaginé pouvoir choisir ? »

> Tout ceci, un dieulliard de fois, vas-tu le détruire et le décréer en totalité ? Right and Wrong, Good and Bad, POD and POC, All Nine, Shorts, Boys and Beyonds.

Participante du Salon :

Quand je me trouve dans une situation comme cela, je dis : « Ce n'est pas important. » Je capte qu'il y a une certaine énergie. Je le fais avec mon père par exemple. Je dis : « Ce n'est pas important. » Est-ce que je me mens à moi-même ?

Gary :

« Ce n'est pas important », c'est se défendre contre. Si tu allais vraiment dans « point de vue intéressant qu'il ait ce point de vue », alors ce ne serait véritablement pas important et tu n'aurais pas besoin d'en parler. « Pas important », c'est se défendre contre. Tu te donnes raison. Et en te donnant raison, tu lui donnes tort. Si tu donnes tort ou raison à quelqu'un, tu te défends.

Participante du Salon :

Je fais des petites choses comme cela qui, je crois, élargissent mon champ de conscience, mais, en fait, je me dupe moi-même.

Gary :

Est-ce que tu élargis ta conscience ? Est-ce vrai ? Ou est-ce que tu défends un certain point de vue pour prouver que c'est vrai au lieu de laisser-être que ce soit vrai ?

Participante du Salon :

Je t'adore vraiment !

Participante du Salon :

Je suis capable de rester en dehors de la maximisation humaine et, pourtant, je suis consciente que j'essaie de me protéger du fait d'être si différente. Contre quoi est-ce que j'essaie de me protéger ?

Gary :

Tu te défends toi.

Participante du Salon :

Pourquoi est-ce que je me défends moi ?

Gary :

Il n'y a pas de raison : tu le fais, c'est tout. Combien d'entre vous pensent que si vous pouvez trouver le pourquoi, vous serez capables de lâcher prise, plutôt que de juste choisir quelque chose de différent ? La question pourquoi est la position défensive que vous adoptez.

> Combien de défenses as-tu pour protéger le pourquoi de ta réalité ? Tout ceci, un dieulliard de fois, allez-vous le détruire et le décréer en totalité ? Right and Wrong, Good and Bad, POD and POC, All Nine, Shorts, Boys and Beyonds

Participante du Salon :

Pour être capable de justifier quelque chose au cas où j'en ai besoin.

Gary :

Oui, c'est toujours défendre.

Participante du Salon :

Alors, quoi d'autre est possible ?

Gary :

C'est la question ! Ça y est, on avance. Si tu poses la question : « Quoi d'autre est possible ? », alors ce qui est possible pour toi, c'est d'avoir un choix différent.

Se défendre contre la réalité humaine

Participante du Salon :

Est-ce totalement O.K. d'être en dehors de la maximisation humaine tout le temps, quoi qu'il arrive ?

Gary :

Pourquoi serais-tu en dehors ? Pourquoi tu ne pourrais-tu pas en être consciente ? Je ne dois pas être en dehors ; je sais simplement que je n'ai pas à y adhérer.

Participante du Salon :

Oh, suis-je en train d'essayer de créer une réalité différente en dehors de la réalité humaine ?

Gary :

Oui, tu essaies de te défendre contre la réalité humaine en choisissant en dehors de la réalité humaine plutôt que d'être prête à choisir ce qui fonctionne pour toi, dans n'importe quelle situation ou réalité qui se présente.

> Tout ceci, un dieulliard de fois, vas-tu le détruire et le décréer en totalité ? Right and Wrong, Good and Bad, POD and POC, All Nine, Shorts, Boys and Beyonds.

Participante du Salon :

Ce matin, mon père m'a appelée. Il a fait une chute et c'était le drame. J'ai juste posé la question : « Quoi d'autre est possible ici ? » et j'ai choisi d'être présente ici pour cette classe. L'énergie de cela était expansive pour moi.

Gary :

C'est cela choisir pour soi et cette réalité, ce n'est pas choisir ce qui ne marche pas.

Participante du Salon :

C'est être dans l'énergie de « quoi d'autre est véritablement possible ici ? ».

Gary :

Quand tu poses la question : « Quoi d'autre est véritablement possible ici ? », les intrications quantiques font : « Oh, tu veux quelque chose de différent ! Nous allons te montrer comment faire. » Ils contribuent à la création et à l'actualisation de ce que tu désires dans la vie.

La plupart des hommes sont des chercheurs de plaisir

Participante du Salon :
Parfois, je trouve que je me sens plus à l'aise avec les hommes qu'avec les femmes. Est-ce là la compétition dont tu parlais ?

Gary :
Oui. Les hommes sont en général plus faciles à côtoyer pour les femmes qui aiment les hommes. Il y a la possibilité d'une réalité de plus grande ampleur.

Participante du Salon :
C'est comment pour les hommes, si nous aimons traîner avec eux ? Comment nous perçoivent-ils ?

Gary :
S'il se sentent à l'aise, ils pensent que tu es une amie. Ils ne te perçoivent pas forcément comme une séductrice ou une sybarite. Tu dois tout avoir. Tu peux les changer d'amis à amis avec bénéfices. Comment fais-tu cela ? La première chose, c'est d'être l'hédoniste, la sybarite, la séductrice et la renarde que tu es vraiment. Combien de fois utilises-tu la capacité hédoniste à des fins de tentation ?

Participante du Salon :
Pas encore. Pas souvent.

Gary :
La plupart des hommes sont des chercheurs de plaisir. Si tu utilises tes capacités hédonistes, tu nourris en eux quelque

chose qui leur donne du plaisir et ils disent : « Oh, je n'avais pas vu cette facette de cette femme. »

Quand ça devient plus facile de juste traîner avec les hommes, c'est un peu comme faire des affaires. Tu dois reconnaître qu'il y a une possibilité différente.

Et si tout dans la vie t'émoustillait ?
Participante du Salon :
Serais-tu prêt de permettre à tout de t'émoustiller ? Je percevais que tout perd son sens et tu es espace total avec un choix total et l'unité.

Gary :
Quelle invention utilises-tu pour créer le fait d'être émoustillée que tu pourrais choisir ? Tout ceci, un dieulliard de fois, vas-tu le détruire et le décréer en totalité ? Right and Wrong, Good and Bad, POD and POC, All Nine, Shorts, Boys and Beyonds.

Participante du Salon :
C'est le contraire de tout ce qu'on nous a appris sur la façon correcte d'être.

Gary :
Oui. Mais c'est quoi tout cela, cette façon d'être correcte et tout ce truc convenable et pieux ? Toutes ces choses sont des inventions. Elles sont inventées pour te contrôler. Pourquoi les gens voudraient-ils te contrôler ? Afin d'obtenir ce qu'ils veulent de toi. Quand tu n'es pas contrôlable, personne ne peut t'enfermer, te définir ou te maintenir séparée de toi-même.

Quelle invention utilises-tu pour éviter d'être émoustillée que tu pourrais choisir ? Tout ceci, un dieulliard de fois, vas-tu le détruire et le décréer en totalité ? Right and Wrong, Good and Bad, POD and POC, All Nine, Shorts, Boys and Beyonds.

Les femmes qui ont des gens qui les suivent sont celles qui sont constamment émoustillées par tout dans la vie. Quand tu n'es pas émoustillée, tu es plutôt positive ou négative ?

Participante du Salon :
Négative.

Gary :
Est-ce que pour un mec, ça coupe l'envie ?

Participante du Salon :
Oui.

Gary :
Quand tu es positive par rapport à toi-même et par rapport à tout autour de toi, tu inspires les gens aux possibilités, ce qui est la conscience qui leur donnerait Toi – si c'est ce que tu choisis. Tu dois être prête à reconnaître ce que tu choisis.

Tu as tendance à choisir des hommes qui ne se choisissent pas eux-mêmes, au lieu d'hommes avec qui ça pourrait être amusant. Tu ne poses pas la question : « Qui serait la personne la plus amusante avec qui je pourrais coucher ? Qui serait la personne la plus amusante à avoir dans ma vie ? Qui pourrait expanser ma vie et la rendre meilleure ? »

Ça, c'est une réalité différente. Au lieu de cela, tu préfères dire : « Je veux un homme qui m'aime totalement pour qui je suis. »

Mais si toi tu ne t'aimes pas pour qui tu es, est-ce qu'un homme peut t'aimer totalement pour qui tu es ? Non. Parce que tu essaies de couper des bouts et des morceaux de toi pour défendre que tu n'es pas aimable, ce qui est vrai finalement. Tu n'es pas si aimable après tout. Tu es bien plus aimable que cela mais tu ne veux pas être aimée de cette façon parce qu'alors, tu serais hors contrôle et cela serait une mauvaise chose, sur la base de quoi ?

Quelle invention utilises-tu pour éviter d'être émoustillée que tu pourrais choisir ? Tout ceci, un dieulliard de fois, vas-tu le détruire et le décréer en totalité ? Right and Wrong, Good and Bad, POD and POC, All Nine, Shorts, Boys and Beyonds.

Participante du Salon :

Tu as dit qu'avec le journaliste à Houston, tu avais posé la question : « Est-ce qu'il y a quoi que ce soit que je puisse faire pour changer cela ? » et tu as reçu un non. Est-ce à ce moment-là que tu utilises le fait d'être émoustillé pour créer et générer quelque chose au-delà de cela ?

Gary :

C'est là que tu réalises que dans tout, presque à chaque fois, c'est seulement un choix d'avoir quelque chose de plus grand ou de moins grand.

Participante du Salon :

Et toutes les fois que tu défends, cela arrête la création et la génération.

Gary :

Qu'est-ce que tu défends, que si tu ne le défendais pas te permettrait de te dépasser ? Tout ceci, un dieulliard de fois, vas-tu le détruire et le décréer en totalité ? Right and Wrong, Good and Bad, POD and POC, All Nine, Shorts, Boys and Beyonds.

Participante du Salon :

C'est « moi » qui remonte pour moi, à chaque fois que tu fais ce processus. Suis-je en compétition avec moi-même ?

Gary :

Non. Tu as créé le « toi » que tu as décidé être toi. C'est le « toi » que tu montres au monde pour que tu n'aies pas à être le vrai toi, que tu as défendu contre tout le monde, de sorte que même toi, tu ne te trouves pas.

Participante du Salon :

Oui, j'ai compris tout ce que tu as dit.

Gary :

Tout ceci, un dieulliard de fois, vas-tu le détruire et le décréer en totalité ? Right and Wrong, Good and Bad, POD and POC, All Nine, Shorts, Boys and Beyonds.

Participante du Salon :

Je suis d'accord avec toi. Quoi d'autre est possible ? Où vais-je ?

Gary :

Et si tu étais capable d'être quelque chose que tu n'as encore jamais choisi d'être ? Que refuses-tu d'être que si tu le choisissais te permettrait d'être tout ce que tu es vraiment ? Tout ceci, un dieulliard de fois, vas-tu le détruire et le décréer en totalité ? Right and Wrong, Good and Bad, POD and POC, All Nine, Shorts, Boys and Beyonds.

Participante du Salon :

Dans le dernier appel, tu as mentionné choisir quelqu'un qui nous catapulterait hors du jeu de bascule de cette réalité. Est-ce possible de faire cela tout en étant dans la défense ?

Gary :

C'est possible, mais je doute que cela puisse perdurer. Dès que tu te catapultes hors de ta zone de confort, tu défends la justesse de la zone de confort que tu as choisie.

Participante du Salon :

Peux-tu parler un peu plus de ce à quoi cela ressemblerait de choisir quelqu'un comme cela ?

Gary :

C'est quelqu'un qui ne défend pas un point de vue, quelqu'un qui serait prêt à être le point de vue, quel qu'il soit, qui créerait le meilleur résultat.

Participante du Salon :

Est-ce que ce serait fonctionner à partir de « qu'est-ce que c'est ? qu'est-ce que j'en fais ? ».

Gary :

Tu dois être prête à envisager une possibilité différente.

Participante du Salon :

Je viens juste de prendre conscience du fait que je suis constamment en train de rendre cette réalité plus grande ou plus petite que moi. C'est un jugement qui me colle. C'est une histoire de comparaison. Peux-tu me donner un déblayage pour cela ?

Gary :

Demande : « Qu'est-ce que je défends qui a créé tout cela ? »

Si tu es dans n'importe quelle sorte de comparaison, tu es dans le jugement, ce qui veut dire quelque chose que tu défends. Tu fonctionnes à partir de la justesse ou du tort de cette réalité et non à partir du choix de cette réalité.

Choix, question, possibilité et contribution

Participante du Salon :

Oui, je peux le sentir. Merci. Question, choix, possibilité et contribution – ce sont des états énergétiques simultanés ?

Gary :

Pas vraiment. Oui et non. Le choix est le choix. Tu dois faire un choix et chaque choix crée une autre question, qui crée un autre ensemble de possibilités. Chaque possibilité est un niveau de conscience que tu peux avoir de quelque chose d'autre. Il y a des niveaux subtils de conscience qui existent qui te donneraient plus d'espace et de possibilité, ce qui veut dire plus de conscience, ce qui te donne plus de choix, plus de questions et ainsi de suite. À chaque fois qu'une question se fait jour, cela active les intrications quantiques pour te donner plus de choix, plus de possibilités et plus de questions. Ce sont toutes les choses qui contribuent à créer et à générer au-delà de cette réalité.

Participante du Salon :

Je me sens coupée de la contribution. C'est là que je sens que je me retire.

Gary :

Non, je pense que tu n'es pas coupée de la contribution et du fait de donner ce que tu peux être, mais des cadeaux que tu peux recevoir. Tu te coupes de la contribution de recevoir de la part des intrications quantiques qui s'efforcent de réaliser tout ce que tu demandes. Tu demandes des choses ou pas ?

Participante du Salon :

Non.

Gary :

Ce qui veut dire que tu n'es pas prête à recevoir. Quelle part de ce que tu fais revient à te défendre contre le recevoir ? Beaucoup, un peu ou des mégatonnes ?

Participante du Salon :

Des mégatonnes.

Gary :

Tout ceci, un dieulliard de fois, vas-tu le détruire et le décréer en totalité ? Right and Wrong, Good and Bad, POD and

POC, All Nine, Shorts, Boys and Beyonds.

Participante du Salon :

Donc, je me défends moi à ne pas recevoir ?

Gary :

Tu défends la manière dont tu reçois. Si tu dis : « Je ne peux recevoir que de cette façon » ou « Je ne peux recevoir que certaines personnes », tu défends les choix que tu as faits dans le passé et qui n'ont pas marché.

Participante du Salon :

Pouvons-nous déblayer cela, s'il te plaît ?

Gary :

> Combien de ton passé défends-tu pour ne pas te donner tort ou pour te donner raison ? Tout ceci, un dieulliard de fois, vas-tu le détruire et le décréer en totalité ? Right and Wrong, Good and Bad, POD and POC, All Nine, Shorts, Boys and Beyonds.

Participante du Salon :

Merci, Gary. Le déblayage que tu as fait est l'espace de la possibilité infinie.

Participante du Salon :

À quoi cela ressemble un monde de recevoir infini ?

Gary :

Un monde de recevoir infini est celui dans lequel vous ne coupez aucune conscience. Indépendamment de ce qui se passe, tu es consciente qu'il y a une possibilité différente. Tu cherches toujours les possibilités infinies et chaque possibilité est la somme des choix et de prises de conscience que tu as qui ne font que s'expandre et non se contracter.

Chaque réponse est une invention

Participante du Salon :

Depuis que je participe à cette classe, je sens une brûlure dans la poitrine et la gorge et j'ai la sensation que je vais vomir.

Gary :

Quelle invention utilises-tu pour créer la sensation que tu choisis ?

Participante du Salon :

Ça veut dire que je suis en train de l'inventer ?

Gary :

Je n'ai pas dit que tu l'inventais. Inventer quelque chose et l'imaginer sont deux univers différents. Quand tu inventes quelque chose, tu prends une création et tu décides que c'est comme ça. Tu dis : « C'est comme ça. » Tu inventes en partant de ce point de vue. La création, c'est là où tu réalises qu'il y a une possibilité différente que tu n'as pas encore choisie. Tu viens de déclarer : « J'ai ça, ça et ça. » Est-ce une question ?

Participante du Salon :

Je demandais : « Corps, quelle perception consciente suis-je en train d'avoir ? » et j'ai tiré une conclusion.

Gary :

Pourquoi est-ce nécessaire de tirer une conclusion ?

Participante du Salon :

Pour l'arranger ou le changer.

Gary :

C'est pour cela que c'est une invention.

> Quelle invention est-ce que j'utilise pour créer la sensation merdique que je choisis ? Tout ceci, un dieulliard de fois, vas-tu le détruire et le décréer en totalité ? Right and Wrong, Good and Bad, POD and POC, All Nine, Shorts, Boys and Beyonds.

Participante du Salon :

Je ne comprends toujours pas ce qu'est l'invention. Est-ce que l'invention, c'est quand nous déformons quelque chose pour en faire quelque chose d'autre ?

Gary :

Non, l'invention c'est quand tu tires une conclusion. Le bureau des brevets a fermé quand on a inventé la télé en couleurs parce qu'ils ont dit qu'on ne pouvait plus rien inventer. Pourquoi ont-ils fait cela ?

Participante du Salon :

Ils ont décidé qu'il n'y aurait rien d'autre. C'était la réponse.

Gary :

Oui. C'est ce qui se passe avec tout ce que vous inventez. Vous dites : « C'est la réponse. C'est ce qui est. » Partout où tu es allée direct à la réponse, c'est une invention. Rien n'est une réponse, seulement une perception consciente. Chaque réponse est une invention.

> Quelle invention utilises-tu pour créer la vie merdique que tu choisis ? Tout ceci, un dieulliard de fois, vas-tu le détruire et le décréer en totalité ? Right and Wrong, Good and Bad, POD and POC, All Nine, Shorts, Boys and Beyonds.

Continue d'utiliser ça.

Participante du Salon :

Merci.

Gary :

Comment ça se passe pour vous toutes ? Seriez-vous prêtes à faire un processus concernant le dernier mec que vous avez eu dans votre vie et que vous avez pensé valoir le coup d'avoir ?

Quelle invention utilises-tu pour créer la relation que tu choisis ? Tout ceci, un dieulliard de fois, vas-tu le détruire et le décréer en totalité ? Right and Wrong, Good and Bad, POD and POC, All Nine, Shorts, Boys and Beyonds.

Participante du Salon :

À chaque téléclasse, je comprends que je ne suis pas aussi perturbée que ça et à quel point la possibilité est disponible à chaque instant. Je peux continuer à choisir quelque chose de nouveau et de différent. Et même si je ne le fais pas, ça aussi, c'est un choix. Merci beaucoup.

Gary :

J'aime le fait que tu réalises finalement que tu n'es pas aussi perturbée que tu penses que tu dois l'être. Et j'aime le fait que tu vois qu'il y a une possibilité différente.

Participante du Salon :

Toutes les inventions à partir desquelles les gens pensent qu'ils doivent fonctionner – la contrariété, le choc, le drame et les problèmes – tout cela devient vraiment amusant. Merci.

Gary :

Continuez à faire tourner cela : « Quelle invention est-ce que j'utilise pour créer la contrariété que je choisis ? »

Participante du Salon :

Gary, si tu pouvais avoir quoi que ce soit pour nous à l'issue de cette classe, ce serait quoi ?

Gary :

La liberté pour vous de reconnaître le cadeau que vous êtes au monde et d'être cela au lieu d'essayer d'être ce que vous êtes en tant que femme.

O.K., mes douces dames. Je vous aime toutes. Au revoir.

14
Accéder à la grandeur que tu es

La plupart d'entre vous ont passé leur vie à regarder le tort, le passé et les choses qui ne marchent pas.
Rarement envisagez-vous le futur et ce qui pourrait vraiment marcher. Quel genre de futur voudrais-tu créer ? Pourquoi ton attention n'est-elle pas portée dessus ?

Gary :

Bienvenue, Mesdames. Y a-t-il des questions ?

Aimes-tu vraiment les hommes ?

Participante du Salon :

Peux-tu faciliter quelques déblayages pour mon aversion pour les hommes, s'il te plaît ? Je me suis laissée violée, exploitée et maltraitée par les hommes lorsque j'étais une putain.

Gary :

Quelle stupidité j'utilise pour créer l'invention, l'intensité artificielle et les démons d'être une putain exploitée et maltraitée est-ce que je choisis ? Tout ceci, un dieulliard de fois, vas-tu le détruire et le décréer en totalité ? Right and Wrong, Good and Bad, POD and POC, All Nine, Shorts, Boys and Beyonds.

À un moment ou un autre, nous avons tous été exploités et maltraités. Tu dois accéder à la conscience de savoir si oui ou non tu aimes vraiment les hommes. Pose-toi la question : « En vérité, est-ce que j'aime vraiment les hommes ? »

Si la réponse est non, cela veut-il dire que tu dois aller avec les femmes ? Non, cela veut juste dire que tu n'aimes pas les hommes. Donc, tu dois choisir des hommes avec qui tu n'as pas à t'impliquer. C'est ce que fait une personne qui choisit d'être une putain : elle choisit les hommes avec qui elle ne doit pas s'impliquer pour l'éternité. Tu auras toujours la crème des hommes si tu es une putain ou une pute, parce que la crème des hommes sont partants pour ça. Oh pardon, pas vraiment !

Tu dois être prête à opérer de façon à ce que tout fonctionne. Comment obtiens-tu que tout fonctionne ? Tu dois choisir une possibilité différente.

> Quelle stupidité est-ce que j'utilise pour éviter les choix pour les hommes ou les femmes que je pourrais choisir ? Tout ceci, un dieulliard de fois, vas-tu le détruire et le décréer en totalité ? Right and Wrong, Good and Bad, POD and POC, All Nine, Shorts, Boys and Beyonds.

La pragmatique de faire que tout fonctionne avec un homme

Participante du Salon :

Peux-tu parler de la pragmatique de faire en sorte que tout fonctionne avec un homme ?

Gary :

Tu dois partir du point de vue « qu'est-ce qui va faire que ça marche ? » au lieu de « est-ce que j'aime cet homme ? » ou « est-ce que j'apprécie cet homme ? » ou « est-ce qu'il est bon ? ». Tout ça n'est que des jugements pour inclure ou exclure. Et si nous n'avions pas à inclure ou exclure quoi que ce soit ? Et si nous pouvions tout avoir ? Nous devons arriver au point de reconnaître une possibilité différente au lieu de choisir une limitation.

Participante du Salon :

Peux-tu être plus spécifique ? Quand tu dis : « Fais que cela marche », est-ce cela quand tu vas avec ce qui est léger ?

Gary :

Nous pouvons rester dans la légèreté tout le temps. Le plus important est de demander : « Quelle va être la meilleure manière pour que quelque chose de bien arrive ? »

Participante du Salon :

Oh, tu veux dire pour toi et pour tout le monde ? Le royaume du Nous ?

Gary :

Oui. Tu dois regarder ce qui va marcher pour toi et pour tout le monde. Ce qui marche pour toi très souvent détruit tellement d'autres qu'en le faisant, tu n'as aucune place où tu t'inclus toi dans ta réalité. Tu dois être prête à te choisir toi et ta réalité.

Si tu fonctionnes comme s'il y avait un problème pour toi, tu vas créer plus de problèmes. C'est plus important que tout le reste. Si tu as le point de vue qu'il va y avoir un problème, tu vas créer un problème. Pourquoi voudrais-tu créer un problème ? Parce qu'un problème fait que chacun se sent plus réel. Les problèmes veulent dire « réalité » ici sur la planète Terre : ils ne créent pas la possibilité. Tu veux avoir plus de possibilités que de problèmes. Demande : « Qu'est-ce qui va créer la plus grande possibilité ? » et non « Qu'est-ce qui va créer le plus grand problème ? ».

« Tous les jours, je veux divorcer »

Participante du Salon :

J'ai une merveilleuse relation avec mes enfants. On danse et on chante mais, en même temps, mon mari dit des choses bizarres tout le temps comme : « Pourquoi n'ai-je pas de garçon ? » Nous sommes en train de restaurer une maison. Il n'arrête pas de me demander si je veux être une partenaire et laisser tomber Access Consciousness pour qu'il puisse investir l'argent dans ce projet. Tous les jours, je veux divorcer. J'allais chercher les papiers aujourd'hui, mais le bureau était fermé. Qu'est-ce que je défends ici avec cette intensité ?

Gary :

Est-ce que tu défends la justesse du mariage ?

Participante du Salon : J'imagine que je défends tout cela – la famille, le mariage, les relations.

Gary :

> Tout ceci, un dieulliard de fois, vas-tu le détruire et le décréer en totalité ? Right and Wrong, Good and Bad, POD and POC, All Nine, Shorts, Boys and Beyonds.

Et si tu disais à ton mari : « Apparemment, ce mariage ne marche pas pour toi. Pourquoi restes-tu marié avec moi ? »

Participante du Salon :

Je l'ai fait. Quand je lui ai demandé, il a dit : « Cela me coûterait plus cher de divorcer avec toi. »

Gary :

Eh bien, en voilà une bonne raison de rester mariés !

Participante du Salon :

Je sais. C'est pourquoi je tourne en rond.

Gary :

Pourquoi te laisses-tu emporter dans la spirale de tes émotions ?

Participante du Salon :

Ce n'est pas clair pour moi.

Gary :

Les émotions ne te donnent pas de clarté. Elles vont t'enfermer dans ce même espace où tu te retrouves toujours, comme si, en allant là, tu allais arriver ailleurs. Tes émotions t'ont-elles jamais fait aboutir à quelque chose de bien ?

Participante du Salon :

Pas du tout.

Gary :

Alors, peut-être devrais-tu considérer que tes émotions ne sont pas une manière de créer.

Participante du Salon :

Je suis totalement d'accord.

Gary :

Tout ceci, un dieulliard de fois, vas-tu le détruire et le décréer en totalité ? Right and Wrong, Good and Bad, POD and POC, All Nine, Shorts, Boys and Beyonds.

Défendre pour ou contre

Participante du Salon :

Parfois, quand je suis attachée au résultat de quelque chose et que je suis en interaction avec une autre personne, je suis complètement étouffée de peur. Je me compare, je me juge comme une moins que rien et je sabote tout le travail que j'ai fait avant notre rendez-vous. Peux-tu me donner des déblayages qui pourraient m'aider à rester dans l'expansion sans me contracter et à être moi-même sans excuse ?

Gary :

Utilise cela.

Pour ou contre qui ou quoi est-ce que je me défends que

si je ne me défendais pas pour ou contre me permettrait d'avoir tout de moi ?

Fais-le dix fois avant d'aller à un rendez-vous ou à un entretien. Si tu es dans un entretien avec quelqu'un et que tu te sens rapetisser, pose la question : « Un être infini choisirait-il vraiment cela ? »

Si un être infini ne choisirait pas cela, pourquoi le ferais-tu ? Tu dois commencer à fonctionner à partir des dix commandements. Si tu n'as pas encore écouté les téléclasses des Dix commandements, achète-les et écoute-les s'il te plaît.

Choisir en fonction des choix des autres

Participante du Salon :

J'ai pris conscience ces derniers jours de la façon dont jusqu'à présent, je choisis en fonction des choix des autres. Peux-tu m'aider avec cela ?

Gary :

Pourquoi les choix des autres sont-ils plus réels pour toi que tes choix ?

Participante du Salon :

Parce que je les autorise à affecter ma vie.

Gary :

Pourquoi ?

Participante du Salon :

Parce que ce sont les gens que je choisis d'être dans ma vie.

Gary :

Oh, tu veux dire tu choisis d'être eux dans ta vie au lieu de choisir d'être avec eux dans ta vie. Tu as dit : « Ce sont les gens que je choisis d'être dans ma vie. » Tu aimes être eux quand tu es avec eux, alors au lieu d'être avec eux, tu es eux. Tu ne restes pas toi. Tu te détruis toi pour être avec eux.

Être eux signifie tu dois devenir eux, ce qui signifie tu dois les laisser choisir ce qui fonctionne pour toi. Tu décris exactement la façon dont les choses se passent pour toi. Tu es eux au lieu d'être avec eux. Quand tu es quelqu'un dans une relation, tu t'abandonnes toi pour eux. Toujours.

Participante du Salon :

O.K., alors quand quelqu'un choisit quelque chose, comment est-ce que je fais pour que cela n'ait pas d'impact sur ma vie ? C'est mon but.

Gary :

Oui, mais si tu es eux, cela a un impact sur ta vie.

Participante du Salon :

À chaque fois que tu dis : « Tu es eux », je reçois un choc électrique.

Gary :

Quelle invention utilises-tu pour créer le manque de toi dans chaque relation choisis-tu ? Tout ceci, un dieulliard de fois, vas-tu le détruire et le décréer en totalité ? Right and Wrong, Good and Bad, POD and POC, All Nine, Shorts, Boys and Beyonds.

Participante du Salon :

Alors, être avec eux devrait tout inclure et ne pas avoir d'impact sur ma vie ?

Gary :

Être avec eux ne devrait pas te limiter ni t'arrêter.

Participante du Salon :

Ce qui remonte pour moi, c'est : « C'est la seule façon d'avoir une relation, Gary. »

Gary :

Bonne idée. Ou pas !

Participante du Salon :

Ça a été ma seule façon d'être jusqu'à présent. Il est temps de changer ça.

Gary :

Quelle invention utilises-tu pour créer le manque de toi dans chaque relation choisis-tu ? Tout ceci, un dieulliard de fois, vas-tu le détruire et le décréer en totalité ? Right and Wrong, Good and Bad, POD and POC, All Nine, Shorts, Boys and Beyonds.

Participante du Salon :

Quelque chose d'autre est possible, à part cela ? Encore une fois s'il te plaît !

Gary :

Quelle invention utilises-tu pour créer le manque de toi dans chaque relation choisis-tu ? Tout ceci, un dieulliard de fois, vas-tu le détruire et le décréer en totalité ? Right and Wrong, Good and Bad, POD and POC, All Nine, Shorts, Boys and Beyonds.

Te garder hors de l'existence

Participante du Salon :

Est-ce aussi comme cela que je maintiens la séparation en existence ?

Gary :

Non, c'est comme cela que tu te maintiens, toi, hors de l'existence.

Participante du Salon :

Waouh. Oui !

Participante du Salon :

Quand K parlait juste avant, comment elle choisit selon les choix des autres, j'ai réalisé que, moi aussi, j'ai fait ça.

Gary :

Quand tu décides que tu aimes quelqu'un, que ce soit un homme ou une femme ou un ami, de combien de toi dois-tu divorcer afin de créer cela ? Le manque de toi.

Participante du Salon :

Et le toi, c'est ce que tu choisis ?

Gary :

C'est qui tu es dans ces dix secondes.

Participante du Salon :

Comment divorces-tu de toi quand tu aimes quelqu'un ?

Gary :

Tu essaies de continuer à prouver que tout ce qu'il faut, c'est apprécier quelqu'un suffisamment. La réalité, c'est que tu dois plus que t'apprécier. Tu dois faire quelque chose de différent, comme t'aimer toi.

Participante du Salon :

Veux-tu dire que ce que je sentais est vrai, qu'il n'y a pas d'amour réel ?

Gary :

Oui, tu défends que l'amour est réel.

> Toutes celles d'entre vous qui défendez la réalité de l'amour, allez-vous détruire et décréer tout cela ? Right and Wrong, Good and Bad, POD and POC, All Nine, Shorts, Boys and Beyonds.

C'est le « ce que » tu sentais. Qui défends-tu et que défends-tu ? Tu défends l'idée qu'il doit y avoir une certaine justesse dans l'amour que tu choisis pour chaque personne que tu choisis d'aimer. Le fait de choisir de les aimer est plus important que d'être toi.

> Pour ou contre qui ou quoi te défends-tu que si tu ne te défendais pas pour ou contre te changerait toute la réalité ? Tout ceci, un dieulliard de fois, vas-tu le détruire et le décréer en totalité ? Right and Wrong, Good and Bad, POD and POC, All Nine, Shorts, Boys and Beyonds.

Laisser-être et avoir la grandeur de toi

Participante du Salon :
Peux-tu parler du laisser-être ?

Gary :
Si tu défends quoi que ce soit, es-tu dans le laisser-être de quiconque ?

Participante du Salon :
Non.

Gary :
Es-tu dans le laisser-être de toi ?

Participante du Salon :
Non.

Gary :
Pourquoi n'es-tu pas dans le laisser-être de toi ?

Participante du Salon :
Parce que je ne suis pas vraiment en train d'être moi.

Gary :
Non, parce que tu n'as aucun accès à la grandeur de toi.

Quelle stupidité utilises-tu pour te défendre contre la grandeur de toi choisis-tu ? Tout ceci, un dieulliard de fois, vas-tu le détruire et le décréer en totalité ? Right and Wrong, Good and Bad, POD and POC, All Nine, Shorts, Boys and Beyonds.

Participante du Salon :

Tu as dit que je n'ai aucun accès à la grandeur de moi. Quelle est la différence entre avoir et être ?

Gary :

Si tu ne peux pas être toi, tu ne peux pas avoir et si tu ne peux pas avoir, tu ne peux pas être. Avoir est la volonté de tout voir et de ne pas avoir de jugement dessus. Tu choisis qui et ce que tu as, d'après ce que tu juges. Cela détermine ce que tu peux être.

Participante du Salon :

Waouh, tout cela est limitant.

Gary :

Oui, c'est limitant au lieu d'être illimitée et de tout avoir. Une fois que tu sais que tu peux tout avoir, en fait, tu as le choix. Quand tu ne peux avoir que ce que les autres sont disposés à te donner, alors tu n'as pas le choix.

Participante du Salon :

Comment cela entre-t-il en ligne de compte avec le « je n'ai pas besoin » ?

Gary :

La plupart des gens font : « Je peux avoir ça » ou « J'ai besoin de ça ».

Quand tu peux avoir, tu n'as besoin de rien. Tu peux choisir. Si tu n'aimes pas les hommes et que tu le sais, il n'y a rien de mal à cela.

C'est : « Qu'est-ce que j'aimerais choisir ici ? Aimerais-je choisir les femmes ? Aimerais-je choisir de ne pas avoir de relations sexuelles ? Ou aimerais-je choisir autre chose ? » Tu peux alors explorer la question de ce que tu aimerais vraiment choisir.

Mais quand tu as le point de vue que tu dois avoir un homme ou une relation ou de l'argent pour être entière, tu limites le choix pour préférer ne pas avoir. Afin de ne pas avoir, tu dois ne pas être.

Participante du Salon :

Tu disais : « Ne pas avoir besoin ». Je ne comprends pas.

Gary :

Si tu n'as aucun besoin, peux-tu tout avoir ?

Participante du Salon :

Oui.

Gary :

Tu comprends maintenant ?

Participante du Salon :

Oh, je vois. Je pensais que c'était une erreur.

Gary :

Je sais. Ce n'est pas une erreur. Tu ne m'écoutes jamais. On est mariés ?

Participante du Salon :

Je saisis. Ça change tellement tout.

Inspirer le gars

Participante du Salon :

Quand tu vis avec quelqu'un, comment faire pour ne pas relever tous ses trucs ? Comment faisons-nous, en tant que femmes humanoïdes qui créent leur futur pour inspirer leur partenaire pour créer une réalité différente ?

Gary :

Tu dois inspirer le mec pour qu'il pense que c'est lui qui a eu l'idée qu'il va instituer. Alors tu dis : « J'ai l'impression que ça pourrait être possible. Qu'en penses-tu, chéri ? » Quand il revient vers toi et qu'il te dit qu'il pense que c'est une super idée, il va le faire.

Tu dois être un peu plus attentive dans ta façon de créer les choses. Demande :

- Qu'est-ce que je veux créer ici ?
- Qu'est-ce qui est réellement possible ?
- De quoi est-il en fait capable qu'il n'a pas encore reconnu ?
- Qu'est-ce que je crois que je dois faire ?
- Qu'est-ce que je dois faire pour l'inspirer encore plus ?

Participante du Salon :

Je remarque que je défends la croyance négative d'avoir le sentiment d'être un imposteur. J'ai l'impression que je fais semblant.

Gary :

Tu es un imposteur et tu fais semblant. Ce n'est pas un tort. C'est comme cela que tu commences à créer – en prétendant être capable de faire quelque chose que tu ne penses pas pouvoir faire… jusqu'à ce que tu puisses le faire. Tu es capable d'en faire plus que la plupart des gens au monde et tu continues à te comporter comme si tu pouvais en faire moins. Pourquoi ? Je n'arrête pas de vous dire que vous êtes des humanoïdes. Cela fait de vous des « bons en tout, mauvais en rien ». Tu n'as pas de problèmes. Pourquoi continues-tu à essayer de créer le fait que tu as des problèmes ?

Tout ceci, un dieulliard de fois, vas-tu le détruire et le décréer en totalité ? Right and Wrong, Good and Bad, POD and POC, All Nine, Shorts, Boys and Beyonds.

Tu ne peux pas créer le futur en te focalisant sur les limitations

Participante du Salon :

Est-ce qu'on peut parler du corps et de créer le futur qu'on aimerait avoir ? Beaucoup de choses sont en train de changer dans mon corps avec les classes que j'ai faites récemment et du fait d'être dans la question de quelles capacités j'ai pour changer n'importe quelles limitations.

Gary :

Limitations ? Pourquoi est-ce que tu focalises sur les limitations au lieu de sur ce dont tu es capable ?

Participante du Salon :

C'est ce que j'ai dit. Quelles capacités ai-je qui pourraient défaire mes limitations ?

Gary :

Oui, mais tu continues à regarder les limitations. Tu dois regarder cela à partir de : « Quelles capacités ai-je que je n'ai pas encore instituées, générées ni créées ? »

Nous avons tendance à nous focaliser sur les limitations comme si les limitations allaient créer. Les limitations ne font rien d'autre que valider les limitations. La création ne se produit que lorsque nous sommes prêts à entrer dans la création. Tu dois regarder cela : « Que suis-je capable de générer, créer et instituer physiquement que je n'ai jamais encore considéré ? »

Participante du Salon:

Merci. C'est ce que je cherchais. Peux-tu parler d'être hors définition avec le corps ?

Gary :

Si tu entres dans n'importe quelle sorte de limitation, en pensant qu'il y a un problème avec ton corps ou si tu cherches un problème ou ce qui ne marche pas pour ton corps ou ce qui ne va pas avec ton corps, tu considères les choses sous l'angle de la limitation. Tu n'es pas hors contrôle, hors définition, hors limitation, hors forme, structure ou signification, hors linéarités et concentricités pour toute l'éternité.

> Quelle énergie, espace et conscience pouvons-nous être mon corps et moi qui nous permettraient d'être hors contrôle, hors définition, hors limitation, hors forme, structure ou signification, hors linéarités et concentricités pour toute l'éternité. Tout ceci, un dieulliard de fois, vas-tu le détruire et le décréer en totalité ? Right and Wrong, Good and Bad, POD and POC, All Nine, Shorts, Boys and Beyonds.

C'est là où tu commences à chercher ce qui pourrait être possible au lieu de ce que tu penses ne pas être possible.

Participante du Salon :

Mon mari n'arrête pas de dire : « Je veux que tu changes. » Il veut que je gagne de l'argent mais je vois que tout ce que je fais contribue à ce qu'on ait tout l'argent que nous avons. Est-ce que je suis en train de défendre quelque chose ?

Gary :

Il veut que tu aies un travail.

Participante du Salon :

J'ai joué à ce petit jeu pendant des années. Je suis allée chercher du travail et alors il s'en plaint. Je ne vis toujours pas ma vie pour moi-même. Dois-je poser une question comme « si je vivais vraiment la vie pour moi, qu'est-ce que je choisirais ? » ?

Gary :

C'est une bonne question.

Participante du Salon :

Je sais que je peux faire que tout marche dans ma relation et dans ma vie, mais parfois il y a des choses avec lesquelles je ne veux pas jouer.

Gary :

Quelle est la limitation ici ? Tu es allée dans le passé. Tu n'as pas commencé à créer le futur. Si tu allais au combat pour avoir une vie à partir du futur, qu'est-ce qui en vaudrait la peine pour toi ? Qu'est-ce que tu choisirais ? Qu'est-ce que tu recherches ? Tu veux être une guerrière qui se bat pour créer le futur qui n'a jamais encore existé ici – et ce serait un monde durable et non un monde conflictuel.

Participante du Salon :

A l'instant, quand tu parlais à N du corps, j'ai compris que tout ce que je commence est fondé sur la limitation. Je ne crée pas le futur.

Gary :

C'est exact. Tu essaies de créer le futur en créant à partir du passé. Pour toi, la limitation a plus de valeur que la possibilité. Tu donnes à la limitation plus de valeur qu'à la possibilité.

Participante du Salon :

C'est ma vie en grande partie. Faire un régime, de la gym, faire tourner une affaire, prendre soin de mon fils. Je vois que je pars de la limitation. Je veux réparer et guérir la limitation et c'est comme si je voulais faire le saut depuis la limitation vers le futur mais, en fait, je suis coincée dans la limitation.

Gary :

Oui parce que tu rends la limitation réelle. Tu n'es pas prête à bouger vers quelque chose de plus vaste.

Participante du Salon :

Si je ne pars pas de la limitation, quelle est la question que je devrais poser ? Si tout est fondé pour moi sur la limitation, comment est-ce que je fais ça ?

Gary :

Qu'est-ce que tu veux créer ?

Participante du Salon :

Je veux créer une réalité différente pour tout.

Gary :

Alors pourquoi tu ne crées pas cela au lieu d'essayer de défaire la limitation ?

Participante du Salon :

C'est ce que je pensais devoir faire.

Gary :

Tu veux te débarrasser des limitations quand tu en croises une, mais tu dois commencer à créer le futur ou sinon tu ne vas avoir à faire qu'aux limitations. Participante du Salon : Merci. En réalité, il ne s'agit pas de se débarrasser de la limitation. Il s'agit de créer le futur et de gérer la limitation éventuelle quand elle se présente.

Gary :

Exactement, si tu ne crées pas le futur, tu choisis de donner crédit à la limitation et de la rendre plus importante et plus réelle que ta capacité créative.

Participante du Salon :

Oui, c'est très cool. Merci.

Gary :

Ne te fixe pas sur le passé. Crée le futur. Tant que tu te fixes sur le passé, tu essaies de résoudre le problème que tu as créé avant tout. Au lieu de cela, demande :

> Quelle invention est-ce que j'utilise pour créer le problème que je choisis ? Tout ceci, un dieulliard de fois, vas-tu le détruire et le décréer en totalité ? Right and Wrong, Good and Bad, POD and POC, All Nine, Shorts, Boys and Beyonds.

Sois toujours la guerrière de la création du futur qui n'existe pas encore. Tant que tu cherches à créer un futur qui n'existe pas encore, tu es à la pointe créative de la possibilité. Sois dans la question. La question n'est pas « qu'est-ce qui ne va pas chez moi ? » ou « comment je dépasse le jugement de moi-même ? ». La question est « pour quelle raison est-ce que je me jugerais ? ». Pourquoi te jugerais-tu au lieu de jouir de toi ?

Si tu as une relation avec quelqu'un, tu dois demander : « En vérité, qu'est-ce qui va rendre cette personne heureuse ? » Tu dois aussi saisir qu'il y a des personnes qui ne veulent pas être heureuses. Elles sont dans l'illusion de ce qu'elles pensent que leur relation est censée être. Quand c'est le cas, ma façon de faire les choses est de dire à cette personne : « Montre-moi un exemple d'une relation qui marche comme tu penses qu'une relation devrait marcher. »

Tu serais étonnée du petit nombre de personnes interrogées qui sont capables de te montrer les relations qui marchent comme elles pensent que doivent marcher les relations. C'est parce qu'elles n'utilisent pas ce qui marcherait vraiment dans une relation mais ce qu'elles pensent qu'elles devraient choisir.

> Quelle stupidité utilises-tu pour éviter le futur que tu pourrais créer et choisir ? Tout ceci, un dieulliard de fois, vas-tu le détruire et le décréer en totalité ? Right and Wrong, Good and Bad, POD and POC, All Nine, Shorts, Boys and Beyonds.

Quelle stupidité utilises-tu pour éviter les capacités de création que tu pourrais choisir mais que tu refuses de choisir pour être sûre que tu n'aies pas à vraiment être ? Tout ceci, un dieulliard de fois, vas-tu le détruire et le décréer en totalité ? Right and Wrong, Good and Bad, POD and POC, All Nine, Shorts, Boys and Beyonds.

Avoir la clarté de ce que tu veux

Participante du Salon :

J'aimerais vraiment créer un homme dans ma vie. Peut-être du sexe. Quand je suis avec des hommes, je demande : « Qu'est-ce que cela créerait dans cinq ans ? » et, généralement, je ne perçois rien d'expansif.

Gary :

Est-ce que tu choisis des hommes qui pourraient réellement générer et créer davantage dans ta vie ? As-tu déjà choisi cela dans le passé ?

Participante du Salon :

Absolument pas.

Gary :

Alors tu n'as pas une image claire de ce que tu veux.

Participante du Salon :

C'est exact. Tu as demandé : « Et si tu choisissais quelqu'un qui te sortirait au restaurant, qui te traiterait bien et t'achèterait des bijoux ? » Ça a l'air bien. Ça sonne autrement. C'est un peu vague. J'aime vraiment les hommes. Je sais que j'ai créé jusqu'à présent des trucs qui craignent. Je n'avais pas la clarté.

Gary :

Quelle stupidité utilises-tu pour créer l'évitement de la conscience avec les hommes que tu pourrais choisir ? Tout ceci, un dieulliard de fois, vas-tu le détruire et le décréer en totalité ? Right and Wrong, Good and Bad, POD and POC, All Nine, Shorts, Boys and Beyonds.

Tu dois reconnaître qu'un homme ni ne créé ni ne détruit ta vie. Les hommes sont là pour être un plus dans ta vie. Si tu ne crées pas une relation avec un homme comme un plus dans ta vie, es-tu toi-même ?

Participante du Salon :
Non.

Gary :
Tu dois faire cela. Est-ce que ça t'aide ? Fais tourner ce processus encore et encore.

Quelle stupidité utilises-tu pour créer l'évitement de la conscience avec les hommes que tu pourrais choisir ? Tout ceci, un dieulliard de fois, vas-tu le détruire et le décréer en totalité ? Right and Wrong, Good and Bad, POD and POC, All Nine, Shorts, Boys and Beyonds.

Pour vous toutes, si vous n'avez pas encore regardé en face ce qui est vrai pour vous avec les hommes, plus que tout, vous devez être honnêtes avec vous-mêmes. Je connais des femmes qui disent : « Je dois absolument avoir une relation ! »

Une dame est venue à Access Consciousness, a assisté à beaucoup de classes et puis, un jour, elle a abandonné. Je lui ai demandé : « Comment peux-tu abandonner ? »

Elle a répondu : « Parce que la seule chose que je voulais, c'était la capacité de savoir que c'était O.K. que je n'aie pas de copain et d'être capable de gérer ça avec les amis qui me faisaient chier sur le fait que je devais avoir un copain. Avec Access Consciousness, j'ai découvert que je n'avais pas besoin ou pas de désir d'avoir un copain. Je suis parfaitement heureuse d'être seule. »

Je lui ai dit : « Bien. »

Elle a dit : « J'ai eu ce que j'étais venue chercher. »

C'est comme cela que tu dois voir les choses. Demande-toi :

- Pourquoi est-ce que je fais vraiment cela ?
- Qu'est-ce que je veux ?

Sois claire sur ce que tu veux. Qu'est-ce que tu veux vraiment dans une relation ? Est-ce que tu veux une camaraderie masculine ? Comment peux-tu avoir ça ? Trouve-toi un ami. Fais-le et tu auras le meilleur des deux mondes. Tu n'as pas à coucher avec lui et tu peux aller faire du shopping avec lui. Tu peux parler de tout avec lui et quoi d'autre est possible ? Ce serait comment si tu t'accordais cela ?

Tu dois être prête à voir ce qui est vrai pour toi. Alors tu peux créer un futur avec beaucoup d'aisance. Tu verras que tu es prête à avoir tout ce qui vient – ou bien tu sauras que ce n'est pas suffisant ou que tu veux quelque chose de plus grand ou plus. Cela aussi, c'est précieux. C'est : « Qu'est-ce que je veux vraiment créer ici ? »

Participante du Salon :
Lors de la première téléclasse, tu as parlé de la façon dont on nous inculque l'idée du prince charmant qui nous emmène sur son cheval blanc. Tu as dit que ce n'était pas clair pour toi ce qui pouvait avoir créé cela. Est-ce plus clair pour toi maintenant ?

Gary :
Non, c'est un mythe existant dans notre société. Si tu peux être accro à l'idée du prince sur son cheval blanc, alors tu n'as pas à être toi. Si tu es toujours en train de chercher quelqu'un qui doit te sauver, dois-tu alors te sauver ?

Ce que tu penses est ce qui arrive dans ta vie

Participante du Salon :

En ce moment, je sens qu'il y a un mélange de choses super qui se passent dans ma vie. Je me sens comme un aimant à merde. J'ai écrasé le flux d'argent qui venait vers moi. Quelle est ton idée là-dessus ?

Gary :

Y avait-il une question dans tout cela ? Tout ce que tu as fait, c'est de conclure : « Je suis un aimant à merde. Je crée de la merde. Rien ne fonctionne. » Ça marche pour toi ?

Participante du Salon :

Non, cela ne marche pas. Merci

Gary :

« Pourquoi il y a toute cette merde dans ma vie ? » n'est pas une question. C'est une affirmation avec un point d'interrogation à la fin. Tu devrais demander :

- Qu'est-ce qu'il faudrait pour changer cela ?
- Que puis-je être de différent ?
- Qu'est-ce que je ne choisis pas d'être qui changerait tout cela si je choisissais de l'être ?

Tu dois comprendre :

- Qu'est-ce qui marche pour moi ?
- Qu'est-ce que j'aime ?
- Qu'est-ce que je veux faire et qui rend ma vie amusante et belle ?

As-tu envisagé cela ?

Participante du Salon :

Oui, je l'ai fait.

Gary :

Mais tu ne l'as pas trouvé. Tu ne peux pas le trouver tant que tu penses que tu es un aimant à merde. Ce que tu penses est ce qui arrive dans ta vie. Tu as fabriqué des déterminations et des décisions selon lesquelles tu es un aimant à merde.

> Partout où tu as décidé que tu es un aimant à merde, et toutes celles d'entre vous qui sont douées pour ramasser des hommes ou des femmes merdiques, allez-vous détruire et décréer tout cela ? Right and Wrong, Good and Bad, POD and POC, All Nine, Shorts, Boys and Beyonds.

Félicitations, Mesdames, vous avez réussi en un battement de cils à vous transformer en un tas de merde. N'êtes-vous pas fières de vous ?

Participante du Salon :

Merci, Gary.

L'espace de l'être

Participante du Salon :

Il y a des fois où mon corps se sent vraiment vivant et excité et, pendant un moment, je suis plutôt présente dans mon corps. Dernièrement, cependant, on dirait que je me suis éteinte. J'ai besoin de clarté là-dessus.

Gary :

Quelle valeur y a-t-il à t'éteindre ?

Participante du Salon :

J'ai compris que je ne suis pas dangereuse quand je suis éteinte.

Gary :

Quelle valeur y a-t-il à t'immobiliser ? Tout ceci, un dieulliard de fois, vas-tu le détruire et le décréer en totalité ? Right and Wrong, Good and Bad, POD and POC, All Nine, Shorts, Boys and Beyonds.

Participante du Salon :

Ce processus sur la valeur de m'immobiliser, est-ce cela que j'ai verrouillé dans mon corps ?

Gary :

Tu t'es verrouillée, toi et ton corps, avec cela. Continue à le passer en boucle.

Quelle stupidité utilises-tu pour créer les inventions, les intensités artificielles et les démons de défendre l'état ou la position au lieu de l'espace d'être choisis-tu ? Tout ceci, un dieulliard de fois, vas-tu le détruire et le décréer en totalité ? Right and Wrong, Good and Bad, POD and POC, All Nine, Shorts, Boys and Beyonds.

Participante du Salon :

Peux-tu parler un peu plus de ce déblayage ?

Gary :

Il y a les lieux, les états et les temps de l'être. L'espace de l'être inclut tout et ne juge rien. L'espace de l'être t'amène à l'unité que tu es et te donne plus de choix. Tu dois être prête à être l'espace de l'être, ce qui veut dire que tu n'as aucune définition. Par exemple, il y a des gens qui ont le sentiment d'eux-mêmes, le sentiment de savoir qu'ils sont, quand ils sont dans les bois.

M disait qu'elle a l'impression de ne plus avoir de définition d'elle-même. C'est parce que, quand tu es toi, il n'y a pas de définition d'être toi. Tu es ça et c'est tout et rien d'autre n'est possible, disponible ni nécessaire.

Participante du Salon :

J'ai demandé : « Quoi d'autre est possible ici dont je n'ai même pas conscience ? » Y a-t-il une autre question que je peux poser ?

Gary :

Demande : « Quel espace de conscience puis-je être aujourd'hui qui me permettrait d'être tout de moi et de ne jamais quitter ? »

Participante du Salon :

Gary, est-ce que je me connecte à l'unité ou est-ce que je disparais ?

Gary :

Je ne peux pas répondre à cette question. Donne-moi plus d'information.

Participante du Salon :

Lorsque je ne ressens absolument rien et je ne sens rien…

Gary :

Si tu es l'espace d'unité et de conscience, tu sens tout et rien n'est pertinent ni important. Si tu ne ressens rien, tu te rends toi-même inexistante.

> Quelle invention j'utilise pour créer la non-existence de moi est-ce que je choisis ? Tout ceci, un dieulliard de fois, vas-tu le détruire et le décréer en totalité ? Right and Wrong, Good and Bad, POD and POC, All Nine, Shorts, Boys and Beyonds.

Univers conflictuels

Participante du Salon :

On dirait qu'il y a un combat ou un désespoir à exister et ça me met en colère de ne même pas avoir le désespoir.

Gary :

J'ai une question. Es-tu bipolaire ?

Participante du Salon :

J'obtiens un oui mais je ne sais pas ce que cela veut dire.

Gary :

Cela veut dire que tu as un univers positif qui est négatif et un univers négatif qui est positif. Tu es en état permanent de conflit avec toi-même.

> Quelle stupidité utilises-tu pour créer l'univers conflictuel que tu choisis ? Tout ceci, un dieulliard de fois, vas-tu le détruire et le décréer en totalité ? Right and Wrong, Good and Bad, POD and POC, All Nine, Shorts, Boys and Beyonds.

Participante du Salon :

J'essaie d'être tellement normale. Je ne sais pas ce que je suis.

Gary :

Pourquoi veux-tu être normale ?

Participante du Salon :

Ces choses semblent être mauvaises et fausses. Tu viens juste de poser un diagnostic sur moi. Personne ne m'a parlé et dit que j'étais mauvaise et que j'avais tort.

Gary :

Personne ne te l'a jamais dit ?

Participante du Salon :

Personne ne me l'a dit. Devrais-je être enfermée dans un asile ? Pourquoi je ne peux pas être heureuse ? Quand tu as dit cela, j'ai ressenti un tel soulagement et pourtant…

Gary :

Fais le processus sur les univers conflictuels. C'est là où le truc homme/femme entre en jeu. Il y a un état permanent d'univers conflictuel concernant les hommes, les femmes, la copulation et les relations. Ce sont des univers totalement conflictuels. Vous êtes tous bipolaires quand il s'agit de cela.

> Quelle stupidité utilises-tu pour créer les univers conflictuels que tu choisis ? Tout ceci, un dieulliard de fois, vas-tu le détruire et le décréer en totalité ? Right and Wrong, Good and Bad, POD and POC, All Nine, Shorts, Boys and Beyonds.

Participante du Salon :

Est-ce vrai aussi avec les corps ?

Gary :

Oui, si tu es en conflit avec ton corps, c'est la même chose.

Participante du Salon :

C'est très cool. Merci.

Gary :

> Quelle stupidité utilises-tu pour créer les univers conflictuels que tu choisis ? Tout ceci, un dieulliard de fois, vas-tu le détruire et le décréer en totalité ? Right and Wrong, Good and Bad, POD and POC, All Nine, Shorts, Boys and Beyonds.

Participante du Salon :

Est-ce que tu es en train de dire que tout cela est un choix et une création ? Que nous le fabriquons ?

Gary :

Tu es en train de créer le conflit au lieu de la possibilité, n'est-ce pas ? Si tu es en jugement constant de toi, qu'est-ce que tu crées ? Est-ce que tu crées ou est-ce que tu détruis ?

Participante du Salon :

Je détruis.

Gary :

Tu t'impliques dans ces choses et tu choisis les conflits au lieu des possibilités. Au lieu de cela, considère la question, le choix, la possibilité et la contribution. Tu dois demander :

- ▸ Qu'est-ce qui est possible ici que je n'ai pas encore envisagé ?
- ▸ Quels choix ai-je auxquels je n'ai pas encore pensé ?

Quand vous devez lâcher tout ce que vous voulez afin que quelqu'un d'autre ait ce qu'il ou elle veut, c'est un univers conflictuel. Vous êtes en conflit les uns avec les autres, ce qui explique pourquoi la plupart des relations sont si difficiles. La plupart du temps, vous essayez de faire en sorte que l'autre personne soit d'accord avec vous pour qu'elle voie que vous êtes d'accord avec elle et que, finalement, elle obtienne ce qu'elle voulait. Est-ce que ça marche ?

Participante du Salon :

Non.

Gary :

Pour qu'il y ait un conflit entre les hommes et les femmes, cela requiert que tu te coupes de ta conscience. Pour avoir cet espace où créer le conflit dans ta vie, tu dois te couper de ta conscience. À chaque fois que tu te trouves dans un espace où tu essaies de créer quelque chose qui ne marche pas dans ta vie, tu crées un univers conflictuel. C'est un univers conflictuel parce que tu n'es pas en communion avec toutes les choses et tu ne peux pas choisir toutes les choses. Tu pourrais tout choisir si tu voulais vraiment le choisir, mais tu dois saisir quand tu crées des univers conflictuels et fonctionner à partir d'un espace un peu différent.

Dans ma propre vie, quand Dain ramenait quelqu'un pour la nuit, je me sentais tout bizarre et en conflit. Je n'arrivais pas à savoir quel était le conflit. Je disais : « Oh, je n'aime pas quand il ramène des gens ici. » Puis je me suis dit : « Attends une minute, cela n'a aucun sens. Ça ne peut pas être mon monde. Qu'est-ce que je suis en train de créer ici ? »

J'ai compris que je créais un espace où je croyais que si j'avais un problème avec ça, alors j'aurais quelque chose dont je devais m'occuper. Ce conflit était en fait celui des gens avec qui il était – parce que les personnes avec qui il couchait étaient en conflit par rapport à ce qu'elles choisissaient. Elles étaient en conflit avec ce qu'elles choisissaient. Une fois que j'ai compris cela, je n'avais plus à me sentir en conflit. J'avais plus de clarté et je savais ce qui était vrai pour moi. Mais j'ai dû dépasser l'idée que j'avais moi un conflit avec ça ou que moi j'avais un problème. Partout où vous faites « j'ai un problème avec ce truc », vous fonctionnez à partir d'un univers conflictuel.

Quelle stupidité utilises-tu pour créer les univers conflictuels que tu choisis ? Tout ceci, un dieulliard de fois, vas-tu le détruire et le décréer en totalité ? Right and Wrong, Good and Bad, POD and POC, All Nine, Shorts, Boys and Beyonds.

Les corps et un univers conflictuel

Participante du Salon :

Peux-tu en dire plus sur les corps et l'univers conflictuel ? Comment cela se manifeste-t-il ?

Gary :

Si tu juges ton corps, est-ce que tu cherches à avoir le changement ? Ou es-tu en conflit avec ?

Participante du Salon :

En conflit.

Gary :

Oui, à chaque fois que tu juges ton corps, tu es en conflit avec. Tu ne regardes pas ce qui est possible et tu ne regardes pas ce que tu peux être ou faire que tu n'as même pas encore considéré.

Participante du Salon :

Y a-t-il un processus spécifique pour le corps à part celui que tu as donné ?

Gary :

Celui que j'ai donné est le meilleur.

Participante du Salon :

Super, merci.

Gary :

J'aime les questions que vous trouvez.

Participante du Salon :

Quand tu fais ces processus, une brûlure dans la poitrine me vient. Est-ce que quelque chose est en train de bouger ?

Gary :

Oui, ce sont des trucs qui sont en train de bouger. Tu as beaucoup de points de vue sur ce que tu ressens au fond de ton cœur.

> Quelle stupidité utilises-tu pour créer les univers conflictuels que tu choisis ? Tout ceci, un dieulliard de fois, vas-tu le détruire et le décréer en totalité ? Right and Wrong, Good and Bad, POD and POC, All Nine, Shorts, Boys and Beyonds.

Participante du Salon :

Quel est le point commun entre défense, invention et univers conflictuel ?

Gary :

Un univers conflictuel est quelque chose que tu crées, tout en pensant que c'est comme cela dans cette réalité. Tu le crées pour maintenir la polarité en existence. À chaque fois que tu as deux choses qui sont différentes et polarisées, comme les hommes et les femmes, c'est un univers conflictuel – pas nécessairement une vérité.

La défense est ce que tu fais une fois que tu as décidé que ce que tu avais décidé était correct. Tu prends la décision de maintenir la défense en existence. Tu dois te battre pour ou contre ça.

L'invention est quand tu gobes le point de vue de quelqu'un d'autre. Disons par exemple que tes parents te disent que tu ne devrais pas faire x, y ou z. Dès qu'ils te disent cela, tu essaies d'inventer cela comme ton point de vue aussi. Ce n'est pas créé parce que ce n'est pas basé sur quelque chose que tu as choisi : c'est basé sur ce que tu as choisi venant des autres.

Participante du Salon :

Ce qui m'embrouille, c'est quand tu dis qu'un univers conflictuel, c'est quand tu penses que tu es supposé choisir quelque chose.

Gary :

Non, un univers conflictuel est quand tu essaies de maintenir la polarité de cette réalité. Un être infini choisirait-il vraiment cela ?

Participante du Salon :

Non.

Gary :

Est-ce que tu choisirais vraiment d'être en conflit avec les hommes ou les femmes ?

Participante du Salon :

Pas du tout.

Gary :

Tu en es sûre ?

Participante du Salon :

Si je n'étais pas dans une réalité conflictuelle, je ne vois pas pourquoi je choisirais d'être en conflit avec les hommes ou les femmes.

Gary :

Tu dois réaliser qu'il y a une possibilité différente de disponible que tu n'as pas encore considérée. Qu'est-ce qui est vraiment possible que tu n'as pas encore considéré ?

> Quelle stupidité utilises-tu pour créer les univers conflictuels que tu choisis ? Tout ceci, un dieulliard de fois, vas-tu le détruire et le décréer en totalité ? Right and Wrong, Good and Bad, POD and POC, All Nine, Shorts, Boys and Beyonds.

Ce sont tous les domaines où tu t'es laissée polariser d'une manière ou d'une autre.

Participante du Salon :

Quand tu as demandé : « Es-tu sûre ? », qu'est-ce que tu voulais dire par là ?

Les femmes qui sont en compétition avec les autres femmes

Gary :

La plupart des femmes sont en compétition avec les autres femmes. Tu dois être très claire par rapport à cela si tu n'es pas en compétition avec les femmes – parce que quand tu n'es pas en compétition avec les femmes et que les femmes font de la compétition avec toi, tu ne comprends pas ni ne saisis ça.

Participante du Salon :
Oui, ça sonne vrai.

Gary :
Il est important que tu comprennes que tu n'entres pas dans des univers conflictuels avec les femmes. Tu ne pratiques pas le jugement des femmes et la compétition avec les femmes. Mais tu dois être prête à reconnaître les femmes qui le font. Quand elles font de la compétition avec les autres femmes, elles cherchent à prouver que quelqu'un choisit mal ou fait mal. Elles sont toujours à chercher en quoi les autres femmes ont tort.

Participante du Salon :
Il y a quelque chose qui coince pour moi, en ce qui concerne la compétition avec les autres femmes. Que pouvons-nous changer à ce niveau ?

Gary :
D'abord, rends-toi compte que les femmes sont en général très compétitives. Si tu ne reconnais pas qu'elles sont compétitives, tu te diras qu'elles doivent avoir raison de te juger. Ou tu te diras qu'elles doivent avoir raison quand elles signalent quelque chose qui ne va pas chez toi ou quand elles disent : « C'est une jolie robe » et qu'elles ne le pensent pas. Tu dois voir quand les femmes font de la compétition et ne pas y adhérer.

Si tu te désengages de la compétition toi-même, finalement, cela disparaîtra avec les gens avec qui tu peux vraiment être en lien. Mais les femmes seront compétitives et tu dois le reconnaître. C'est important.

Quand tu n'entres pas dans la compétition avec les femmes, si une femme choisit de venir vers toi avec son homme, tu ne ressens pas la nécessité de la défaire ni de la dépasser. Tu saisis qu'il y a un choix différent pour toi.

Quand les femmes entrent en compétition pour les hommes,

elles mettent une pancarte ou une affiche sur les hommes avec qui elles ont des relations sexuelles et, à chaque fois qu'une autre femme entre dans la pièce, elles mettent leur marque visqueuse partout sur le mec. Elles pissent dessus pour marquer leur territoire. Les femmes et les chiens mâles ont beaucoup de points communs.

Participante du Salon :

À quoi ça ressemble quand tu ne fais pas de compétition et que tu reconnais ce que font les autres femmes ?

Gary :

Quand les femmes sont en compétition avec les autres femmes, tu ne peux pas être amie avec elles. Elles ne peuvent jamais être tes amies. Elles ne peuvent être que des connaissances. Il ne peut y avoir d'amitié entre les femmes qui sont en compétition avec les autres femmes.

Participante du Salon :

C'est ce que font la plupart des femmes.

Gary :

Si tu es prête à ne pas avoir de compétition, tu peux avoir une relation d'amitié proche. Tu dois être prête à reconnaître quelle sorte de femmes tu peux choisir comme amies et quelle sorte tu ne peux pas.

Participante du Salon :

Qu'en est-il de travailler avec de telles femmes ?

Gary :

Quand tu travailles avec des femmes qui font dans la compétition avec les femmes, tu dois laisser les hommes en dehors de l'équation ; autrement, elles trouveront un moyen de créer un problème qui leur permet d'être en compétition.

Participante du Salon :

Waouh, c'est un sujet qui me semble totalement étranger.

Gary :

Oui, tu n'es pas dans la compétition avec les femmes, donc, tu ne comprends pas comment elles fonctionnent.

Participante du Salon :

Non, je ne comprends pas.

Gary :

Tu penses qu'elles fonctionnent comme les autres gens.

Participante du Salon :

Merci pour m'avoir éclairée.

Participante du Salon :

Je suis tellement reconnaissante de ces téléclasses. Je n'avais pas réalisé à quel point le changement était possible. Si tu devais nous laisser avec le top trois des points de vue sur ce que c'est que d'être une femme sur cette planète, que dirais-tu ?

Quel genre de futur aimeriez-vous créer ?

Gary :

J'ai parlé du besoin de reconnaître que tu es capable d'être une guerrière pour créer une réalité différente ici. Tu es une guerrière pour le futur.

Combien d'entre vous regardent vers le futur et combien d'entre vous regardent le passé ? La plupart d'entre vous ont passé leur vie à regarder le tort, le passé et les choses qui ne marchent pas. Rarement vous envisagez le futur et ce qui pourrait vraiment marcher. Quel genre de futur aimeriez-vous créer ? Pourquoi votre attention n'est-elle pas portée dessus ? Chaque jour.

Ce qui m'intéresse, c'est de créer un futur. Du mieux que je le peux, je suis un homme humanoïde avec une touche féminine. Je suis prêt à envisager ce qui pourrait créer un futur et quel genre de futur je peux créer. Je m'efforce toujours de créer tout de différent. Avec mon propre business, chaque jour, j'envisage « qu'est-ce que dois être ou changer pour rendre ceci meilleur, plus grand ou différent ? ». Cela ne marchera pas jusqu'à ce que je sois prêt à créer quelque chose de différent. Pour moi, créer quelque chose de différent, c'est le plus grand cadeau que je puisse me faire à moi-même. Il est toujours question de créer un futur qui n'a pas encore existé.

Tu dois commencer à réfléchir à comment créer un futur qui n'a pas encore existé ici. Si tu fonctionnes à partir de cette question, beaucoup de problèmes que tu as avec le mariage et tout le reste vont disparaître. Tu dois commencer à explorer en partant de : Si je créais le futur que je désire avoir, à quoi cela ressemblerait-il ?

▸ Quel ressenti cela aurait-il ?

C'est une possibilité différente. Cela doit être quelque chose de plus grand. Vous devez être prêtes à choisir cela.

Bon, Mesdames, soyez conscientes s'il vous plaît, car la conscience est le plus grand cadeau que vous pouvez vous faire à vous-même.

J'espère que vous avez apprécié ces classes autant que moi. Merci à toutes pour le cadeau de vos questions.

Participantes du Salon :
Merci à toi, Gary.

Participante du Salon :
Tant de gratitude. Merci !

La formule de déblayage d'Access Consciousness

Tu es le seul qui puisse déverrouiller les points de vue qui t'ont piégé. Ce que j'offre ici avec le processus de déblayage est un outil que tu peux utiliser pour changer l'énergie des points de vue qui t'ont verrouillé dans des situations immuables.

Tout au long de ce livre, je pose beaucoup de questions, et certaines de ces questions pourraient vous déboussoler un petit peu. C'est bien mon intention. Les questions que je pose sont conçues pour sortir votre mental du cadre afin que vous puissiez accéder à l'énergie d'une situation.

Une fois que la question t'a déboussolé et a fait remonter l'énergie d'une situation, je demande si tu es disposé à détruire et décréer cette énergie, parce que l'énergie bloquée est la source de barrières et de limitations. Détruire et décréer cette énergie va ouvrir la porte à de nouvelles possibilités pour toi. C'est ton opportunité pour dire : « Oui, je suis prêt à lâcher ce qui maintient cette limitation en place. »

Ça sera suivi par des paroles bizarres que nous appelons la formule de déblayage :

Right and Wrong, Good and Bad, POD and POC, All Nine, Shorts, Boys, and Beyonds®

Avec la formule de déblayage, nous retournons à l'énergie des limitations et des barrières qui ont été créées. Nous examinons les énergies qui nous empêchent d'avancer et de prendre de l'expansion dans tous les domaines où nous aimerions aller. La formule de déblayage est simplement une formule raccourcie qui s'adresse aux énergies qui créent les limitations et les contractions dans notre vie.

Plus tu utilises la formule de déblayage, plus cela va profond et peut déverrouiller pour toi davantage de couches et de niveaux. Si beaucoup d'énergie remonte pour toi en réponse à une question, il se peut que tu aies envie de répéter le processus de nombreuses fois jusqu'à ce que le sujet en question ne soit plus un problème pour toi.

Tu n'as pas besoin de comprendre les mots de la formule de déblayage pour qu'elle fonctionne parce qu'il s'agit de l'énergie. Cependant, si tu es intéressé de savoir ce que signifient les mots, quelques définitions brèves sont données ci-dessous.

Right and wrong, good and bad : Juste et faux, raison et tort, bon et mauvais, bien et mal : est un raccourci pour « qu'est ce qui est bien, bon, parfait et correct à ce sujet ? Qu'est-ce qui est mal, mauvais, horrible, mesquin, vicieux et terrible à ce propos ». La version raccourcie de ces questions est « qu'est ce qui est juste et faux, raison et tort, bon ou mauvais, bien et mal ? » Ce sont les choses que nous considérons comme bien, bonnes, parfaites et/ou correctes qui nous engluent le plus. Nous ne souhaitons pas les lâcher puisque nous avons décidé que nous avions tout bon.

POD représente le « point de destruction » (point of destruction en anglais), tous les moyens par lesquels tu t'es détruit toi-même afin de maintenir en existence tout ce que tu es en train de déblayer.

POC signifie « point de création » (point of creation en anglais) des pensées, sentiments, émotions précédant immédiatement ta décision de verrouiller l'énergie en place.

Parfois les gens disent : « POD et POC-le », ce qui est simplement un raccourci pour la formule plus longue. Quand tu « POD et POC » quelque chose, c'est comme tirer la carte de base d'un château de cartes. Tout l'édifice s'écroule.

All Nine : Tous les 9 représentent les neuf différentes façons que tu as créé cette chose comme une limitation dans ta vie. Ce sont les couches de pensées, sentiments, émotions et points de vue qui créent la limitation comme solide et réelle.

Shorts : *Raccourcis est* la version raccourcie d'une série bien plus longue de questions qui inclut : qu'est-ce qui est significatif à ce sujet ? Qu'est-ce qui n'a aucun sens à ce sujet ? Quelle est la punition pour cela ? Quelle est la récompense de ceci ?

Boys : *Les gars* représente des structures énergétiques appelées des sphères nucléées. Fondamentalement, elles ont à voir avec ces domaines de notre vie où nous avons essayé de gérer quelque chose continuellement sans aucun effet.

Il y a au moins treize différents types de ces sphères qui sont collectivement appelées « les gars ». Une sphère nucléée ressemble aux bulles créées quand tu souffles dans une de ces pipes à bulles d'enfant qui a des réservoirs multiples. Cela crée une quantité énorme de bulles et quand tu éclates une bulle, les autres bulles remplissent l'espace.

As-tu déjà essayé d'éplucher les couches d'un oignon quand tu essayais d'atteindre le cœur d'un problème, mais tu n'y es jamais parvenu ? C'est parce que ce n'était pas un oignon : c'était une sphère nucléée.

Beyonds : *Au-delà* sont des sentiments ou des sensations que tu as qui arrêtent net ton cœur, coupent ta respiration ou arrêtent net ta disposition à considérer les possibilités. Les au-delàs sont ce qui se passe quand tu es en état de choc. Nous avons beaucoup de domaines dans notre vie où nous nous figeons. Chaque fois que tu te figes, c'est un au-delà qui te tient en captivité. C'est la difficulté avec un au-delà : il t'empêche d'être présent. Les au-delàs incluent tout ce qui dépasse l'entendement, la réalité, l'imagination, la conception, la perception, la rationalisation, le pardon et tous les autres au-delàs. Ce sont généralement des sentiments et sensations, rarement des émotions, et jamais des pensées.

Glossaire

Laisser-être
Tu peux t'aligner et être d'accord avec un point de vue ou réagir et résister à un point de vue.

C'est la polarité de cette réalité. Ou tu peux être dans le laisser-être. Si tu es dans le laisser-être, tu es le rocher au milieu du ruisseau. Les pensées, croyances, attitudes et considérations viennent à toi et te contournent parce que, pour toi, elles ne sont qu'un point de vue intéressant. Si, d'un autre côté, tu vas dans l'alignement et l'accord ou la résistance et la réaction à ce point de vue, tu sombres dans le courant de folie et tu te fais entraîner. Ce n'est pas le courant dans lequel tu veux t'embarquer. Tu veux être dans le laisser-être. Le laisser-être total est : tout est simplement un point de vue intéressant.

Être
Dans ce livre, le mot « être » est parfois utilisé plutôt que « es » pour s'adresser à toi, l'être infini que tu es véritablement, en contraste à un point de vue imposé sur qui tu penses que tu es.

Bars
Les Bars sont un processus Access par le toucher qui implique un toucher léger sur la tête pour contacter des points qui correspondent à différent aspects de notre vie. Il y a des points pour la joie, la tristesse, le corps et la sexualité, la conscience, la gentillesse, la gratitude, la paix et le calme. Il y a même une bar pour l'argent. Ces points sont appelés « bars » parce qu'ils traversent la tête de part et d'autre.

PFMC (CFMW)
Putain de faiseur de miracle cinglé (Certifiable Fucking Miracle Worker)

Commandement

Chez Access Consciousness, on parle des dix commandements – ou des 10 clés vers la liberté totale. « Aucune forme, aucune structure, aucune signification » est l'une de ces dix clés (ou commandement). Information supplémentaire sur les Dix commandements – ou les dix clés disponible dans le livre « Les dix clés vers la liberté totale » ou dans le CD « Les dix commandements. »

Implants distracteurs

Les implants distracteurs sont les émotions négatives collantes dans lesquelles nous nous empêtrons, ayant très envie d'en sortir, tout en étant convaincus que nous ne pouvons pas y échapper. Les implants distracteurs sont : la colère, la rage, la furie et la haine, le blâme, la honte, le regret et la culpabilité ; points de vue addictifs, compulsifs, obsessionnels et pervers ; l'amour, le sexe, la jalousie, la paix ; la vie, la façon de vivre, la mort et les relations, le business, la peur et le doute.

Élémentaux

Le fait que chaque particule et chaque molécule possède une conscience. Quand tu invoques ou utilises les élémentaux, tu t'adresses à la conscience de chaque molécule et tu appelles la contribution qu'elle peut être à ta vie.

Synthèse énergétique de communion (Energetic Synthesis of Communion : ESC)

C'est un processus que fait Dain. Fondamentalement, la synthèse énergétique de communion te met en connexion avec toutes les structures moléculaires de l'univers d'une manière différente. Tu peux avoir plus d'informations à ce propos sur le site web de Dain (www.drdainheer.com). Il offre des « échantillons » gratuits pour que tu en aies une expérience.

Sortie côté jardin (Exit Stage Left)
Sortie côté jardin est un processus corporel d'Access Consciousness qui peut aider l'être et le corps à se souvenir que la vie et la mort sont un choix.

Allégeance et serment de sang
Une allégeance est une promesse des temps féodaux, tout comme un serf qui jurait sa loyauté à un seigneur en échange de sa protection. Un serment de sang est une allégeance qui a fusionné dans ta structure physique, comme un vœu de sang sous stéroïdes.

Génération, création, actualisation et institution
La génération est l'énergie qui amène quelque chose à exister, la création est quand tu l'actualises et l'institution est ce que tu fais pour créer une plateforme pour construire davantage.

Humains et humanoïdes
Il y a deux espèces différentes d'êtres bipèdes sur cette planète. Nous les appelons humains et humanoïdes. Ils se ressemblent, ils marchent de la même façon, ils parlent de la même façon et, souvent, ils mangent de la même manière, mais la réalité est qu'ils sont différents.

Les humains te disent toujours combien tu as tort, combien ils ont raison et combien tu ne devrais rien changer. Ils disent des choses comme : « Nous ne faisons pas les choses de cette manière-là, alors n'essaye même pas. » Ce sont ceux qui demandent : « Pourquoi changes-tu cela ? C'est O.K. comme c'est. »

Les humanoïdes ont une approche différente. Ils regardent toujours les choses et se demandent : « Comment pouvons-nous changer cela ? Qu'est-ce qui va améliorer cela ? Comment pouvons-nous sublimer ceci ? » Ce sont les gens qui ont créé toutes les grandes œuvres d'art, toute la grande littérature et tous les grands progrès sur la planète.

Point de vue intéressant
Point de vue intéressant est un outil d'Access Consciousness. C'est une manière géniale de neutraliser le jugement en te rappelant que quel que soit le jugement, ce n'est qu'un point de vue que toi ou quelqu'un d'autre avez à un moment précis. Ce n'est ni juste, ni faux, ni bon, ni mauvais.

Chaque fois qu'un jugement se présente, dis simplement : « Point de vue intéressant. » Cela t'aide à prendre du recul par rapport au jugement. Tu ne t'alignes pas ni te mets en accord avec – et tu ne résistes ou ne réagis pas à cela. Tu le laisses être ce que c'est, ce qui n'est rien de plus qu'un point de vue intéressant. Quand tu peux faire cela, tu es en laisser-être.

Énergie tueuse
L'énergie tueuse est l'énergie que cela prendrait pour que tu tues quelque chose si tu étais disposé à le faire sans aucun jugement. Cela prend de l'énergie pour tuer une vache ou un cerf ou quoi que ce soit que tu vas manger. Cette énergie, projetée sur quelqu'un de la façon avec laquelle tu la projetterais si tu abattais réellement un animal, est l'énergie qui changera les choses pour les gens.

Le royaume du Moi
La plupart d'entre nous fonctionnent à partir du royaume du Moi, ce qui veut dire comprendre ce que nous voulons, comme si cela signifiait se séparer de tout le monde. Et si tu pouvais choisir à partir d'une perspective totalement différente ? Et si la séparation est ce qui t'empêche d'avoir tout ce que tu désires vraiment ?

Le royaume du Nous
Quand tu choisis à partir du royaume du Nous, il ne s'agit pas de choisir pour toi ou contre quelqu'un d'autre. Il ne s'agit pas non plus de choisir pour toi et d'exclure l'autre personne. Tu choisis pour toi et pour tous les autres ; tu choisis ce qui

va donner de l'expansion à toutes les possibilités, la tienne y compris. Quand tu fais cela, les gens autour de toi réalisent que leurs choix vont prendre de l'expansion grâce à ton choix et ils contribueront à tes choix au lieu de les freiner.

La vie et la façon de vivre
La vie est un achèvement ; la façon de vivre est l'acte continu de création instant après instant, jour après jour.

Plus léger/plus lourd
Ce qui est léger est toujours vrai et tu en perçois la légèreté. Ce qui est un mensonge est toujours lourd et tu ressens cette lourdeur.

MTVSS (Molecular Terminal Valence Sloughing System)
Le système de mue terminale de valence moléculaire est un processus corporel profondément relaxant qui fonctionne de façon dynamique sur le système immunitaire et qui crée une sensation d'espace et d'aisance dans le corps qui n'est pas souvent ressentie ailleurs.

Omnisexuel
Les omnisexuels se sentent attirés par des gens quels que soient leur sexe et leur orientation sexuelle. Ils voient la personnalité des gens plutôt que leurs organes génitaux ou leur identité sexuelle.

Hors contrôle
Être hors contrôle n'est pas être incontrôlé. Ce n'est pas être ivre, désordonné ni illégal. Être hors contrôle signifie que rien ne te contrôle ou t'arrête – et tu n'as pas besoin d'arrêter ou de limiter quelqu'un d'autre. Quand tu es hors contrôle, tu es prêt à fonctionner en dehors de la réalité contextuelle et des points de référence conventionnels. Il ne s'agit pas de laisser les contrôles des points de vue, réalités, jugements et décisions des autres être le facteur contrôlant dans ta vie.

Être hors contrôle, c'est être totalement conscient. Tu n'essaies pas de contrôler la façon dont les choses sont générées. C'est seulement quand tu n'es pas totalement conscient que tu essaies de contrôler ce qui se passe ou ce qui arrive et ce qui sort. Être hors contrôle signifie que rien ne peut t'arrêter.

Hors concentricités
Être hors concentricités, c'est se sortir de là où tu essaies de tout faire rentrer dans ces cercles concentriques qui se rejoignent et créent un état de contraction constante.

Hors contexte
Être hors contexte signifie que tu n'opères plus en référence à quoi que ce soit ou qui que ce soit d'autre.

Hors définition
Être hors définition, c'est être libre des définitions et limitations que les autres t'imposent. Leurs définitions existent – et tu en as conscience – mais tu fonctionnes en dehors de cela.

Hors forme, structure et signification
Être hors forme, structure et signification, c'est ne pas être assujetti aux formes et aux structures rigides que les autres considèrent comme étant extrêmement importantes et signifiantes. C'est être agile, réactif et innovateur.

Hors limitation
Être hors limitation signifie que tu ne fonctionnes pas dans le cadre des limitations que les autres se créent pour eux-mêmes.

Hors linéarités
Hors linéarités signifie que tu es sorti de là où tu essaies de tout aligner de façon à être en accord avec les points de vue de tout le monde.

POD et PODer
POD et PODer est une façon raccourcie de dire que tu remontes dans le temps au point où tu t'es détruit avec

quelque chose ou au point de création de quelque chose qui te verrouille.

Mettre en boucle
C'est quelque chose que tu peux faire sur ton ordinateur, qui te permet d'écouter quelque chose en boucle, encore et encore.

Les intrications quantiques
Les intrications quantiques sont la théorie des cordes que toutes les choses sont interconnectées. Si tu regardes l'univers, il est clair que chaque chose est interconnectée avec toutes les autres.

À chaque question, à chaque choix et chaque possibilité, tu invites les intrications quantiques de l'univers entier à se joindre à toi pour actualiser ce que tu désires. L'univers souhaite nous soutenir mais nous agissons comme si nous étions tout seuls. C'est comme si nous pensions que l'univers est un écosystème duquel nous devions nous exclure. Nous pensons que nous devons tout faire nous-mêmes – et pourtant, nous faisons partie du tout. Si nous nous incluons comme faisant partie du tout sans aucun jugement, nous invitons le tout à faire partie de nous et nous nous ouvrons à l'univers, ce qui nous donne tout ce que nous désirons.

Signes, sceaux, emblèmes et significations
Ce sont les étiquettes que tu portes tout le temps qui n'ont rien à voir avec qui tu es.

Sexe et non-sexe
Chez Access Consciousness, quand nous parlons de sexe et non-sexe, nous ne parlons pas de copulation. Nous parlons de recevoir. Nous avons choisi ces mots parce qu'ils font remonter l'énergie de recevoir et de ne pas recevoir mieux que n'importe quoi d'autre que nous ayons trouvé.

Les gens utilisent leurs points de vue au sujet du sexe et non-sexe comme une manière de limiter leur recevoir. Sexe et non-sexe sont des univers qui s'excluent mutuellement – des univers « soit ceci/soit cela » - où soit tu te montres (sexe) à l'exclusion des autres, soit tu te caches (non-sexe) afin de ne pas être vu. Dans un cas comme dans l'autre, vu la focalisation sur toi-même, tu ne te permets pas de recevoir de quiconque ou quoi que ce soit.

Systèmes et structures
Un système est quelque chose de malléable et de modifiable. Il peut être ajusté en fonction du moment. Une structure est quelque chose qu'on met en place qui a des lois, des règlements et des règles qu'il faut suivre. L'armée est une structure : ce n'est pas un système. La loi est une structure, ce n'est pas un système. Un système s'adapte à ce que tu veux. Dans ma vie, mon système, c'est d'être la question. Un système fait en sorte qu'une question soit au premier plan de ton mental comme porte ouverte aux options et aux possibilités que tu n'as pas encore envisagées.

Les dix commandements (aussi appelés les Dix clés vers la liberté totale)
S'il vous plaît lisez le livre ou écoutez les téléclasses. Vous en avez besoin.

La sur-vie
La sur-vie, c'est le fait de prospérer. Cela inclut la survie mais va au-delà de la simple existence pour aller vers la création d'une possibilité plus grande.

Trifold Sequencing Systems (Systèmes séquentiels triplement rabattus)
C'est une bande de Möbius, ce qui signifie que tu repasses en boucle continuellement dans ta tête un événement qui s'est produit il y a longtemps, comme s'il venait juste d'arriver. Les systèmes séquentiels triplement rabattus sont essentiellement la source du syndrome de stress post-traumatique (SSPT).

Idéaux utopiques

Les idéaux utopiques sont les réalités conceptuelles qui ont été semées dans nos vies. Les idéaux utopiques sont les idées fixes ou les concepts de la façon dont les choses sont censées être – ou devraient être. Nous les adoptons au lieu de fonctionner dans l'instant.

Index des titres de chapitres et de paragraphes

1 - Le féminisme pragmatique 9
Un mode de vie opératoire 9
Choisir un homme pour le « réparer » 13
Un jour, mon prince viendra 14
Hommage aux relations vs hommage au vagin 17
De toute façon, de quoi sont faits le masculin et le féminin ? 19
Manipulation et savoir 21
Devenir une pragmatiste de la féminité 24
Stupidité vs conscience 26
« Je baisse ma garde » 27
Contes de fée 29
La guerre entre hommes et femmes 32
Créer et générer votre vie 33
Votre corps est à l'intérieur de vous 36
« Waouh, je n'y avais jamais pensé » 40
Tout choix crée 40

2 - Choisir de changer la réalité 45
Âmes sœurs et flammes jumelles 45
Vivre à partir de l'Aimer plutôt que de l'Amour 46
« Qu'est-ce que cela ? » 51
Créer le futur 54
Votre point de vue crée votre réalité 55

Fais chaque choix en tant que Source de possibilités........56
Alors, c'est quoi une relation ? 59
La copulation par choix 61
La sexualness totale 64
Ton corps a son propre point de vue 65
Sexe et recevoir 66
Relations abusives 67
Guérison sexuelle 69
« Le bon sexe vs le sexe qui donne de l'expansion ».........72
Prendre conscience de qui tu es vraiment........................77
Le changement vs faire quelque chose de différent 77

3 - Prendre conscience de qui tu es vraiment 78
La confrontation ne marche pas.......................................79
Les femmes veulent du sexe en abondance 80
Jugements et conclusions 82
« T'as déjà essayé ? J'adore ça ! ».....................................83
Allumer les hommes 84
Prendre conscience de qui tu es vraiment........................86
Les femmes sont les créatures les plus compétitives
sur la planète..86
Programmation masculine et programmation féminine....87
A qui appartient ce jugement ? 89
Douleur et intensité 90
Créer le désir du corps d'un homme 93
« Je me transforme en petite fille qui pouffe de rire ».......96
Tu n'es pas responsable de tout ce que les gens choisissent....96
Abaisser les barrières du recevoir.....................................98

Est-ce que l'autre personne peut recevoir ce dont
tu es capable ? 101
Les murmures du changement 102

4- Créer une réalité qui marche pour toi 107
Structures de probabilités vs structures de possibilités 107
La probabilité de perdre 109
« Je peux le retaper » 111
La possibilité du succès 113
Vivre par incréments de 10 secondes 114
Recevoir ce que tu désires dans une relation 115
Choix limitant 117
Il n'y a rien à combattre 119
Fonctionner à partir du choix absolu 121
Ta relation crée-t-elle plus de confort ? 121
Quand le laisser-être intervient-il ? 125
La femme humanoïde veut conquérir le monde 126
Comment aborder un homme 128
Les rêves, cauchemars, exigences, désirs et nécessités
de ta vie 130
Qu'y a-t-il de possible ici que je n'ai pas encore envisagé ? .. 133
Qu'est-ce que tu veux vraiment ? 135

5 - Choix pragmatique 141
Chercher le confort et le réconfort à l'extérieur de soi 141
« C'était vraiment bien, chéri » 146
Les hommes répriment leur sensibilité 147
La copluation sans jugement 150
« Eh, tu veux coucher avec moi ? » 152

Harcèlement sexuel 153
Etre pragmatique à propos des choix que tu as 154
Arranger les choses avec un ex 157
Laisser-être 158
« Le mariage me fait peur » 159
Relation avec un homme bipolaire 161
Etre un parent 162
Qu'y a-t-il de mal à donner à ta mère ce qu'elle désire ? . 165
L'attitude de gratitude 166

6 - Tu es une créatrice du futur 169
Les femmes sont la source pour créer une réalité différente .. 169
Les hommes sont là pour maintenir le statu quo 170
Tu es une créatrice du futur 172
Un futur dans lequel nous ne nous sommes
pas encore aventurés 173
« Je m'ennuie tellement » 175
Le nec plus ultra en matière de références 176
« Est-ce qu'ils désirent ce que j'ai à offrir ? » 178
Ta capacité à changer la réalité 180
Tu dois regarder comment les hommes fonctionnent 182
Être hors contexte 184
Par les choix que tu fais, tu crées un futur different 185
C'est un choix, puis un autre 186
Tu peux avoir une réalité différente 187
La définition est le destructeur 188
Quel est mon objectif ici sur la planète Terre ? 188

7 - Ouvrir aux autres le champ des possibles 191

Qu'est-ce qui permettrait que tout soit traité avec aisance ? . 191
Véritable attention bienveillante vs prendre soin des autres ... 193
Tu dois reconnaître ce qui est 195
Création et invention 197
Tu dois être l'énergie qui dévoile les possibilités 200
Dans quoi vis-tu ? La réalité ou l'illusion ? 201
Que voudrais-tu créer comme futur ? 203
Le choix est la source primordiale de création 206
« Je veux cela maintenant » 208
Le problème de vivre dans le présent 211
Participante du Salon : 211
Croire en toi en tant que créatrice de ton futur 213
Faire confiance à la conscience que tu es vraiment 214
La richesse veritable 215
Confiance en soi 217
Personne ne peut te voir à part toi 221

8 - Créer la paix au lieu de la guerre 223
L'inversion des rôles des hommes et des femmes 223
Votre combat, c'est de créer un futur 225
Devenir la femme guerrière 226
Se battre pour et se battre contre 228
Possibilités et choix 229
Conquérir 231
Créer la paix au lieu de la guerre 232
J'aimerais qu'un homme me séduise pour une fois
dans ma vie ! 232
Vivre pour les autres 233

Représentations visuelles et inventions 235
N'exclus pas la colère 239
« Je ne suis qu'une petite fille naïve » 241
A qui cela appartient ? Est-ce à moi ? 242
Relations exclusives 243
Être par opposition à faire 244
Est-ce qu'on revient pour arranger les choses ? 244
Le coup de foudre 245
Les étiquettes limitent les possibilités 245
En fait, peux-tu tout contrôler ? 246
L'amour en soi est une invention 247
Chaque relation est une invention 249
Une guerrière est prête à faire ce qu'il faut pour
gagner la bataille 251
Point de vue intéressant 252

9 - Créer un futur durable 253
Avoir des enfants 253
Il ne s'agit pas de se sortir de cette réalité 254
Pourquoi n'es-tu pas toi ? 258
Une réalité durable au-delà de cette réalité 259
Survie et durabilité 262
Personne ne peut rendre quelqu'un d'autre heureux 271
Survivre par opposition à s'épanouir 272
Que puis-je créer comme futur durable ? 274

10 - Relations amoureuses conscientes 277
Les six éléments d'une relation amoureuse consciente 277
Le sexe est une réalité créée 282

Est-ce que ce serait amusant de faire l'amour,
là maintenant ?..284
Et si plus jamais tu ne voulais que quelqu'un d'autre
fasse quoi que ce soit ?...288
Je suis abasourdi là, les amies 289
Accord et tenir ses engagements..290
L'autre personne doit-elle être aussi consciente ? 291
S'épanouir en tant que femme 292
Voir les réalités negatives 293
Créer au-delà de cette réalité 295
La volonté de voir le futur 297
Le confort n'a rien à voir avec la conscience 298
Tu peux avoir raison ou tu peux être légère......................300
Conquérir par opposition à exclure...................................303
« Comment puis-je prouver ma contribution ? » 305
Être ce qui est vrai pour toi...307
T'inclure dans l'équation de ta propre vie........................308
Tente-les, enseigne-leur quelque chose et
renvoie-les chez eux..309
Le vrai pragmatisme : commence avec le choix................310
Génération, création et institution 311

11 - Rester dans le pouvoir du choix et de la conscience.312
Démons..313
Tu crées les démons plutôt que le choix 315
Et s'il n'y avait pas de plus grande source de pouvoir
que toi ? 316
Les humains croient que les démons sont
une source de pouvoir 317

Le jugement est le moyen d'inviter les démons.................320
« Aucun point de vue », c'est juste un choix....................324
N'attends jamais personne, ni quoi que ce soit................326
Être une futuriste...328
Choisir une réalité..332
Devenir une source de possibilité plus vaste...................336
Le choix est la source de toute création........................336
Voir ce qui ne va pas ou voir ce qui est possible..............340
Tu peux haïr ta mère ou tu peux avoir la liberté totale.....342
La plus grande revanche..346

12 - Devenir une conscience radicale libre 349
L'espace facile de la possibilité................................349
Aller au-delà des écarts types de la réalité humaine.........350
La réalité humaine est consacrée à la médiocrité.............352
D'autres choses sont possibles, mais tu dois
poser une question...356
Sois prête à voir ce que quelqu'un va faire....................359
En tant qu'humanoïde, tu es hors norme......................360
Aisance totale et trop d'argent.................................361
Les radicaux libres..365
Sortie de scène côté jardin....................................366
La déviance ultime..368

13 - Reconnaître le cadeau que vous êtes pour le monde..373
Être l'hédoniste, la séductrice et la sybarite
que vous êtes vraiment...373
Vous pourriez choisir d'être émoustillées.....................377
Pensées, sentiments, émotions, sexe et non-sexe...........381

Par ce que tu choisis, tu crées des possibilités plus grandes . 383
Se défendre contre quelque chose 384
Définir qui tu es 387
« Je ne suis pas cela » 390
Se défendre contre la réalité humaine 392
La plupart des hommes sont des chercheurs de plaisir......394
Et si tout dans la vie t'émoustillait ?...............................395
Choix, question, possibilité et contribution 399
Chaque réponse est une invention..................................402

14 - Accéder à la grandeur que tu es 405
Aimes-tu vraiment les hommes ?....................................405
La pragmatique de faire que tout fonctionne avec
un homme 406
« Tous les jours, je veux divorcer » 407
Défendre pour ou contre 409
Choisir en fonction des choix des autres 410
Te garder hors de l'existence 412
Laisser-être et avoir la grandeur de toi 414
Inspirer le gars 416
Tu ne peux pas créer le futur en te focalisant
sur les limitations 418
Avoir la clarté de ce que tu veux 423
Ce que tu penses est ce qui arrive dans ta vie 426
L'espace de l'être 427
Univers conflictuels 429
Les corps et un univers conflictuel 433
Les femmes qui sont en compétition avec les autres femmes 436
Quel genre de futur aimeriez-vous créer ? 439

Qu'est-ce qu'Access Consciousness ?

Et si tu étais disposé à prendre soin de toi ?
Et si tu ouvrais les portes à être toutce que tu as décidé ne pas être possible ? Que faudrait-il pour que tu te rendes compte à quel point tu es essentiel aux possibilités du monde ?

Access Consciousness est un ensemble simple d'outils, de techniques et de philosophies qui te permet de créer des changements dynamiques dans tous les domaines de ta vie.

Access te procure des éléments de base étape par étape qui te permettent de devenir totalement conscient et de commencer à fonctionner comme l'être conscient que tu es véritablement. Ces outils peuvent être utilisés pour changer tout ce qui ne marche pas dans ta vie afin d'avoir une vie différente et une réalité différente.

Tu peux accéder à ces outils par l'intermédiaire d'un assortiment de classes, livres, téléclasses et autres produits, ou avec un facilitateur certifié Access Consciousness ou un facilitateur Bars Access Consciousness.

Le but d'Access est de créer un monde de conscience et d'unité. La conscience est la capacité à être présent dans ta vie à tout moment sans jugement de toi-même ou d'un autre.

La conscience inclut tout et ne juge rien. C'est la capacité à tout recevoir, à ne rien rejeter et à créer tout ce que tu désires dans la vie, bien plus que ce que tu as actuellement et plus que tu ne peux imaginer.

Pour plus d'information à propos d'Access Consciousness ou pour localiser un facilitateur Access Consciousness, visite :

http://www.accessconsciousness.com/
www.garymdouglas.com